Metros
of the World

完全版

世界の
地下鉄

主要66都市の
詳細路線図と最新写真

Quai
Platform
Gleis 2

JN022628

＊1 地下鉄の範囲

「地下鉄」の定義に確立したものはなく、一般的に「地上が高密度に利用されている都市地域の地下に建設されている鉄道」を指しますが、実際には都市の中心部のみが地下区間となっていて、郊外部は地上区間となっている路線や、都市間を結ぶ路線で、都市内のみが地下区間となっている路線も少なくなく、これらをすべて「地下鉄」と位置付けることには疑問があります。

また、諸外国では、都市鉄道を指して「メトロ（Metro）」あるいは「MRT（Mass Rapid Transit）」と呼ぶ場合がありますが、まったく地下区間を有しない鉄道が含まれている例がある等、必ずしも一般的な「地下鉄」の概念と一致するものではありません。

このため本書では、都市鉄道のうち、原則として以下の基準により選定したものを「地下鉄」として収録することとしました。

① 路線の全部又は一部が地下区間となっており、現地で「地下鉄」と認識されているもの（鉄輪・鉄レール方式でなくゴムタイヤ方式やAGT（Automated Guidway Transit：いわゆる「新交通システム」）であっても、同様に「地下鉄」と認識されているもの）

② 将来、本格的な地下鉄とする前提で建設されているプレメトロ
　　例：ブリュッセル、ウィーン等

③ 次のようなものは、地下区間があっても除外する
　　（1）都市内路線や都市近郊路線などで、都心部だけ地下区間を走行するもの
　　　　例1：JR 総武・横須賀線、JR東西線、東急田園都市線
　　　　例2：ドイツのSバーン、パリの RER 等
　　（2）路面電車（トラム）、ライトレール
　　（3）地下区間があっても一般に「地下鉄」と認識されていないもの
　　　　例：東京モノレール

＊2 収録の時点と内容現在、主要都市の範囲

本書には、2020年現在で営業運転を行っている地下鉄（ただし台中は2020年内開業予定）を収録しました。また、各地下鉄のデータの内容も同年月を基準としていますが、統計年度の違いや必ずしも調査が尽くせない場合などもあり、一部に基準年月以前の内容を掲載した場合もあります。なお、解説の内容や路線図については可能な限り最新の情報で構成しています。

本書は、地下鉄が運行している都市のうち、その規模や重要度・関心度を勘案して66都市を主要都市

と位置づけ、路線図と主要データを掲載し、写真とともに解説を加えたものです。その他の都市の地下鉄については、112ページ以降に主要データのみを掲載しました。なお、巻末のデータ一覧表は、掲載全都市のデータを一つの表に再掲したものです。

それぞれ「アジア・オセアニア」「ヨーロッパ・アフリカ」「南北アメリカ」の3地域に分け、国別・都市別に紹介しています。なお、「東京」は千葉県及び埼玉県内の路線や地下鉄事業者を含みます。韓国のソウルと仁川は、同一の事業地域として合わせて掲載しています。

＊3 統計データ等

3-1 都市のデータのうち人口については、二宮書店発行の『データブック オブ・ザ・ワールド 2020』等を参考にしました。時差は、日本の標準時に対する相対時差を表示しており、サマータイムを導入している場合は（S.T）として併記しました（例えば－8は、日本時間から8時間遅れていることを示します）。各国通貨の為替レートは2020年9月23日現在のレートを掲載しました。

3-2 ホームページの URL は、公開され、判明した範囲内で掲載しました。QRコードを読み取ることにより、各事業者ホームページにアクセスできます。なお、ホームページは発刊後にアドレスが変更される場合があります。

3-3 路線図には、営業中の路線・駅名のほか、建設中の路線及び計画路線についても、判明した範囲内で掲載しています。情報の収集には万全を期しましたが、新規開通や駅名変更、延伸・建設計画等の情報入手ができなかった場合もあります。

また、海外都市の路線図には、おおよその位置に地下鉄等を利用してアクセスが可能な世界遺産の名称を記載しました。ただし、複数の構成資産があるものはすべての位置を示してはいません。

3-4 各地下鉄データ欄のうち「駅数」について、複数の路線が交差する乗り換え駅については1として計上しました。また、「導入車両」には、代表的な車両メーカーを略称で掲載しました。

＊4 トピックス

世界の地下鉄ランキングや日本の経済・技術協力により建設された地下鉄、無人運転やリニアメトロなど、世界の地下鉄に関する話題や動向について紹介したページを「Topics」として掲載しました。

＊5 その他

5-1 本文に掲載した写真の提供者については、各写真の説明末尾に提供者・撮影者名を付記しています。また、本文以外のページに掲載した写真の提供者・撮影者名は、巻末（p.133）にまとめて掲載しています。

5-2 日本を除く各国の営業主体に掲げているロゴマークや社章については、掲示物や時刻表、各社の刊行物や Web サイト等から、一般的に地下鉄のマークとして知られているものや認知されているものを選び掲載しました。当該マークが必ずしも営業主体の正式な社章を示すものではありません。

世界66都市の地下鉄ガイド

2号線の海雲台駅（提供／Busan Transportation Corporation）／**Busan**

Asia &
Oceania

アジア&オセアニア

Tokyo

東京
日本

東京メトロ丸ノ内線東京駅の旅客案内所　提供／東京メトロ

地下鉄のある姉妹都市等（東京都）
ソウル／北京／ジャカルタ／パリ／ロンドン／ベルリン／ローマ／モスクワ／カイロ／ニューヨーク／サンパウロ

6

PASMO

東京地下鉄株式会社（東京メトロ）
https://www.tokyometro.jp/

東京都交通局（都営地下鉄）
https://www.kotsu.metro.tokyo.jp/

	東京メトロ	都営地下鉄
開通年	1927年12月	1960年12月
営業キロ	195.0km	109.0km
路線数	9	4
駅数	180	106
運行時間	5:00〜1:07	5:00〜1:10
運賃制度	対キロ区間制	対キロ区間制
輸送人員	755万人/日 (2019)	283万人/日 (2019)
軌間	1435mm（銀座線・丸ノ内線）1067mm（上記以外）	1435mm（浅草線・大江戸線）1067mm（三田線）1372mm（新宿線）
電気方式	直流600V（銀座線・丸ノ内線）直流1500V（上記以外）	直流1500V
集電方式	第三軌条（銀座線・丸ノ内線）架空線（上記以外）	架空線
運転保安	ATC/ATO	ATS/ATC/ATO
最小運転間隔	1分50秒	2分30秒
列車運転線路	左側	左側
導入車両	日本車両、近畿車輌、日立製作所、川崎重工業、総合車両製作所	川崎重工業、日立製作所、日本車両、近畿車輌、総合車両製作所

地下鉄博物館
東京メトロ東西線葛西駅の高架下にある館内には、地下鉄の歴史、建設、安全や車両のしくみ、日本と世界の地下鉄についての展示のほか、地下鉄プレイランドでは運転シミュレーターや模型電車が走るメトロパノラマも楽しめる。開館は10〜17時（入館は16時30分まで）で毎週月曜日（休日の場合はその翌日）と年末年始が休館日。入館料は大人220円、子供100円。電話番号 03-3878-5011。ホームページは www.chikahaku.jp/

埼玉県

多摩川

神奈川県

Tokyo /Japan

埼玉高速鉄道線

埼玉高速鉄道株式会社
https://www.s-rail.co.jp/

埼玉高速鉄道線

開通年	2001年3月
営業キロ	14.6km
路線数	1
駅数	8
運行時間	5:07〜1:01
運賃制度	対キロ区間制
輸送人員	12万人/日 (2019)
軌間	1067mm
電気方式	直流 1500V
集電方式	架空線
運転保安	ATC/ATO
最小運転間隔	3分45秒
列車運転線路	左側
導入車両	川崎重工業

埼玉高速鉄道線 2000系　提供／埼玉高速鉄道株式会社

東京メトロキャラクター
メトポン・ポン太・ちかポン

東葉高速線 2000系車両　提供／東葉高速鉄道株式会社

東葉高速鉄道株式会社
https://www.toyokosoku.co.jp/

東京メトロ日比谷線に56年ぶりに新駅誕生

2020年6月6日、日比谷線に1964年の全線開業以来56年ぶりに、新駅「虎ノ門ヒルズ駅」が開業した。同駅は、霞ケ関駅〜神谷町駅間に位置し、駅ホームにつながる歩行通路により、都心と臨海部を結ぶBRT及び空港リムジンバスも発着可能なバスターミナルや、周辺開発ビルに接続する。また、銀座線虎ノ門駅との乗り換えも可能となり、交通結節点の要としての機能が期待されている。なお、同駅は2023年の整備完了が予定されている。

東京メトロ

- G 銀座線
- M m 丸ノ内線
- H 日比谷線
- T 東西線
- C 千代田線
- Y 有楽町線
- Z 半蔵門線
- N 南北線
- F 副都心線

都営地下鉄

- A 浅草線
- I 三田線
- S 新宿線
- E 大江戸線

埼玉高速鉄道

埼玉高速鉄道線

東葉高速鉄道

東葉高速線

JR東北・上越・山形・秋田・長野新幹線
JR東海道新幹線
JR東日本線
その他の私鉄線・都営交通

羽田空港

Tokyo

世界有数の地下鉄ネットワーク

東京の地下鉄は、東京地下鉄株式会社(東京メトロ)と東京都交通局(都営地下鉄)の両者により運営されている。合計の営業路線数と路線長は13路線304.0

のが郊外私鉄との相互乗り入れであり、以後建設される新線はすべて私鉄または国鉄(現JR)との相互直通運転を前提として建設された。

1969年3月に全線が開業した東西

丸ノ内線開業当初の真っ赤な車体を復活した2000系車両　提供／東京メトロ

kmに及び、1日平均の利用者数が1039万人を数える世界有数の地下鉄ネットワークとなっている。

我が国最初の地下鉄は、東京地下鉄道株式会社が建設した現在の銀座線の浅草～上野間2.2kmで、1927年12月に開業した。引き続き同社が上野～新橋間の延長工事を進める一方、東京高速鉄道株式会社により渋谷～新橋間の建設が進められ、1939年9月に両社の路線が接続され、現在の銀座線にあたる浅草～渋谷間14.3kmの直通運転が開始された。

地下鉄の建設に必要な莫大な資金を国が支援することを可能とするため、1938年4月に陸上交通事業調整法が公布され、同法に基づき1941年7月に、地下鉄の新線建設と運営を使命とする帝都高速度交通営団(営団地下鉄)が設立され、上記の路線を譲り受けて、同年9月から運営を開始した。

第2次大戦後の1951年には、営団地下鉄自らが建設する最初の路線として丸ノ内線の池袋～御茶ノ水間の建設が着手され、1954年1月に開業した。その後は新線の建設、既設路線の延伸工事が精力的に進められたが、都市の拡大に伴う通勤輸送の長距離化、量的拡大により接続駅での混雑が深刻な状況となってきた。その解決策として浮上した

線の建設にあたっては、営団地下鉄で初めてとなる本格的なシールド工法が一部で採用された。

なお、2004年4月に、営団地下鉄は民間会社に改組され、東京地下鉄株式会社(東京メトロ)として新たなスタートを切っている。

また、2008年6月に副都心線(13号線)小竹向原～渋谷間11.9kmが開業し、並行して進められた東急東横線の渋谷～

代官山間の地下化工事の完成により、2013年3月からは、東武東上線、西武有楽町線・池袋線、東急東横線、横浜高速みなとみらい線との相互直通運転が可能となり、東京メトロと合わせた5社によって、埼玉県～東京都～神奈川県を直接結ぶ運行が行われている。

さらに、2020年1月には、銀座線渋谷駅の利便性向上のためのホームの移設が行われ、同年6月には、日比谷線に新駅として「虎ノ門ヒルズ」が開業した。

現在、東京メトロは9路線195.0kmの路線網を有し、1日平均約755万人の乗客を輸送する我が国最大の、かつ世界でも有数の地下鉄事業者となっている。銀座線、丸ノ内線を除く7路線では、私鉄またはJR東日本の路線と相互直通運転を実施している。

一方、東京都交通局は、旧東京市内の路面交通事業を運営していたが、首都の人口急増に対応して早急に地下鉄を整備する必要から、地下鉄事業にも参入することとなった。こうして1960年12月に、浅草線の浅草橋～押上間3.1kmで都営地下鉄最初の運行を開始したが、この開通により、我が国では初めてとなる地下鉄と他社路線(京成電鉄線)との相互直通運転が実現した。

その後、1968年12月に三田線、1978年12月に新宿線、1991年12月には大江

明治通り上空に移設されたM型アーチ状の銀座線渋谷駅と1000系特別仕様車　提供／東京メトロ

都営地下鉄浅草線 5500形車両　提供／東京都交通局

戸線が営業を開始し、併せて各線の延伸が進められてきた。2000年12月には、大江戸線の全線、都庁前〜六本木〜都庁前〜光が丘間が開通し、現在4路線109.0kmを運営している。なお、大江戸線は、大阪市の長堀鶴見緑地線に次ぐ我が国で2番目のリニアモータ駆動方式の地下鉄（リニアメトロ）で、ワンマン運転を実施しており、その運行距離（40.7km）は、地下鉄単独の区間としては日本最長となっている。

　都営地下鉄では、大江戸線を除く3路線で相互直通運転を実施しており、浅草線は、京成電鉄線、京浜急行線、北総鉄道線と相互直通運転を行い、羽田と成田の両空港を結ぶエアポート快特などの直通列車が運行されている。また、三田線では東急目黒線と、新宿線では京王電鉄線と相互直通運転を行っている。さらに、三田線では、2022年度下期に開業が予定されている東急新横浜線との直通運転についても検討されている。

運賃／東京メトロ：170〜320円、ICカード（PASMO等）利用時は168〜314円／都営地下鉄：180〜430円、ICカード（PASMO等）利用時は178〜430円　乗車券／普通乗車券、PASMO（ICカード）、都営・東京メトロ共通1日乗車券等。JR線都区内も利用できる東京フリー切符等が東京メトロ、都営地下鉄で利用できる　旅

客案内／駅構内・施設案内表示に英語を併記（一部施設は中国語、韓国語も併記）、車内放送は英語を併用しているその他／銀座線・丸ノ内線・南北線を除く東京メトロ各線と都営新宿線では、朝の時間帯に女性専用車を運行している

埼玉高速鉄道線

　埼玉県南部の鉄道不便地域の解消と高度な都市機能の集積を図るため地下鉄の建設が計画された。この路線の建設と運営を担う第3セクターとして設立された埼玉高速鉄道㈱が1995年に工事に着手し、2001年3月に赤羽岩淵〜浦和美園間14.6kmの営業運転を開始した。この路線は、東京地下鉄南北線を経由し、東急電鉄目黒線の日吉駅まで3社による相互直通運転を実施している。

　また、2015年11月に路線の愛称が「埼玉スタジアム線（埼スタ線）」に決定された。なお、現在、2022年度の8両編成列車受入れに向けたホームドア増設工事等に着手している。

東葉高速線

　東葉高速線は、1981年に地元自治体や営団地下鉄（当時）が出資して設立された第3セクターの東葉高速鉄道㈱が、日本鉄道建設公団（当時）のP線方式（公団が事業者に代わって建設し、完成後に事業者が買い取る方式）によって建設した路線である。1996年4月に西船橋〜

東葉勝田台の全線16.2kmが一挙に開業し、同時に西船橋から営団（現東京メトロ）東西線との相互直通運転を開始している。＜日本地下鉄協会＞

都営大江戸線の各駅にはパブリックアートが設置されている（飯田橋駅）　提供／東京都交通局

東葉高速線

開通年	1996年4月
営業キロ	16.2km
路線数	1
駅数	9
運行時間	5:00〜1:04
運賃制度	対キロ区間制
輸送人員	16万人/日 (2019)
軌間	1067mm
電気方式	直流 1500V
集電方式	架空線
運転保安	WS-ATC
最小運転間隔	5分
列車運転線路	左側
導入車両	日立製作所

Osaka

🔴 **大阪**
日本

OSAKA PiTaPa

凡例（路線）

地上	Ⓜ	御堂筋線
地上	Ⓣ	谷町線
地上	Ⓨ	四つ橋線
地上	Ⓒ	中央線
	Ⓢ	千日前線
	Ⓚ	堺筋線
	Ⓝ	長堀鶴見緑地線
	Ⓘ	今里筋線
地上	Ⓟ	ニュートラム

西大阪高速鉄道線（阪神なんば線）
中之島高速鉄道線（京阪中之島線）
JR東海道・山陽新幹線
JR西日本線
私鉄線

大阪市高速電気軌道株式会社
（Osaka Metro）
https://www.osakametro.co.jp/

2018年4月1日 Osaka Metro 開業記念出発式にて、御堂筋線なかもず駅を出発する初発列車 提供／Osaka Metro

阪神なんば線
第3セクターである西大阪高速鉄道㈱が建設し保有する阪神線西九条～近鉄線大阪難波間3.4kmの路線で、2009年3月に開通した。阪神電鉄㈱が第2種鉄道事業者としてこの路線を利用し、三宮から大阪難波を経て近鉄奈良まで、近鉄線と相互直通運転を実施している。

京阪中之島線
第3セクターである中之島高速鉄道㈱が建設し保有する京阪電鉄線天満橋～中之島間2.9kmの路線で、2008年10月に開通した。京阪電気鉄道㈱が第2種鉄道事業者となり、この路線を利用して中之島まで乗り入れ、大阪都心部の鉄道空白地域であった中之島地区の活性化のため大きな役割を果たしている。

地下鉄のある姉妹都市等（大阪市）
上海／ハンブルク／ミラノ／サンクトペテルブルク／シカゴ／サンパウロ／

開通年	**1933年5月**
営業キロ	**137.8km**
路線数	**9**
駅数	**133**
運行時間	**5:00～0:41**
運賃制度	**対キロ区間制**
輸送人員	**254万人/日** (2019)
軌間	**1435mm**
電気方式	**直流1500V**（堺筋線・長堀鶴見緑地線・今里筋線）**直流750V**（上記以外）
集電方式	**架空線**（堺筋線・長堀鶴見緑地線・今里筋線）**第三軌条**（上記以外）
運転保安	**ATC/ATO**
最小運転間隔	**2分15秒**
列車運転線路	**左側**
導入車輌	**近畿車輌、川崎重工業、日本車両製造 等**

編成ごとに異なる車体色が特徴のニュートラム 200系 提供／Osaka Metro

我が国初の公営地下鉄が初の民営化へ

第1次世界大戦を契機に世界的な商工業都市へと発展を遂げた大阪市の新しい足として、1925年に4路線54.5kmからなる地下鉄建設計画が策定された。このうち1号線（現在の御堂筋線）の梅田～心斎橋間3.1kmは、1930年1月に着工し、1933年5月に開業した。東京に次↙

新淀川大橋を渡り西中島南方駅に入駅する御堂筋線 30000系
提供／Osaka Metro

ぐ日本で2番目の地下鉄であり、我が国における最初の公営地下鉄である。

引き続き、御堂筋線の延伸工事が進められるとともに新路線の建設も行われ、1942年5月には、四つ橋線の大国町～花園町間1.3kmが開業したが、第2次世界大戦により、建設工事は中断を余儀なくされた。

戦後再開された地下鉄整備は、モータリーゼーションの進展による地上交通の渋滞対策として一層加速され、大阪万国博覧会が開催された1970年までには、既設路線の延伸に加え、中央線、谷町線、千日前線、堺筋線の新規開業により、都心部を格子状に結ぶ6路線64.2kmのネットワークが形成された。

その後、1990年3月には、同年に開催された「国際花と緑の博覧会」に合わせ、我が国最初のリニアモータ駆動方式の地下鉄（リニアメトロ）である現在の長堀鶴見緑地線の京橋～鶴見緑地間5.2kmが開業した。同線は、その後2度にわたって延伸され、現在は他の7路線の全てと接続する大正～門真南間15.0kmが開業している。次いで2006年12月には、大阪市で2番目のリニアメトロとなる今里筋線（8号線）の井高野～今里間11.9kmが開業した。

また、1969年12月、堺筋線の天神橋筋六丁目～動物園前間7.0 kmの開業を契機に他社線との相互乗り入れが開始され、現在、堺筋線は阪急電鉄の京都本線・千里線と、御堂筋線は北大阪急行線と、中央線は近畿日本鉄道のけいはんな線と相互直通運転を実施している。

なお、2018年4月に我が国で初めて公営地下鉄の民営化が行われ、大阪市交通局の地下鉄事業は、大阪市高速電気軌道株式会社（愛称 Osaka Metro）に継承された。

さらに、2025年に大阪万国博覧会の開催を控え、会場となる夢洲地区までの中央線の延伸が計画されている。

運賃／180～380円。PiTaPa（ポストペイのIC カード）を利用すると、月間利用額に応じた割引制度がある **乗車券**／普通乗車券、PiTaPa、1日乗車券（エンジョイエコカード）等 **旅客案内**／駅構内・施設案内表示は一部の駅で英語、韓国語、中国語（簡体字）が併記されている。車内放送は英語を併用している

＜日本地下鉄協会＞

Umeda Metro Vision

2019年12月1日、御堂筋線梅田駅で、地下空間世界最大級サイズ*の LED モニター「Umeda Metro Vision」の放映を開始した。横40m×縦4mのメガモニターは、「大阪から世界へ」をコンセプトに、リニューアル中の地下鉄梅田駅の新しいシンボルとして、ダイナミックな広告や環境映像演出等で利用者に「やすらぎ」や「最新の情報」を提供している。
＊「地下におけるLEDスクリーン最大ディスプレー」として、2019年11月30日にギネス世界記録*に公式認定（159.89㎡）。

御堂筋線梅田駅2番線ホーム南エリアの側壁に設置されている「Umeda Metro Vision」 提供／Osaka Metro

Nagoya

● 名古屋
日本

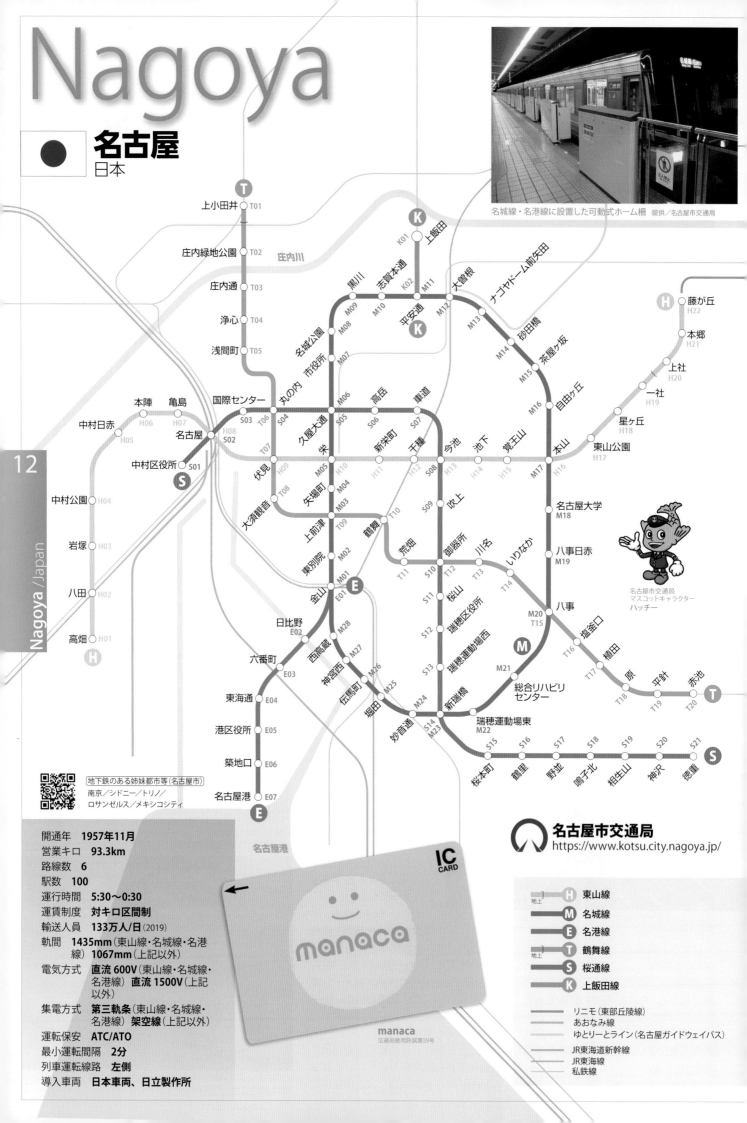

名城線・名港線に設置した可動式ホーム柵　提供／名古屋市交通局

路線図の主な駅名

上小田井 T01
庄内緑地公園 T02
庄内通 T03
浄心 T04
浅間町 T05
国際センター S03 T06
丸の内 S04
名古屋 H08 S02
中村区役所 S01
本陣 H06
亀島 H07
中村日赤 H05
中村公園 H04
岩塚 H03
八田 H02
高畑 H01
日比野 E02
六番町 E03
東海通 E04
港区役所 E05
築地口 E06
名古屋港 E07
伏見 H09 T07
大須観音 T08
上前津 T09
東別院 M02
金山 E01 M01
西高蔵 M28
神宮西 M27
伝馬町 M26
堀田 M25
妙音通 M24
新瑞橋 M23
瑞穂運動場東 M22
瑞穂運動場西 S14
瑞穂区役所 S13
桜山 S12
鶴舞 S11
荒畑 S10
御器所 T11 S09
川名 T13 S10
いりなか T14
八事 M20 T15
塩釜口 T16
植田 T17
原 T18
平針 T19
赤池 T20
名城公園 M07
市役所 M06
久屋大通 S05
栄 M05
矢場町 M04
上前津 M03
黒川 M09
志賀本通 K02
平安通 K03
大曽根 M12
ナゴヤドーム前矢田 M13
砂田橋 M14
茶屋ヶ坂 M15
自由ヶ丘 M16
本山 M17 H16
名古屋大学 M18
八事日赤 M19
総合リハビリセンター M21
高丘 S06
車道 S07
千種 H12 S08
今池 H13
池下 H14
覚王山 H15
東山公園 H17
星ヶ丘 H18
一社 H19
上社 H20
本郷 H21
藤が丘 H22
上飯田 K01
桜本町 S15
鶴里 S16
野並 S17
鳴子北 S18
相生山 S19
神沢 S20
徳重 S21
新栄町 H11
吹上 T12
御器所 S09

情報ボックス

開通年	1957年11月
営業キロ	93.3km
路線数	6
駅数	100
運行時間	5:30〜0:30
運賃制度	対キロ区間制
輸送人員	133万人/日 (2019)
軌間	1435mm（東山線・名城線・名港線）1067mm（上記以外）
電気方式	直流 600V（東山線・名城線・名港線）直流 1500V（上記以外）
集電方式	第三軌条（東山線・名城線・名港線）架空線（上記以外）
運転保安	ATC/ATO
最小運転間隔	2分
列車運転線路	左側
導入車両	日本車両、日立製作所

地下鉄のある姉妹都市等（名古屋市）
南京／シドニー／トリノ／
ロサンゼルス／メキシコシティ

名古屋市交通局
https://www.kotsu.city.nagoya.jp/

名古屋市交通局
マスコットキャラクター
ハッチー

IC CARD
manaca
manaca
交通局使用許諾第59号

凡例

H	東山線
M	名城線
E	名港線
T	鶴舞線
S	桜通線
K	上飯田線

リニモ（東部丘陵線）
あおなみ線
ゆとりーとライン（名古屋ガイドウェイバス）
JR東海道新幹線
JR東海道線
私鉄線

庄内川
名古屋港

鶴舞線 N3000形車両　提供／名古屋市交通局

日本で唯一の地下鉄環状運転

　第2次大戦後の名古屋市復興を目指した都市計画の一環として、1947年に地下鉄路線網の計画が定められた。この計画に基づき、1954年に東山線の名古屋～栄町（現在の栄）間2.4kmの建設に着手し、1957年11月に、東京、大阪に次ぐ我が国3都市目の地下鉄として開業した。

　その後、1974年には4号線、1977年には鶴舞線、1989年には桜通線、2003年には上飯田線が新たに開業し、既設路線の延伸と併せ路線網の拡充・強化が進められてきたが、さらに2004年10月、4号線の名古屋大学～新瑞橋間5.6kmの開通により、我が国の地下鉄で初めて環状運転が行われることとなり、地下鉄ネットワークの飛躍的な充実が

線では赤池駅で名古屋鉄道豊田線、上小田井駅で名古屋鉄道犬山線との間で、また、上飯田線では上飯田駅で名古屋鉄道小牧線と相互直通運転を実施している。なお、上飯田線の平安通駅から小牧線の味鋺駅まで3.1kmの区間は、名古屋市や名古屋鉄道等が出資した第3セクターの上飯田連絡線㈱が建設し、保有する路線で、名古屋市交通局と名古屋鉄道は、同社に使用料を支払って、当該区間を運行している。

　運賃／210～340円。manaca（ICカード）を利用するとマイレージポイントが付与される　**乗車券**／普通乗車券、manaca、1日乗車券等　**旅客案内**／駅構内・施設案内表示は英語（一部韓国語、中国語（簡体字・繁体字））を併記、車内放送は英語（一部韓国語、中国語）を併用している　**その他**／①名城線の環状運転の際の行き先表示は「右回り」（時計回り）、「左回り」（反時計回り）となっている②英語、韓国語、中国語（簡体字・繁体字）、ポルトガル語併記の「名古屋市バス地下鉄ガイド」を駅等で配布している　③東山線では、金曜日及び休日の前日に終電時間の延長を行っており、最終の運行時刻は1時15分になる

<日本地下鉄協会>

N3000形車両の車いすスペース
提供／名古屋市交通局

駅ナカ商業施設「ヨリマチ FUSHIMI」（伏見駅に2019年12月開業。店舗面積約883m²）　提供／名古屋市交通局

　引き続き東山線の延伸が進められる中で、1965年には2番目の路線である名城線の栄町～市役所間1.3kmが開業した。この両線は、東京の銀座線や大阪の御堂筋線などと同じ軌間1435mmの第三軌条方式で建設され、車両も小型に設計されたが、その後に建設された路線については、相互乗り入れ等の事情もあり、架空線式が採用され、軌間も相互直通運転を実施する相手の軌間に合わせて建設され、運行車両も一般型の車両が使用されている。

図られた。

　また、この環状線の開業を契機に、従来の4号線と名城線の一部区間とで構成されている同線が名城線と呼ばれることとなり、従来の名城線の残余の区間である金山～名古屋港間6.0kmが新たに「名港線」と称されることとなった。さらに、2011年3月には、桜通線の野並～徳重間4.2kmの延伸区間が開通し、名古屋市の地下鉄ネットワークは、6路線93.3kmとなった。

　名古屋市の地下鉄6路線のうち、鶴舞

Sapporo

札幌
日本

ST 札幌市交通局
http://www.city.sapporo.jp/st/

地下鉄のある姉妹都市等（札幌市）
大田／瀋陽／ミュンヘン／ノヴォシビルスク

開通年	1971年12月
営業キロ	48.0km
路線数	3
駅数	49
運行時間	6:00～0:35
運賃制度	対キロ区間制
輸送人員	62万人／日（2019）
軌間	2150mm*
電気方式	直流750V（南北線）直流1500V（東西線・東豊線）
集電方式	第三軌条（南北線）架空線（東西線・東豊線）
運転保安	ATC/ATO
最小運転間隔	4分
列車運転線路	左側
導入車両	川崎重工業

＊ 走行路中心間

SAPICA

女性と子どもの安心車両
平日の始発から9時までの時間に限り、南北線と東西線の1両を「女性と子どもの安心車両」としている。

N		南北線
T		東西線
H		東豊線
		JR北海道線
		札幌市電

全路線がゴムタイヤ

　1960年代以降の人口急増に伴う大量輸送需要に対処するため、また、北国特有の寒冷な気候、大量の積雪にも対応できる公共交通機関として地下鉄整備の方針が決定され、まず、輸送需要の最も多い南北線の北24条～真駒内間の建設工事が1969年に開始された。

　同区間12.1kmが、札幌冬季オリンピックを2か月後に控えた1971年12月に開業したのに続き、1976年には東西線の琴似～白石間9.9km、1988年には東豊線の栄町～豊水すすきの間8.1kmが開業した。各路線の延長が順次進められ、1999年2月の琴似～宮の沢間2.8kmの開通によって現在のネットワーク（3路線48.0km）が完成した。

　すべての路線で、札幌市独自の中央案内軌条方式によるゴムタイヤ車両が採用されており、騒音や振動の軽減により乗り心地の良い地下鉄となっている。そのため、タイヤのパンク状態を自動検知するパンク検知装置も導入されている。なお、集電方式は、南北線が第三軌条方式、東西線及び東豊線が架空線方式である。

　また、地上部を高架で走行する南北線の平岸～真駒内間では、全区間がアルミ合金製のシェルターで覆われており、積雪対策だけでなく、騒音防止にも効果を発揮している。

　なお、2017年4月に東豊線がATOワンマン運転へ移行し、全路線でのワンマン運転化が完了した。

運賃／ 210～380円。SAPICA（ICカード）で乗車するとポイントが貯まる特典あり
乗車券／ 普通乗車券、SAPICA、1日乗車券等　**旅客案内／** 駅構内・施設案内表示は英語、中国語（簡体・繁体）、韓国語を併記（更新中）、車内には英語、中国語（簡体・繁体）、韓国語併記（編成により異なる）の電光案内表示板がある。大通情報ステーションにて英語・中国語対応の交通案内を行っている　＜日本地下鉄協会＞

大通駅停車中の東豊線 9000形車両　提供／磯部栄介

地下鉄単独路線では珍しい快速運転

横浜では、路面電車に代わる市民の足として1966年に地下鉄4路線の建設計画が策定され、この計画に基づく最初の路線として、1968年11月に上大岡〜伊勢佐木長者町間の建設工事に着手、1972年12月に同区間5.2kmが開業した。

続いて1976年9月には、上大岡〜上永谷間2.8km及び伊勢佐木長者町〜横浜間3.5kmが開通し、上永谷〜横浜間で運転が開始された。

その後も延長を重ね、現在では湘南台からあざみ野までの間40.4kmがブルーラインの名称で運行されている。こ↙

開始した。2013年3月には、東急東横線を経由して渋谷以北の東京メトロ副都心線、東武東上線、西武池袋線と相互直通運転を開始し、埼玉県西南部との広域交流を担っている。＜日本地下鉄協会＞

横浜市交通局
https://www.city.yokohama.lg.jp/kotsu/

横浜高速鉄道株式会社
http://www.mm21railway.co.jp/

ブルーライン 3000V形車両　提供／横浜市交通局

の運行距離は、地下鉄単独区間としては、東京の大江戸線に次ぐ日本で2番目の長さとなっており、2015年7月からは、地下鉄単独路線では我が国初の快速運転が行われている。

また、2008年3月にはリニアモータ方式によるグリーンライン日吉〜中山間13.0kmが開業した。同路線は、港北ニュータウンなど横浜市北部の交通ネットワークの充実に寄与している。

さらに、ブルーラインのあざみ野から新百合ヶ丘までの延伸について、2030年開業を目標として、2018年1月に横浜市として事業化することとした。

運賃／210〜560円。ICカード（PASMO等）利用時は210〜555円　**乗車券**／普通乗車券、PASMO、1日乗車券等　**旅客案内**／日本語、英語、中国語、韓国語（車内放送は日・英のみ）　**その他**／全駅でWi-Fi対応、全駅に可動式ホーム柵設置

横浜高速鉄道みなとみらい線

横浜高速鉄道みなとみらい線は、横浜駅から「みなとみらい21」地区の中心部を通り、港横浜の魅力あるスポットを結びながら元町・中華街駅に至る全線地下4.1kmの路線で、1992年11月に建設工事に着手し、2004年2月から営業を

えむえむさん
2019年10月の開通15周年記念イベントでデビューしたみなとみらい線キャラクターで、横浜港の海鳥をモチーフにしている。

地下鉄のある姉妹都市等（横浜市）
上海／ムンバイ／リヨン／バンクーバー

みなとみらい線 Y500系車両
提供／横浜高速鉄道株式会社

横浜市営地下鉄

開通年	1972年12月
営業キロ	53.4km
路線数	2
駅数	40
運行時間	5:08〜1:06
運賃制度	対キロ区間制
輸送人員	66万人/日（2019）
軌間	1435mm
電気方式	直流750V（ブルーライン） 直流1500V（グリーンライン）
集電方式	第三軌条（ブルーライン） 架空線（グリーンライン）
運転保安	ATC/ATO
最小運転間隔	3分10秒
列車運転線路	左側
導入車両	日本車両、川崎重工業、 総合車両製作所

みなとみらい線

開通年	2004年2月
営業キロ	4.1km
路線数	1
駅数	6
運行時間	4:57〜0:57
運賃制度	対キロ区間制
輸送人員	22万人/日（2019）
軌間	1067mm
電気方式	直流1500V
集電方式	架空線
運転保安	ATC-P
最小運転間隔	3分
列車運転線路	左側
導入車両	総合車両製作所

横浜市交通局

B　ブルーライン
　（計画線）
G　グリーンライン

横浜高速鉄道

みなとみらい線

JR東海道新幹線
JR東日本線
私鉄線

横浜港

新百合ヶ丘
計画線

B32 あざみ野
B31 中川
北山田 G06　東山田 G07　高田 G08　日吉本町 G09　日吉 G10 G
B30 G05 センター北
B29 G04 センター南
都筑ふれあいの丘 B28　B27
川和町 G03 仲町台　新羽
G02 B26 北新横浜
G01 中山
B25 新横浜
B24 岸根公園
B23 片倉町
B22 三ツ沢上町
三ツ沢下町 B21 MM01 横浜　新高島 MM02　みなとみらい MM03
B20 高島町 B19　桜木町 MM04 馬車道　日本大通り MM05
B18 関内 B17　MM06 元町・中華街
阪東橋 B16　伊勢佐木長者町 B15
吉野町 B14　蒔田 B13　弘明寺 B12　上大岡 B11

B B01 湘南台　B02 下飯田　B03 立場　B04 中田　B05 踊場　B06 戸塚　B07 舞岡　B08 下永谷　B09 上永谷　B10 港南中央

Kobe

● 神戸
日本

神戸高速鉄道線
神戸市内に乗り入れてはいたが相互に接続していなかった私鉄4社（阪急・阪神・山陽・神戸電鉄）の相互乗り入れを可能にするために、第3セクターの神戸高速鉄道株式会社が建設した路線で、東西線7.2kmと南北線0.4kmの2路線が1968年に開業した。

車両とレールにより浮かび上がったハート形
提供／神戸市交通局

西神・山手線車両と北神線車両（右から2両目）
提供／神戸市交通局

	西神・山手線
S	西神・山手線
K	海岸線
S	北神線

神戸高速鉄道線
JR山陽新幹線
JR西日本線
私鉄線

地下鉄のある姉妹都市等（神戸市）
仁川／天津／マルセイユ／バルセロナ／
リオデジャネイロ／

神戸市交通局
https://www.city.kobe.lg.jp/kurashi/access/
kotsukyoku/index.html

神戸市交通局キャラクター
ゆうちゃん

日本の地下鉄の駅間距離最長区間

　路面電車に代わる公共交通機関としての役割に加え、開発の進む西神地域や北神地域の住民の足として、地下鉄の建設が計画され、まず、西神地域と市街地とを結ぶ西神線の名谷〜新長田間5.7kmが1977年3月に開業した。その後、順次路線の延長を重ね、1987年3月には、新幹線との接続駅である新神戸駅と西神ニュータウンの中心となる西神中央駅間22.7kmが、西神・山手線として全線開業した。翌1988年4月、北神急行電鉄線の新神戸〜谷上間7.5kmの開通に伴い、同区間の相互直通運転が開始された。なお、西神・山手線の名谷〜総合運動公園間では、高架橋により山陽新幹線の上を地下鉄車両が走る珍しい姿を見ることができる。

　また、2001年7月には、新長田駅と三宮・花時計前駅間7.9kmを結ぶ海岸線（愛称「夢かもめ」）が開業し、臨海地区活性化のための先導的役割を担うとともに、1995年1月に発生した阪神・淡路大震災後の新しい街づくりにも、極めて重要な役割を果たすこととなった。なお、

この路線は、大阪の長堀鶴見緑地線、東京の大江戸線に続き日本で3路線目となるリニアモータ方式の地下鉄である。

　さらに、2020年6月には、北神急行線の新神戸〜谷上間の譲渡を受け、神戸市営地下鉄の路線として一体運行されることとなった。これにより、神戸市営地下鉄の運行距離は38.1kmに延長となった。なお、この北神線の新神戸〜谷上の両駅の間には中間駅が無く、駅間距離7.5kmは、日本の地下鉄の中で最も長い。

運賃／210〜510円　乗車券／普通乗車券、PiTaPa（ICカード）等　旅客案内／駅構内・施設案内表示は英語、韓国語、中国語を併記、車内放送は英語を併用している　その他／①毎日、始発から終発まで、女性専用車両を運行している　②西神・山手線の開業時に導入された車両には、地下鉄として日本で初めて冷房が導入された　③新長田駅には「鉄人28号前」、駒ヶ林駅には「三国志のまち」、長田駅には「長田神社前」という副駅名が付けられている　＜日本地下鉄協会＞

開通年	1977年3月
営業キロ	38.1km
路線数	3
駅数	27
運行時間	5:23〜1:05
運賃制度	対キロ区間制
輸送人員	31万人/日 (2019)
軌間	1435mm
電気方式	直流1500V
集電方式	架空線
運転保安	ATC/ATO
最小運転間隔	3分
列車運転線路	左側
導入車両	川崎重工業

2019年2月より西神・山手線に投入された新型車両（6000形）　提供／神戸市交通局

Kyoto

京都
日本 ●

烏丸線10系車両　提供／京都市交通局

京都市交通局
https://www.city.kyoto.jp/kotsu/

路線図

国際会議 K01
松ヶ崎 K02
北山 K03
北大路 K04
鞍馬口 K05
今出川 K06
丸太町 K07
京都市役所前 K08/T13
烏丸御池 K08
四条 K09
五条 K10
京都 K11
九条 K12
十条 K13
くいな橋 K14
竹田 K15

太秦天神川 T17
西大路御池 T16
二条 T15
二条城前 T14
烏丸御池 T13/K08
京都市役所前 T12
二条京阪 T11
東山 T10
蹴上 T09
御陵 T08
山科 T07
東野 T06
椥辻 T05
小野 T04
醍醐 T03
石田 T02
六地蔵 T01

鴨川

京都市交通局
マスコットキャラクター
京ちゃん・都くん

凡例
地上　K　烏丸線
　　　T　東西線
JR東海道新幹線
JR西日本線
私鉄線

観光都市京都の足を支える

　1895年に日本で最初に開通した路面電車を継承した京都の市電は、1978年に廃止されたが、これに代わるものとして地下鉄とバスの連携による交通体系の確立が目指された。

　1974年、烏丸線の北大路～京都間6.5kmの建設が開始され、1981年に開通した。同線は、その後順次路線を延長し、1997年には、国際会議～竹田間の全線13.7kmが開業した。

　また、1997年には、東西線の醍醐～二条間12.7kmが開業した。同線は、その後両端で路線を延長し、2008年には六地蔵～太秦天神川間の全線17.5kmが開通して、市内を十文字に結ぶ路線網が完成した。

　烏丸線は、竹田駅から近鉄奈良駅まで、近畿日本鉄道京都線と相互直通運転を実施しており、東西線は、御陵駅から太秦天神川駅まで、京阪電気鉄道京津線の車両が片乗り入れを行っている。

　京都市は、我が国有数の観光地であり、地下鉄は、市民の足であるとともに、多数訪れる観光客の移動を支える主要な交通手段として、バスや他の鉄道路線との結節によって広域交通ネットワークを形成し、観光振興に寄与している。

地下鉄のある姉妹都市等（京都市）
西安／パリ／プラハ／キエフ／ボストン

東西線50系車両　提供／京都市交通局

開通年	1981年5月
営業キロ	31.2km
路線数	2
駅数	32
運行時間	5:15～0:19
運賃制度	対キロ区間制
輸送人員	40万人/日 (2019)
軌間	1435mm
電気方式	直流1500V
集電方式	架空線
運転保安	ATC/ATO
最小運転間隔	3分30秒
列車運転線路	左側
導入車両	近畿車輌、日立製作所

運賃／220～360円　乗車券／普通乗車券、ICカード、地下鉄1日券等　旅客案内／英語、韓国語、中国語を併記、全駅に英語併記の電光案内表示板がある

＜日本地下鉄協会＞

Fukuoka

● 福岡
日本

HAYAKAKEN
はやかけん

七隈線延伸でますます便利に快適に

1974年に、1号線（現在の空港線）及び2号線（現在の箱崎線）の建設が決定し、1975年11月から建設工事が開始された。このうち、空港線は1981年7月の室見～天神間5.8kmの開業の後延伸を繰り返し、1993年3月の博多～福岡空港間3.3kmの開業により全線が開業した。地下鉄線が空港ターミナルの直下まで直接乗り入れたのは、我が国では初めてのことである。空港線は、福岡空港から市中心部の博多駅まで5分、天神までを11分という短時間で結ぶ、世界でも希な空港アクセスの良い地下鉄である。

一方、箱崎線は、1982年の中洲川端～呉服町間0.5kmの開業を皮切りに、順次延伸を続け、1986年11月に中洲川端～貝塚間4.7kmの全線が開業した。

両線とも開業後間もない1984年の1月からワンマン運転を本格的に導入し、地下鉄のワンマン運転における我が国の先駆者となった。また、空港線は姪浜駅でJR筑肥線と相互直通運転を実施している。

さらに2005年2月には、1997年1月の着工から約8年を経て、3号線（現在の七隈線）の橋本～天神南間12.0kmが開業した。同線は、日本で4番目のリニア

モータ駆動方式の地下鉄であり、2022年度内の開業を目指し、現在、天神南～博多間1.6km（営業キロ）の延伸工事を進めている。

運賃／210～380円。はやかけん（ICカード）で乗車すると乗車ポイントが付与される　**乗車券**／普通乗車券、はやかけん、1日乗車券等　**旅客案内**／一部の案内表示は英語、韓国語、中国語を併記、全車両に英語併記の車内電光案内表示板があるほか、車内放送は英語を併用している　＜日本地下鉄協会＞

七隈線 3000系車両（リニアメトロ）（橋本車両基地）　提供／福岡市交通局

空港線 2000系車両
（姪浜車両基地）
提供／福岡市交通局

全駅にシンボルマーク

福岡の地下鉄では全駅にシンボルマークが制定されており、シンプルでモダンなデザインが利用者に親しまれている。例えば七隈線桜坂駅は、その駅名から風に舞う桜の花びらを、箱崎線呉服町駅は、古くから栄えた港街のシンボルとして平安時代の交易船をデザインしたマークなど、その駅のイメージをシンプルに表したもので、文字と一緒に駅名表示に使われている。

地下鉄のある姉妹都市等（福岡市）
釜山／広島／アトランタ

福岡市交通局
https://subway.city.fukuoka.lg.jp/

開通年	1981年7月
営業キロ	29.8km
路線数	3
駅数	35
運行時間	5:30～0:25
運賃制度	対キロ区間制
輸送人員	47万人/日 (2019)
軌間	1067mm（空港線・箱崎線） 1435mm（七隈線）
電気方式	直流1500V
集電方式	架空線
運転保安	ATC/ATO
最小運転間隔	3分
列車運転線路	左側
導入車両	日立製作所、近畿車輌、川崎重工業 等

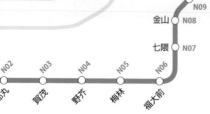

福岡市交通局
マスコットキャラクター
ちかまる

博多湾

		空港線
地上	Ｋ	空港線
地上	Ｈ	箱崎線
	Ｎ	七隈線
		（建設中）
		JR山陽新幹線・九州新幹線 博多南線
		JR九州線
		私鉄線

貝塚 H07
箱崎九大前 H06
箱崎宮前 H05
馬出九大病院前 H04
千代県庁口 H03
呉服町 H02
中洲川端 H01
祇園 K10
西新 K05 / 唐人町 K06 / 大濠公園 K07 / 赤坂 K08 / 天神 K09
天神南 N16
建設中
博多 K11 K12
福岡空港 K13
東比恵 K11
藤崎 K04
室見 K03
姪浜 K01 K02
別府 N12 / 六本松 N11 / 桜坂 N10 / 薬院大通 N13 / 薬院 N14 / 渡辺通 N15
茶山 N09
金山 N08
七隈 N07
橋本 N01 / 次郎丸 N02 / 賀茂 N03 / 野芥 N04 / 梅林 N05 / 福大前 N06

Sendai

仙台
日本

八乙女～黒松間を走行する南北線 1000N系車両
提供／仙台市交通局

icsca
（イクスカ）

仙台市交通局
https://www.kotsu.city.sendai.jp/

N 泉中央 N01
八乙女 N02
黒松 N03
旭ヶ丘 N04
台原 N05
北仙台 N06
北四番丁 N07
勾当台公園 N08
広瀬通 N09
青葉山 T01
八木山動物公園 T02
川内 T03
国際センター T04
大町西公園 T05
青葉通一番町 T06
仙台 N10 T07
宮城野通 T08
五橋 N11
愛宕橋 N12
河原町 N13
長町一丁目 N14
長町 N15
長町南 N16
富沢 N17
連坊 T09
薬師堂 T10
卸町 T11
六丁の目 T12
荒井 T13

広瀬川

N	南北線 地上
T	東西線 地上
———	JR東北新幹線
———	JR東日本線

2015年12月東西線開業

東北地方で最初の地下鉄として1987年7月、南北線の八乙女～富沢間13.6kmが開業し、その後1992年7月には、八乙女～泉中央間1.2kmの延伸開業により、全線での運行を開始した。全駅直線島式ホーム、右側運転台の採用等により、開業当初からワンマン運転を実施している。

2000年3月には、JR仙石線が「あおば通」まで延伸され、地下鉄仙台駅での乗換えが便利になった。

2011年3月11日に発生した東日本大震災は仙台市にも甚大な被害をもたらしたが、運行時間中の地震発生にもかかわらず地下鉄の乗客・職員に人的被害はなく、地下鉄の安全性が再確認された。

台原～富沢間は3日後の3月14日から運行を再開し、4月29日には全線で通常運行を再開した。

また、2015年12月には、日本で7番目となるリニアモータ方式による東西線(八木山動物公園～荒井)13.9kmが開業し、仙台駅を中心とした十文字の地下鉄ネットワークが完成した。なお、東西線の

地下鉄のある姉妹都市等（仙台市）
光州／長春／レンヌ／ミンスク

開通年	1987年7月
営業キロ	28.7km
路線数	2
駅数	30
運行時間	5:35～0:15
運賃制度	対キロ区間制
輸送人員	25万人／日 (2019)
軌間	1067mm（南北線）1435mm（東西線）
電気方式	直流 1500V
集電方式	架空線
運転保安	ATC/ATO
最小運転間隔	3分
列車運転線路	左側
導入車両	川崎重工業、近畿車輌

終端駅である八木山動物公園駅は、我が国の地下鉄駅の中で最も標高の高い地下駅として認められている。

運賃／210～370円。icsca(ICカード)で乗車するとポイントが付与される　**乗車券**／普通乗車券、icsca、1日乗車券等　**旅客案内**／駅構内・施設案内表示には英語を併記。南北線は英語併記、東西線は英語、中国語（簡体字）、韓国語併記の車内案内表示板を設置し、車内放送は英語を併用している　＜日本地下鉄協会＞

国際センター駅に向かい広瀬川橋梁を渡る東西線 2000系車両　提供／仙台市交通局

Hiroshima

広島
日本

PASPY

ドーム型の天井が美しい新白島駅の改札
提供／広島高速交通

愛称は「明日」「トラム」ライン

人口増加が進む広島市北西部の交通需要に対処するため、1986年に新交通システム（AGT）の導入が決定され、翌1987年には事業の運営主体となる第3セクター方式の広島高速交通株式会社が発足した。同年3月に建設工事が開始され、1994年8月、本通～広域公園前間18.4kmが開業した。

この路線は、コンクリート製の専用軌道上をゴムタイヤの車両が走行する方式を採っており、郊外部分の16.5kmは高架式であるが、都心部の1.9km（4駅）は地下式になっている。このうち本通～県庁前間の0.3kmは国の補助金で地下鉄として建設されている。

また、新交通システムとしては、我が国で最長の路線であり、日本語の「明日」と英語の「トラム（電車）」及び「ライン（路線）」を組み合わせた「アストラムライン」の愛称で呼ばれている。

2015年3月には新白島駅が新たに開業し、JR山陽線との接続駅として、利用者の利便性の向上が図られた。

また、2020年3月26日より、開業から25年を経て更新される新型車両7000系の運行が開始された。

運賃／190～490円。PASPY（ICカード）を利用すると最大10%割引となる　**乗車券**／普通乗車券、PASPY、1日乗車券等　**旅客案内**／案内表示に英語を併記し、一部の駅では4か国語併記としている　**その他**／沿線の各施設と連携したラッピング電車を運行している
＜日本地下鉄協会＞

ヌマジ交通ミュージアム（広島市交通科学館）
長楽寺駅から徒歩5分のところにあり、巨大な交通パノラマや世界中の乗り物の模型の展示、コンピュータ画面を通じた仮想の移動体験等を楽しむことができる。

大塚駅付近を試験走行中のアストラムライン 7000系車両　提供／広島高速交通

広島高速交通株式会社
HRT
http://astramline.co.jp/

地下鉄のある姉妹都市等（広島市）
大邱／重慶／モントリオール

開通年	**1994年8月**
営業キロ	**18.4km**
路線数	**1**
駅数	**22**
運行時間	**5:39～0:37**
運賃制度	**対キロ区間制**
輸送人員	**6.6万人/日**（2019）
軌間	**1700mm***
電気方式	**直流 750V**
集電方式	**剛体複線式**
運転保安	**ATC**
最小運転間隔	**2分30秒**
列車運転線路	**左側**
導入車両	**三菱重工エンジニアリング、新潟鐵工所、川崎重工業**

＊ 走行車輪中心間

アストラムライン
マスコットキャラクター
アストラムラインくん

■■■ アストラムライン
地上
── JR山陽新幹線
── JR西日本線
── 広島電鉄

高取
長楽寺（ヌマジ交通ミュージアム前）
上安（動物公園口）
安東（安田女子大学前）
毘沙門台
伴（広陵学園前）
大町
大原
古市
伴中央
中筋
大塚（市立大学口）
西原
祇園新橋北
広域公園前（修道大学前）
不動院前（比治山大学前）
牛田（ひろしんビッグウェーブ前）
太田川
白島
新白島
城北
県庁前
本通

Topics**1** 世界の地下鉄ランキング

輸送人員ランキング（1日当たり輸送人員）

　地下鉄の輸送人員数は、東京が長らく首位を保ってきたが、北京と上海が肩を並べるまで急伸し、近年は三つ巴の状況を呈している。東アジアの都市の伸張が著しく、トップ10のうち7つを占めている。

1	北京	1,054万人
2	東京	1,039万人
3	上海	1,017万人
4	広州	829万人
5	ソウル	747万人
6	モスクワ	685万人
7	深圳	515万人
8	香港	496万人
9	ニューヨーク	473万人
10	メキシコシティ	439万人

輸送人員・路線長ともにトップに立った北京地下鉄　提供／秋山芳弘

東京メトロ副都心線・有楽町線に導入される新型車両
提供／東京メトロ

路線長ランキング

　長年ロンドン、ニューヨークが1位、2位を占めていたが、北京、上海をはじめとする中国が急速に路線網を拡充した。他の都市も含め中国の都市は、ランキングの上位を独占する勢いで路線網の整備をさらに進めている。

1	北京	746.7km
2	上海	674.7km
3	広州	513km
4	モスクワ	408.1km
5	ロンドン	408.0km
6	ニューヨーク	378.0km
7	ソウル	340.7km
8	東京	304.0km
9	深圳	303.4km
10	マドリード	294km

　＊ ソウルは1〜9号線の合計。東京は東京メトロと都営地下鉄の合計。広州はAPM Lineを含む合計

現在26号線までの計画を有している上海地下鉄が、再び路線長
世界一を奪取することが予想されている　提供／岡崎利生

世界で2番目の地下鉄 Tünel は、世界一短い地下鉄である（イスタンブール）提供／秋山芳弘

路線は10.4kmの環状線のみだが、地下鉄の歴史は古い（グラスゴー）提供／与野正樹

地下鉄の開通時期ランキング

　世界の地下鉄の歴史をたどると、古い歴史を誇るのはヨーロッパないしアメリカである。なお、ロンドンの最初の地下鉄は蒸気機関車であった。世界初の電気方式の地下鉄はブダペストの1号線であり、この路線は世界遺産に登録されている。

1	イギリス	ロンドン	1863年（文久3）1月
2	トルコ	イスタンブール（Tünel）	1875年（明治8）1月
3	ハンガリー	ブダペスト	1896年（明治29）5月
4	イギリス	グラスゴー	1896年（明治29）12月
5	アメリカ	ボストン	1897年（明治30）9月
6	フランス	パリ	1900年（明治33）7月
7	ドイツ	ベルリン	1902年（明治35）8月
8	ギリシャ	アテネ	1904年（明治37）9月
9	アメリカ	ニューヨーク	1904年（明治37）10月
10	アメリカ	フィラデルフィア	1907年（明治40）3月
⋮	⋮	⋮	
＊	日本	東京	1927年（昭和2年）12月

<日本地下鉄協会>

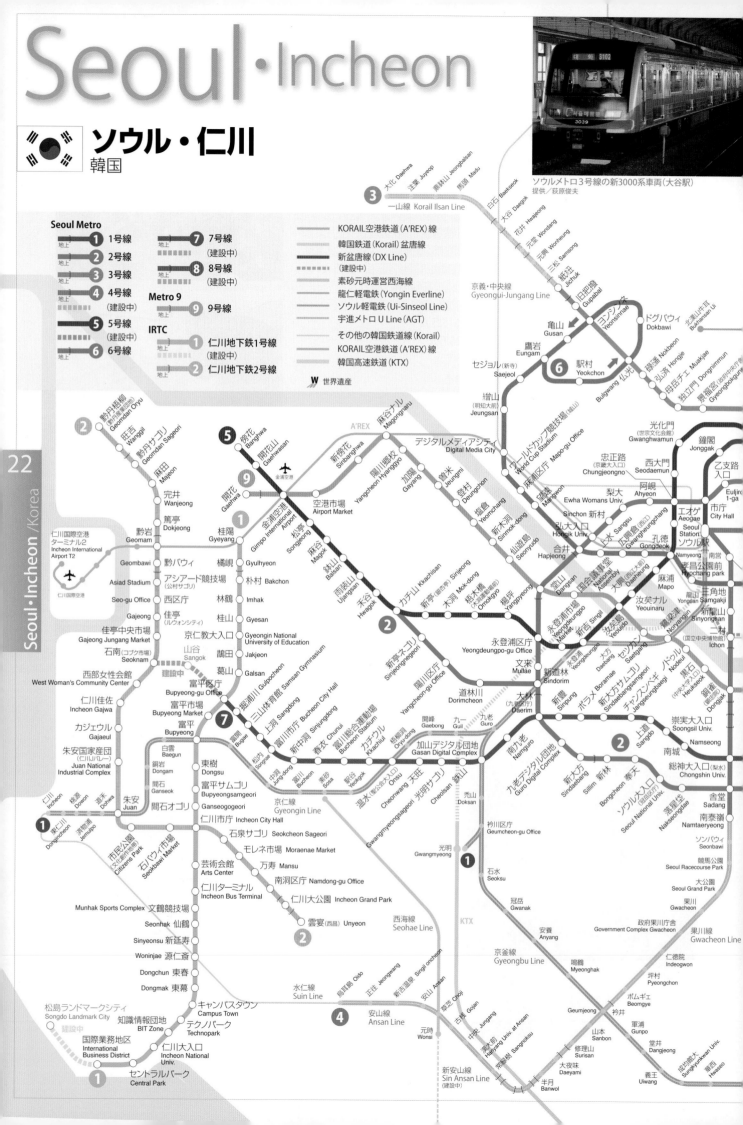

Seoul·Incheon

ソウル・仁川
韓国

ソウルメトロ3号線の新3000系車両（大谷駅）
提供／荻原俊夫

Seoul Metro
http://www.seoulmetro.co.kr/

Incheon Transit Corporation
https://www.ictr.or.kr/main/

Seoul Metro

開通年	1974年8月
営業キロ	340.7km
路線数	9*
駅数	301
運行時間	5:30～1:00
運賃制度	距離制
輸送人員	747万人/日 (2019)
軌間	1435mm
電気方式	直流 1500V (1・4号線以外) 交流 25kV (1・4号線)
集電方式	架空線
運転保安	ATS/ATC (1～4号線) ATC/ATO (5～9号線)
最小運転間隔	2分30秒
列車運転線路	左側 (1号線) 右側 (1号線以外)
導入車両	Hyundai Rotem

* 9号線は Seoul Metro より委託を受けた Metro9 が運営・管理

韓国鉄道1号線に乗り入れた仁川行ソウルメトロ1000系鋼製車両(鷺梁津駅) 提供/荻原俊夫

乙支路3街駅のフルスクリーン式ホームドア。ソウルでは2009年までに全ての鉄道駅にホームドアが設置された 提供/阿部豊

仁川
［人口］295万 (2018)
［時差］時差なし
［為替］1ウォン=0.09円

開通年	1999年10月
営業キロ	58.5km
路線数	2
駅数	55
運行時間	5:30～1:00
運賃制度	距離制
輸送人員	109万人/日 (2017)
軌間	1435mm
電気方式	直流 750/1500V
集電方式	架空線
運転保安	ATC/ATO
最小運転間隔	4分30秒
列車運転線路	右側
導入車両	Hyundai Rotem

仁川メトロ1号線地上区間を走る1000系車両(橘峴駅) 提供/荻原俊夫

急行運転も行なっているソウルメトロ9号線の現代ロテム製車両(開花駅)
提供／秋山芳弘

便利な統合運賃制度を採用

ソウル市は東西に流れる漢江を中心とする都市である。韓国の北西部に位置し、23の快速軌道交通・ライトレール・近郊路線・ピープルムーバーで構成されている。その都市交通ネットワークは1〜9号線の地下鉄とそれを囲む近郊線で構成され、ソウルメトロ、韓国国鉄・メトロ9の3事業者が運営している。

ソウルの地下鉄は、その路線の整備時期により3期に分けられる。まず、第1期の路線は、ソウルメトロ(旧ソウル特別市地下鉄公社)によって運営される1〜4号線である。1974年8月、市の中心部に位置する韓国鉄道京釜線のソウル駅と中央線の清涼里駅を東西に結ぶ目的で1号線10駅7.8kmが開業したのがソウルの地下鉄の始まりである。さらに、環状線である2号線、ソウル市をX字状に縦断する3・4号線の建設が進められた。第1期の地下鉄は、相互直通運転を行う韓国鉄道におおむね準ずる規格を採用している。直流1500V電化

の地下鉄に対し韓国鉄道は交流25kVであるため、相互直通の接続部に無電区間を設けて、車上切換方式で交直切替を行っている。この1号線用の車両は、1974年に日立・日本車両製交流直流両用1000型電車が導入されたが、以降は技術移転により韓国で製造された車両が順次投入されるようになった。

第2期は、経営に競争原理を導入することとして設立されたソウル特別市都市鉄道公社(SMRTC)によって運営される5〜8号線が建設された。第1期の地下鉄で残された鉄道空白地域を埋めるように、1994年11月、5号線の往十里〜上一洞間15.5kmの開業を皮切りに、1996年に7号線・8号線、2001年に6号線が開業し、現在の路線網が形成された。第2期の地下鉄は、第1期とは異なり相互直通運転を考慮せず、その代りにATO制御によるワンマン運転方式を採用している。

これらに続く第3期地下鉄としての9号線は、開花〜新論峴間の第1段階25.5kmが2009年7月に開業した。引き続き、総合運動場までの4.5kmが2015年に、2018年には中央報勲病院まで延伸し、38駅40.6kmの全線が開業した。この9号線は、ソウルメトロ9号線(株)が、ソウル市から30年間の施設の譲渡を受けて管理・運営を行うBTO方式をとっており、Veolia Transport 社が主要株主である9号線運営(株)が、ソウルメトロ9号線(株)から委託を受けて運営を行っている。

なお、ソウル市は、ソウルメトロとSMRTCの2つの経営主体を2016年に統合させ、ソウル特別市地下鉄(Seoul

Metro)となった。現在、2020〜2023年の間の開業を目指し、5号線の東延伸(2020)、4号線の北東延伸(2021)、7号線の西延伸(2020)、8号線の北延伸(2023)の建設中である。

ソウル市では、交通カードを利用することにより、ソウル市の統合運賃制に参加する事業体(ソウルの各地下鉄事業者及び韓国鉄道が参加済み。空港鉄道は参加せず)にまたがって乗車する場合に、乗・降車駅間の距離の合計で運賃が算出される制度を採用している。

運賃／距離制(1250ウォン〜) 乗車券／1回用交通カード、交通カード(T-money)等 旅客案内／韓国語及び英語。路線ごとにシンボルカラーがあり、乗り換え駅では中国語と日本語による車内放送もある その他／9号線は終日にわたり待避線を用いた急行運転を行っている(20分間隔)

ソウルメトロ9号線の総合運動場駅にある2号線への乗換案内 提供／秋山芳弘

ソウル地下鉄とつながった仁川地下鉄

1999年10月、仁川市の南部を走る仁川〜水原間の道路と、市の北部を通る金浦空港〜仁川国際空港間の空港鉄道線を結ぶ目的で1号線の橘峴〜東幕間21.9kmが開業した。2007年3月に空港鉄道駅と隣接する桂陽まで北部へ延伸、2009年6月には松島新都市地域へ国際業務地区までが南部に延伸し29.4kmの地下鉄が完成した。なお、2009年10月の開業10周年を機に、仁川地下鉄公社から仁川メトロに社名が改められた。また、2012年10月にはソウル地下鉄7号線の富平区庁までの延伸によりソウル地下鉄と接続した。

その後、2016年7月には2号線の仁川大公園〜仁川市庁〜梧柳洞間29.1kmが開業した。現在、1号線は南西の松島ランドマークシティまで1駅延伸工事中(2020)である。また、市の北東部から西部を回り東南部へ達する半環状の3号線の構想もある。　<磯部栄介>

ソウルメトロのステンレス製1000系車両(韓国鉄道1号線龍山駅) 提供／荻原俊夫

釜山
韓国

日本に最も近い海外の地下鉄

釜山地下鉄は、1985年に開業し、現在4路線108駅114.5km、車両数878両、直流1500V架空線方式（4号線のみ直流750V第三軌条方式）である。

1981年1月、釜山市地下鉄建設本部が発足し、同年6月から1号線の建設が始まった。1985年、梵魚寺～ポムネコル間14.9kmが、韓国初のステンレス鋼製車両を用いて開業したのを皮切りに、1986年には梵魚寺～老圃洞（現・老圃）間1.2kmが延伸され、以後3次の延伸を経て1994年に西大新洞～新平間6.4kmが開業した。さらに2017年4月に新平駅から多大浦海水浴場駅まで7.3kmの延伸工事が完成し、1号線全線が開通した。

2号線は、1号線の西面駅から東西両方向に伸びる路線として整備が進められ、1999年、湖浦～西面間21.7kmが開業した。その後2002年には、西面～萇山間16.3kmが、2008年には、湖浦～梁山間7.2kmが延伸開業した。

3号線は、山がちな釜山市の東西の平野部を短絡する路線として、2005年11月に大渚～水営間18.1kmが開業した。8両編成の1号線、6両編成の2号線に対して、より需要の少ない地域を結ぶ3号線は4両編成で運行され、省力化を図るためにホームドアも完備されている。なおこの間、地下鉄の運営を担ってきた

釜山交通公団は、2006年1月に釜山交通公社へと改組された。

4号線は、2011年3月に美南～安平間14駅（地下8駅・地上1駅・高架5駅）10.8kmが開業した。3号線よりもさらに少ない需要を勘案し、軌道系新交通（ゴムタイヤ式AGT、6両1編成、表定速度30km/h）が採用され、完全自動運転で運行されている。

現在、5号線沙上～下端間6.9km、梁山線老圃～北亭間11.4kmが建設中である。

運賃／距離制（10kmまで1400ウォン、10km以上1600ウォン）、交通カード使用時は割引運賃適用、30分内なら2回まで乗り継ぎ可能。改札後3時間で乗車券は無効となる　**乗車券**／普通乗車券（1回券・2回券）、ICカード（一般用・青少年用・子供用）、1日券等　**旅客案内**／韓国語及び英語。一部構内表示と案内放送には日本語・中国語あり、スマートカード

支払いに移行する計画がある。**その他**／全駅に車イス、CharLiftなどのバリアフリー設備がある　＜磯部栄介＞

1号線を走る現代ロテム製の車両　提供／Busan Transportation Corporation

開通年	**1985年7月**
営業キロ	**114.5km**
路線数	**4**
駅数	**108**
運行時間	**5:00～0:40**
運賃制度	**距離制**
輸送人員	**94万人/日**(2019)
軌間	**1435mm**（1～3号線）＊
電気方式	**直流1500V**（1～3号線） **直流750V**（4号線：AGT）
集電方式	**架空線**（1～3号線） **第三軌条**（4号線:AGT）
運転保安	**ATC/ATO**
最小運転間隔	**3分30秒**
列車運転線路	**右側**
導入車両	**Hyundai Rotem**

人口　**346万** (2018)
時差　**時差なし**
為替　**1ウォン=0.09円**

＊　4号線は案内軌条式

凡例：
- ① **1号線**
- ② **2号線**
- ③ **3号線**
- ④ **4号線**
- 5号線（沙上下端線：建設中）
- 梁山線（建設中）
- 韓国高速鉄道（KTX）
- 韓国鉄道（Korail）線
- 釜山-金海ライトレール（BGL）

（路線図駅名）
北亭 Bukjeong／建設中／老圃 Nopo／梁山 Yangsan／南梁山 Namyangsan／釜山大学梁山分校 Pusan National Univ. Yangsan Campus／証山 Jeungsan／湖浦 Hopo／金谷 Geumgok／東院 Dongwon／栗里 Yulli／華明 Hwamyeong／水亭 Suyeong／徳川 Deokcheon／体育公園 Sports Park／江西区庁 Gangseo-gu Office／亀浦 Gupo／徳浦 Deokpo／亀明 Gumyeong／亀南 Gunam／毛羅 Mora／毛徳 Modeok／沙上 Sasang／甘田 Gamjeon／周禮 Jurye／梵魚寺 Beomeosa／南山 Namsan／斗實 Dusil／久瑞 Guseo／長箭 Jangjeon-dong／釜山大学 Pusan National Univ./温泉場 Oncheonjang／明倫 Myeongnyun／寿安 Suan／楽民 Nangmin／東萊 Dongnae／釜山教育大学 Busan National Univ. Education／巨堤 Geoje／南山亭 Namsanjeong／美南 Minam／社稷 Saijik／総合運動場 Sports Complex／楊亭 Yangjeong／市庁 City Hall／釜田 Bujeon／田浦 Jeonpo／釜山国際金融中心・釜山銀行 Busan International Finance Center, Busan Bank／門峴 Munhyeon／チナゴル Jigagol／モッコル Motgol／大淵 Daeyeon／慶星大学・釜慶大学 Kyungsung Univ., Pukyong National Univ./開琴 Gaegeum／東義大学 Dongeui Univ.／伽倻 Gaya／釜岩 Buam／西面 Seomyeon／ポムネコル Beomnaegol／凡一 Beomil-dong／佐川 Jwacheon-dong／釜山鎮 Busanjin／草梁 Choryang-dong／釜山驛 Busan station／釜山湾 ／ハルリマンゴル Muimangol／盆山 Bassan／水営江／東釜山大学 Dong-Pusan College／古村 Gochon／安平 Anpyeong／霊山大学 Youngsan Univ.／石坮 Seokdae／盤如農産品市場 Banyeo Agricultural Market／錦絲 Geumsa／書洞 Seo-dong／鳴蔵 Myeongjang／忠烈祠 Chungnyeolsa／萇山 Jangsan／中洞 Jung-dong／海雲台 Haeundae／冬柏 Dongbaek／BEXCO（市立美術館）Busan Museum of Art／水営湾／センタムシティー Centum City／民楽 Millak／水営 Suyeong／廣安 Gwangan／金蓮山 Geumnyeonsan／南川 Namcheon／加耶大（三渓）Kaya Univ.(Samgye)／BGL／大渚 Daejeo／金海国際空港／洛東江／下端 Hadan／新平 Sinpyeong／トンメ Dongmae／長林 Jangnim／新長林 Sinjangnim／ナッケ Natgae／多大浦港 Dadaepo Harbor／多大浦海水浴場 Dadaepo Beach／釜山 Busan／莒里 Dangni／沙下 Saha／槐亭 Goejeong／大峙 Daeti／西大新 Seodaesin／東大新 Dongdaesin／土城 Toseong／チャガルチ Jagalchi／南浦 Nampo／中央 Jungang／南梁 Nangang

Busan Transportation Corporation
https://www.humetro.busan.kr/default/main.do

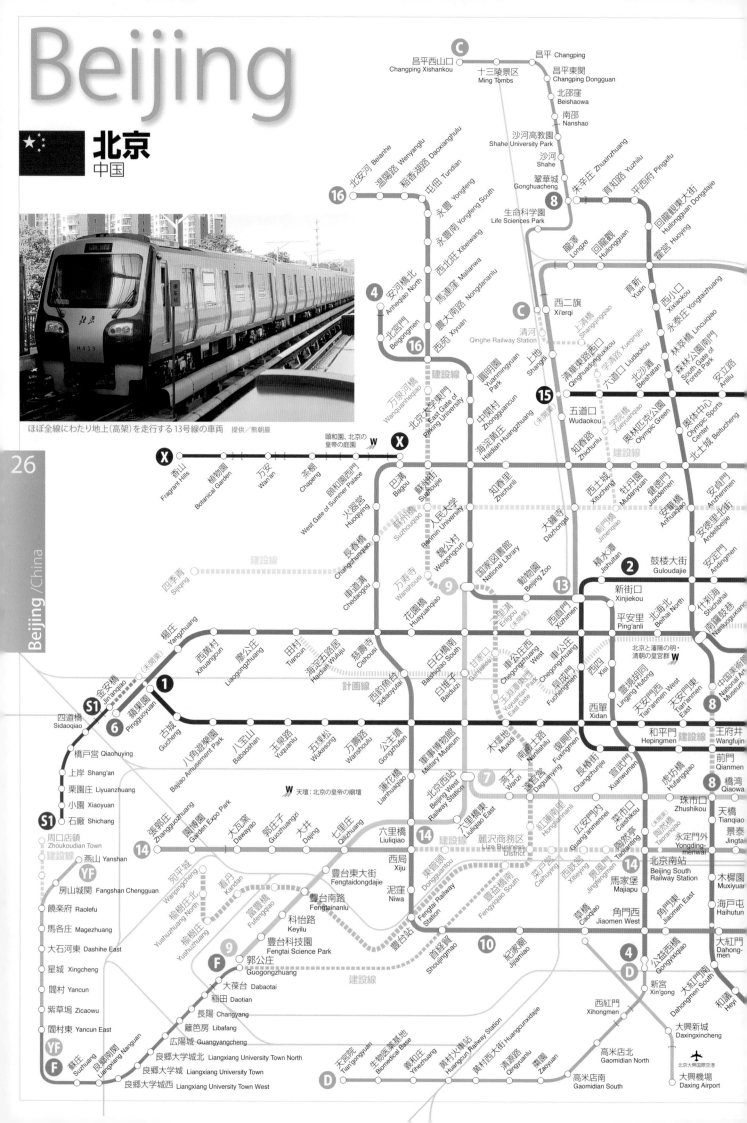

Beijing

北京
中国

ほぼ全線にわたり地上（高架）を走行する13号線の車両　提供／熊朝晨

Beijing Mass Transit Railway Operation Co.,Ltd. (BMTRC)
北京市地鉄運営有限公司
https://www.bjsubway.com/

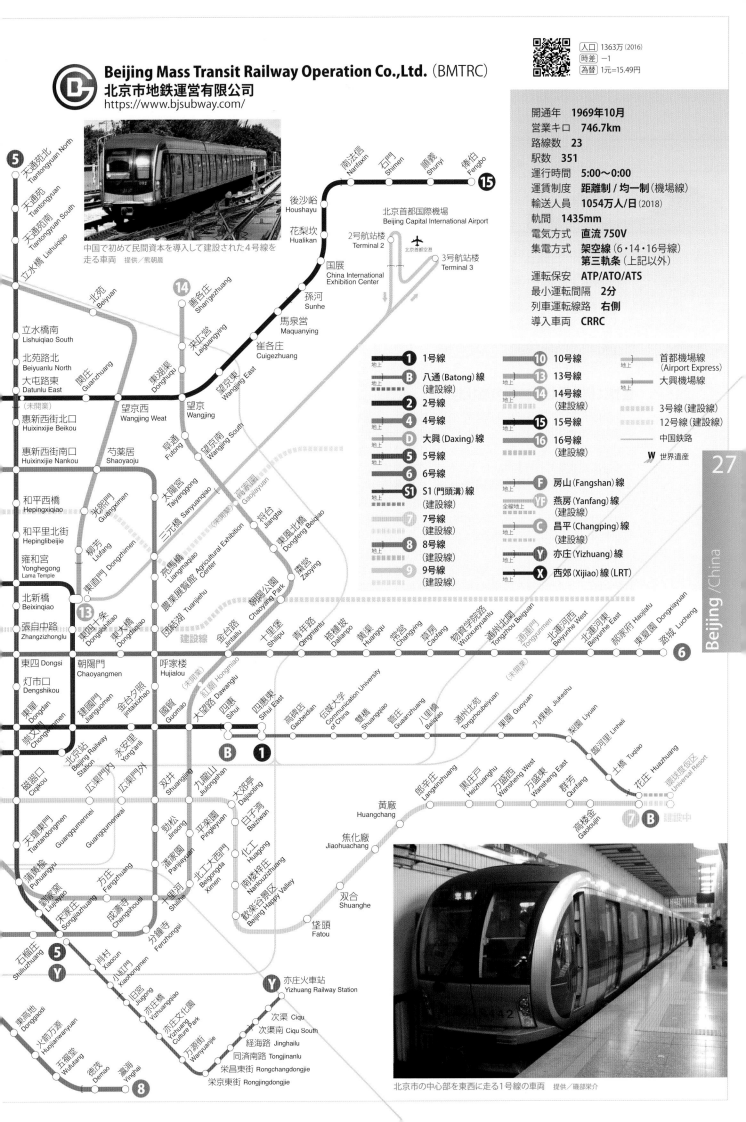

人口 1363万 (2016)
時差 −1
為替 1元=15.49円

開通年	1969年10月
営業キロ	746.7km
路線数	23
駅数	351
運行時間	5:00〜0:00
運賃制度	距離制 / 均一制 (機場線)
輸送人員	1054万人/日 (2018)
軌間	1435mm
電気方式	直流750V
集電方式	架空線 (6・14・16号線) 第三軌条 (上記以外)
運転保安	ATP/ATO/ATS
最小運転間隔	2分
列車運転線路	右側
導入車両	CRRC

中国で初めて民間資本を導入して建設された4号線を走る車両　提供／熊朝晨

凡例

- ① 1号線
- B 八通 (Batong) 線 (建設線)
- ② 2号線
- ④ 4号線
- D 大興 (Daxing) 線
- ⑤ 5号線
- ⑥ 6号線
- S1 S1 (門頭溝) 線 (建設線)
- ⑦ 7号線 (建設線)
- ⑧ 8号線 (建設線)
- ⑨ 9号線 (建設線)
- ⑩ 10号線
- ⑬ 13号線
- ⑭ 14号線 (建設線)
- ⑮ 15号線
- ⑯ 16号線 (建設線)
- 首都機場線 (Airport Express)
- 大興機場線
- 3号線 (建設線)
- 12号線 (建設線)
- 中国鉄路
- W 世界遺産
- F 房山 (Fangshan) 線
- YF 燕房 (Yanfang) 線 (建設線)
- C 昌平 (Changping) 線 (建設線)
- Y 亦庄 (Yizhuang) 線
- X 西郊 (Xijiao) 線 (LRT)

北京市の中心部を東西に走る1号線の車両　提供／磯部栄介

Beijing

北京で初めて中低速磁気浮上方式を採用したS1線の車両（上岸駅）
提供／左近嘉正

中国鉄路の北京駅に接続する2号線北京站の出入口　提供／秋山芳弘

世界に例を見ない二重の環状線

北京地下鉄は、1969年に開業した中国で最初の地下鉄である。それゆえ、B型車と呼ばれるやや小型の車両が使われ、第三軌条方式を基本としているなど、中国の他都市と異なる特徴を持っている。

当初の開業区間は、北京站から市街地西端の蘋果園までの18駅23kmで、このうち、北京站～長椿街間の6駅は1984年に建設された北京站～復興門間11駅16.1kmと併せて現在の2号線となった。2号線は、北京市の交通の障害となっていた旧北京城の城壁を取り壊して建設された第2環状道路の下を走る環状路線である。

また、当初開業路線の残区間は、復興門～西單間2.5km（1992年開業）、天安門西～四惠東間11.8km（1999年開業）、天安門西～西單間1.3km（2000年開業）の延伸区間と併せ、市中心部の東西幹線となる1号線（蘋果園～四惠東間）として再編された。

一方、2003年には郊外へ拡大する市街地へのサービスのため、2路線が建設された。2号線（環状線）を起終点に市北西部の文教地区と北部・北東部の住宅地区を結ぶ13号線40.9km（2003年全通）と、北京東郊の通州と1号線とを連絡する八通線18.9kmである。両路線とも全線高架構造であり、13号線の建設には、一部に遊休化した旧国鉄の線路用地が活用された。なお、八通線と1号線とが接続する四惠～四惠東間は2路線が並列する複々線となっており、乗換客の分散が図られているが、直通運行は実施されていない。

2008年の北京オリンピックの開催決定を契機として、市内の地下鉄路線網は飛躍的に拡大を始める。2007年には市街地を南北に貫く5号線が開業、開催目前の2008年7月には、8号線の北土城～森林公園南門間、10号線の勁松～巴溝間、機場線（空港連絡線）北京首都国際機場～東直門間が開業し、オリンピック主会場への観客輸送を担った。機場線は、北京地下鉄で唯一、鉄車輪リニア方式を採用している。

オリンピック開催後も中心部の道路渋滞の緩和や既存地下鉄路線の混雑低減のため、ネットワークの拡大は続いた。2008年以降は、天津・上海方面への高速列車が発着する北京南站への4・14号線や武漢・広州方面への北京西站に至る7・9号線など、16号線までの建設・延伸がなされた。このうち6号線は、混雑が著しい1号線のバイパス路線として、最高速度の向上（100km/h）と快速運行を見込み、架空線方式に変更して建設された新たな東西幹線である。また、10号線は、オリンピックの際の部分開業区間を延伸することにより、最終的に45駅57.1kmの第二の環状線へと発展した。

郊外部を見ると、昌平線、大興線、房山線、亦庄線、燕房線、S1線、西郊線、大興機場線といった路線が開業し、市街地の拡大に対応している。このうち大興線は、接続する4号線との相互運行を実施している。

以上のように、現在23路線が運営されており、総延長約750kmの世界でも有数の路線網を誇る地下鉄へと発展した。2018年における年間利用者数は38億9000万人、1日当たりの平均利用者数は1000万人を超えており、2017・2018年の2年連続で、地下鉄利用者数が路線バスの利用者数を上回るなど、北京市は「地下鉄時代」に突入したと言える。

今後も、3号線、11号線、12号線、17号線、19号線、22号線、28号線の新規路線、7号線、8号線、14号線、16号線、房山線、S1線の延伸路線の整備が計画されており、北京市は2021年までに同市の地下鉄を計27路線、総延長約1000kmとする地下鉄整備計画を発表している。

運　賃／3〜10元（32km以上は20km増ごとに1元加算、機場線は25元均一　**乗車券**／普通乗車券（プラスチック製磁気カード）、市政交通カード（路線バス、タクシー、一部の高速道路料金所で使用可能、ショッピング等にも利用できるICカード）　**旅客案内**／中国語及び英語　＜左近嘉正＞

北京市の中心部を南北に貫通して走る5号線の車両　提供／磯部栄介

Topics **2** 日本製の電車が走る地下鉄

アジアやアメリカなどの多くの都市の地下鉄では、日本の車両メーカーが製造した電車が納入され活躍している。その代表的な例として下記のような実績がある。

バンコクの Purple Line を走行する総合車両製作所製のステンレス車両 提供／渡辺政博

近畿車輌製造のドバイメトロ。レッドラインは世界最長のドライバーレス路線である 提供／矢崎康雄

アジア

中国 1984年、東急車輛（現在の総合車両製作所）が北京地下鉄（p.26）に1編成3両を納入した。また、香港MTR（p.36）の東鉄線・西鉄線・馬鞍山線では、近畿車輌と川崎重工業の車両が納入された。

台湾 台北地下鉄（p.38）の1997年開業時に川崎重工業が約130両を納入した。

タイ バンコク（p.42）のパープルラインの建設には、丸紅と東芝・JR東日本が携わり、総合車両製作所が車両を納入した。

シンガポール シンガポール地下鉄（p.44）の1987年の開業以来、川崎重工業を中心に日本車両・東急車輌・近畿車輌の連合が約400両を納入した。その後も、川崎重工業・日本車両の新型車両を納入している。

フィリピン マニラLRT 1号線の輸送力増強プロジェクトの際に日本車両と近畿車輌がそれぞれ24両ずつ納入した。

インドネシア ジャカルタMRT（p.45）南北線には、官民協働によるアジア向け輸出促進のための都市鉄道システムの標準仕様「STRASYA」に準じた日本車両の電車が納入された。

インド 2002年に開業したデリー地下鉄（p.46）第1期用の電車は、三菱電機と韓国のロテムによるコンソーシアムが落札し、ロテムが車体、三菱電機が電機品を納入した。

アラブ首長国連邦 2009年に開業したドバイメトロ（p.50）は、日本を中心とした企業連合により建設され、近畿車輌が製造した高級仕様の車両が納入された。

カタール 2019年に開業したドーハメトロ（p.51）は日仏5社の企業連合により建設され、近畿車輌が電車を納入した。

アフリカ

エジプト 1987年に開業したカイロ地下鉄（p.92）1号線の増備車を近畿車輌・東芝グループが納入し、続いて、2号線・3号線も同グループが受注した。

北米

アメリカ合衆国 1980年以来、ニューヨーク（p.96）とフィラデルフィア・ワシントン（p.100）の各地下鉄に、川崎重工業が累次にわたり2000両以上の車両を受注・納入している。

また、ボストン地下鉄（p.101）グリーンラインには近畿車輌のLRT車両（連接型）、アトランタMARTA には日立製作所のステンレス車両が納入されている。

中南米

メキシコ メキシコシティ地下鉄（p.106）では、三菱電機が210両分の車両用電機品を納入した。

アルゼンチン ブエノスアイレス地下鉄（p.109）では、かつて東京メトロ丸ノ内線で使用された電車と名古屋市営地下鉄で使用された電車が活躍している。

<阿佐見俊介・阿部豊>
＊日本の車両メーカーの社名の表記については、各社の規定による。

2014年納入のニューヨーク地下鉄の電車。CBTC方式による無線列車制御システムを採用している 提供／川崎重工業株式会社

ブエノスアイレス地下鉄B線で運行する丸ノ内線の中古電車。塗色を変更し、ホームとの間に隙間ができないように改造している 提供／秋山芳弘

Shanghai

上海
中国

凡例（路線）

- ① 1号線 地上
- ② 2号線 地上
- ③ 3号線 地上
- ④ 4号線 地上
- ⑥ 6号線 地上
- ⑦ 7号線 地上
- ⑧ 8号線 地上
- ⑨ 9号線 地上
- ⑩ 10号線（建設中）地上
- ⑪ 11号線 地上
- ⑫ 12号線 地上
- ⑬ 13号線 地上
- ⑯ 16号線 地上
- ⑰ 17号線 地上
- 14号線（建設中）
- 15号線（建設中）
- 18号線（建設中）
- 19号線（計画線）
- 20号線（計画線）
- 21号線（計画線）
- 崇明線（計画線）
- 5号線（ライトレール莘閔線）地上
- 浦江線（Pujiang Line：APM）
- 金山鉄道（近郊急行線）（Jinshan Line）
- リニアモーターカー（上海トランスラピッド）
- 中国鉄道

開通年	1993年4月
営業キロ	674.7km*
路線数	16*
駅数	345*
運行時間	4:55〜1:00
運賃制度	距離制
輸送人員	1017万人/日（2018）
軌間	1435mm
電気方式	直流1500V（浦江線は700V）
集電方式	第三軌条（16・17・浦江線）架空線（上記以外）
運転保安	ATC/ATO/ATS
最小運転間隔	4分30秒
列車運転線路	右側
導入車両	中国企業とSiemens、Alstom、Bombardierとの合弁会社

人口 1450万（2016）
時差 −1
為替 1元=15.49円

* 1〜17号線及び浦江線の合計

3号線（石龍路駅）提供／矢崎康雄

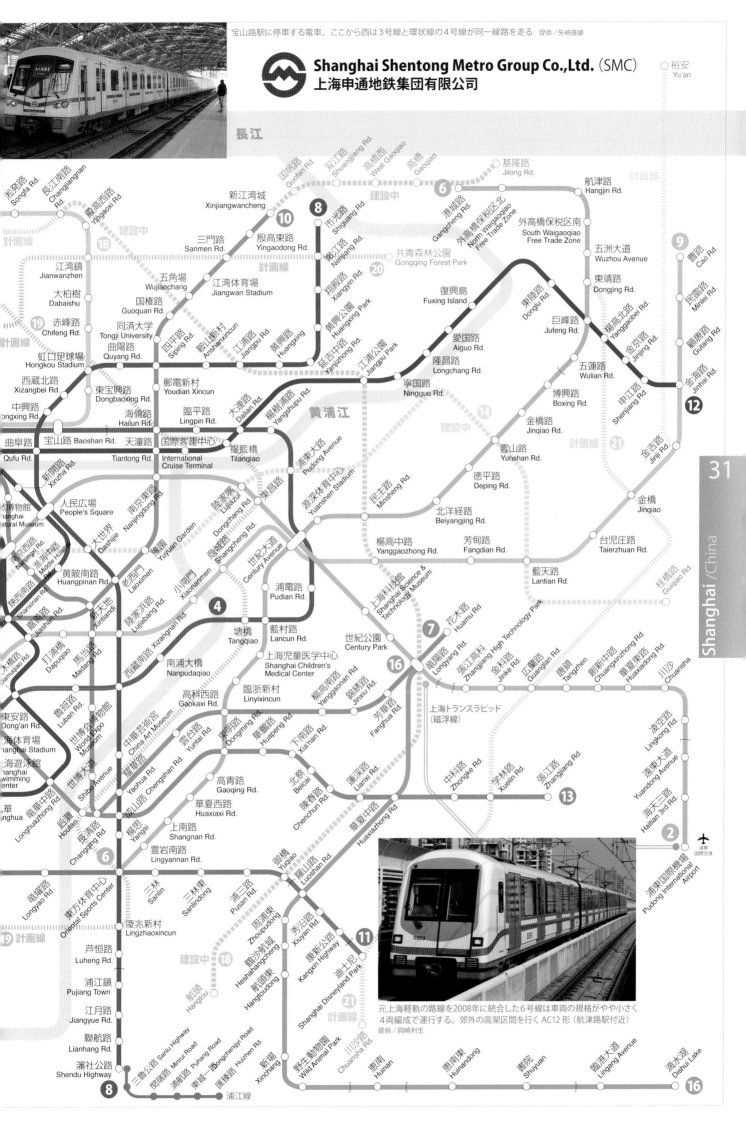

Shanghai

上海の西部を縦断する1号線と東部を縦断する8号線が市街を横断する2号線と人民広場駅で接続する
提供／磯部栄介

浦東国際空港から市街中心部を通り虹橋国際空港までを結ぶ2号線（浦東国際機場駅）
提供／与野正樹

世界最大級の
地下鉄ネットワーク

　上海は世界有数の人口密集都市であるが、市の中心部を南北に貫く地下鉄1号線が徐家匯〜錦江楽園間6.6kmで部分開業したのは1993年4月のことであるから、地下鉄の整備は遅いといえる。その後、東西に走る地下鉄2号線の中山公園〜竜陽路間15.6kmが1999年10月に開業、高架の3号線（明珠線）第1期区間（上海南站〜江湾鎮で4号線環状部の西半分）が2000年12月に開業した。

　以降の開通状況を見てみると、2003年に1号線南端からさらに郊外に延びるライトレール路線（SMR）として5号線が、2005年には4号線の環状部分が開通し、上海申通地鉄集団有限公司の名にあるように、環状線を南北と東西の両線で貫く「申」の字形の路線が開通した。

　その後も2007年12月に6・8・9号線、2009年12月には7・11号線が相次いで開通するなど、都市鉄道網の整備が急速に進められ、2010年の上海万博開催に向けてその速度が加速されると、同年4月に2号線が浦東国際空港まで延伸、10号線の開業、万博開催期間中の4月〜10月には会場内の輸送機関として13号線の世博大道〜馬当路間の部分開業が行われた。

　近年の開業や延伸状況を見ると、万博終了後に一旦閉鎖された13号線は、2012年12月に市北西部の金運路〜金沙江路間が開業、その後、2014年12月に金沙江路〜長寿路間、2015年12月に長寿路〜世博大道間、2018年世博大道〜張江路間が延伸開業した。

　2013年1月に開業した16号線は、開業当初は中国国内で初となる地下鉄線での快速運転を行っていたが、通過駅の利用者が想定以上に多かったことから2014年1月に快速運転を取りやめた。その後車両の増備により輸送力が増強され、2016年3月から快速運転を再開している。また、12号線は2013年12月に金海路〜天潼路間が開業、2014年5月に天潼路〜曲阜路間、2015年12月に曲阜路〜七莘路間が延伸開業した。

　既設路線の延伸開業も行われ、11号線は2013年10月に花橋駅（江蘇省）まで延伸開業したことにより、中国で初めて省市をまたぐ地下鉄路線となり、その後2016年4月に迪士尼駅（ディズニーリゾート駅）まで延伸された。また、9号線は2012年12月に松江南〜松江新城間、2017年12月に楊高中路〜曹路間、5号線は2018年12月に東川路〜奉賢新城間が延伸開業した。

　最も新しい地下鉄路線である17号は、近年、工業化とニュータウン化の著しい青浦区と交通の枢軸である虹橋駅、虹橋空港方面を結び、上海に残る江南水郷の一つである朱家角鎮への観光路線として2017年12月に開業した。また、2018年3月に新交通システムを採用した浦江線が開業し、完全自動運転が行われている。

　開業以降約20年の集中的な路線整備により、上海地下鉄の総延長は676kmに達している。世界一の路線網を有する時期もあったが、現在は北京市に次ぐ世界第2の路線網を有する都市となっている。現在も10号線の延伸工事、14・15・18号線の新設路線の建設が進められており、将来は19号線〜26号線の建設計画がある。

運賃／距離制（3〜15元）
乗車券／ICカード（上海公共交通卡）等　**旅客案内**／中国語及び英語。現地の上海語での案内はない　＜左近嘉正＞

5号線は1号線の終点から先に伸びるライトレール路線。車両は長さが19m級、幅は2.6mと小型　提供／矢崎康雄

Chongqing

最初の開業は日本式モノレール

重慶の地下鉄は重慶市営の重慶市軌道交通集団有限公司(CRTC)により、地下鉄6路線とモノレール2路線が運営されている。最初の開業は2号線で、山と谷が多く起伏の激しい地形から、鉄道より急勾配に有利な粘着力の強い跨座式モノレール方式が採用され、大阪モノレールと同一設計により、2005年6月に較場口～動物園間で開業した。中国初のモノレールである。その後、2014年12月に魚洞まで延伸され、一部区間は地下を走行している。モノレール3号線は、2011年9月に両路口～鴛鴦間が試運転名目で開通、同年12月に二塘～江北機場間、2012年12月に魚洞～二塘間が延伸開業、2016年12月に支線として碧津～挙人壩間が開業した。

地下鉄路線は、モノレール開業より少し遅れて、6号線が2012年9月に五里店～康荘間が開業した。その後、北は北碚、南は茶園まで延伸されている。5号線は2017年12月に園博中心～大竜山間が開業、2018年12月に大竜山～大石壩間が延伸開業した。また、10号線が2017年12月に王家荘～鯉魚間、環状線が2018年12月に重慶図書館～海峡路間が開業するなど、近年になって新線開業や延伸開業が相次いでいる。将来的には18号線まで計画されており、今後も積極的な開発が進められる予定である。

運賃／2～8元　乗車券／ICカード式普通乗車券(降車時にカード回収)、IC式プリペイドカード等　旅客案内／英語による案内放送、ラインカラーで色分けされたエスカレータがある　＜左近嘉正＞

Chongqing Rail Transit (Group) Co.,Ltd. (CRTC)
重慶市軌道交通集団有限公司
https://www.cqmetro.cn

重慶
中国

凡例：
- ① 1号線
- ④ 4号線
- ⑤ 5号線 (建設中)
- ⑥ 6号線
- ⑩ 10号線 (建設中)
- ⓪ 環状線 (建設中)
- モノレール
- ② 2号線
- ③ 3号線
- ── 中国鉄路

人口 2449万 (2016)
時差 -1
為替 1元=15.49円

開通年	2011年7月
営業キロ	228.4km*
路線数	6*
駅数	118*
運行時間	6:30～22:30
運賃制度	距離制
輸送人員	116万人/日 (2017)*
軌間	1435mm*
電気方式	直流1500V
集電方式	架空線
運転保安	ATC/ATO
最小運転間隔	3分
列車運転線路	右側
導入車両	CRRC

* モノレール(2・3号線)を除く

重慶の中心地と郊外を結ぶ1号線の高架駅には防音対策が施されている　提供／磯部栄介

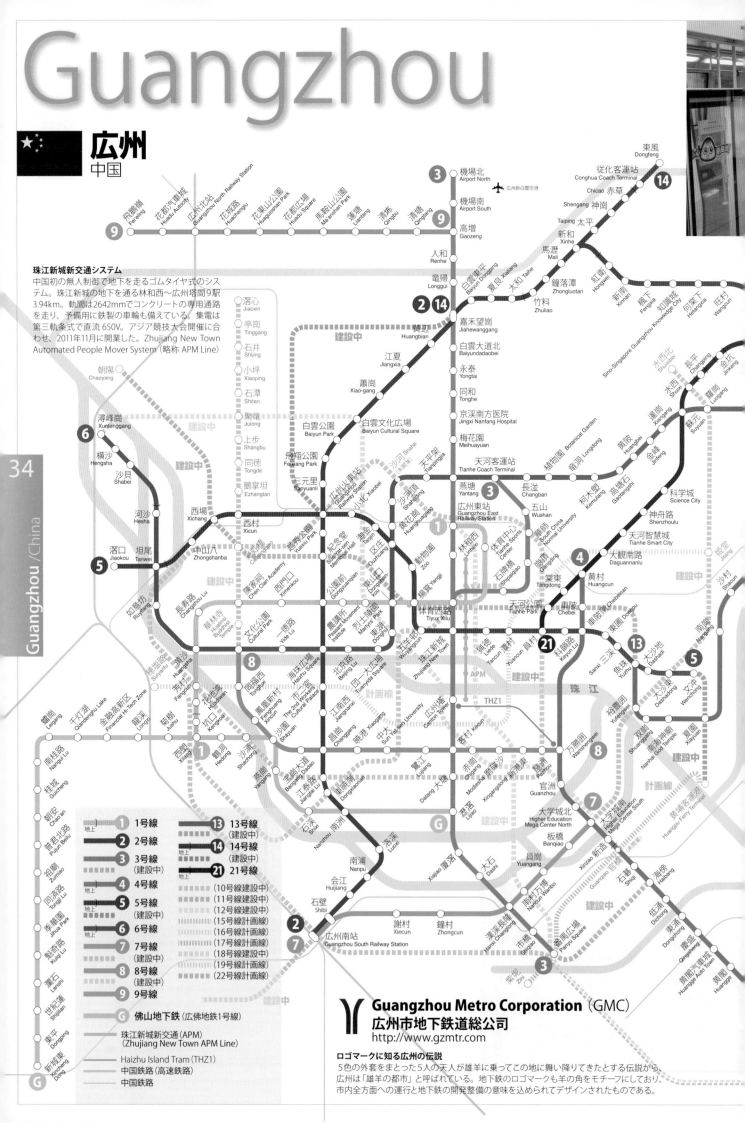

Guangzhou

広州
中国

Guangzhou /China

珠江新城新交通システム
中国初の無人制御で地下を走るゴムタイヤ式のシステム。珠江新城の地下を通る林和西〜広州塔間9駅3.94km。軌間は2642mmでコンクリートの専用通路を走り、予備用に鉄製の車輪も備えている。集電は第三軌条式で直流650V。アジア競技大会開催に合わせ、2011年11月に開業した。Zhujiang New Town Automated People Mover System（略称 APM Line）

Guangzhou Metro Corporation（GMC）
広州市地下鉄道総公司
http://www.gzmtr.com

ロゴマークに知る広州の伝説
5色の外套をまとった5人の天人が雄羊に乗ってこの地に舞い降りてきたとする伝説から、広州は「雄羊の都市」と呼ばれている。地下鉄のロゴマークも羊の角をモチーフにしており、市内全方面への運行と地下鉄の開発整備の意味を込められてデザインされたものである。

2号線地上区間の駅に設置されているホーム柵
提供／磯部栄介

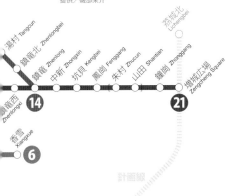

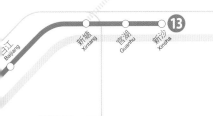

人口 870万 (2016)
時差 -1
為替 1元=15.49円

開通年	1997年6月
営業キロ	513km*¹
路線数	14*¹
駅数	237*¹
運行時間	6:00〜0:00
運賃制度	距離制
輸送人員	829万人/日 (2018)
軌間	1435mm*²
電気方式	直流1500V*²
集電方式	第三軌条 (4・5・6・14・21号線) 架空線 (上記以外)
運転保安	ATP/ATO/ATS
最小運転間隔	3分
列車運転線路	右側
導入車両	CRRC

*1 APMを含む
*2 APMを除く

中国初のリニアメトロ

広州地下鉄は、1997年に中国で4番目に開通した地下鉄であり、広州市地下鉄道総公司 (GMC) が運営している。2010年のアジア大会開催が好機となり、わずか23年間で14路線513kmにまで急速に路線網を拡大させ、中国では、北京、上海に次ぐ規模の路線網となった。

1号線は東西に走る路線で、1997年6月の西塱〜黄沙間5駅5kmが開通し、翌1998年6月に広州東站駅まで延伸されて全線16駅が完成した。この路線の建設にあたっては、ドイツからの借款を使用し、また技術協力を受けている。

その後、2002年に旧市街を南北に貫き、中国で初めてとなるホームドアが設置された2号線の三元里〜暁港(現8号線)間、2005年には、新市街地を南北に結び、北方の広州新白雲空港と連絡する3号線の広州東站〜客村間が開通した。3号線は、将来的に全長84.5kmに及ぶ長距離路線となるため、最高速度120km/hの車両になっている。2号線は2010年に全線開通し、3号線も同年に空港(機場南駅)に延伸、現在は機場北駅まで延伸されている。

中国で初めてとなるリニア地下鉄方式が採用された4号線は、2005年の万勝囲〜新造間から順次開通し、2017年12月に金洲〜南沙客運港間が延伸開業した。

また、市街を横断する大動脈として既存の路線や主要交通拠点と接続する5号線は、2009年に全区間が開通した。現在は市街南部を横断する路線である8号線は、2010年9月に2号線が広州南站駅まで開通すると同時に、それまで2号線であった暁港〜万勝囲を切り替え、新たに昌崗〜暁港を開通させて8号線としたものである。同年11月には鳳凰新村まで、2019年12月に文化公園まで延伸された。

近年の新規路線については、6号線が2013年12月に潯峰崗〜長湴間で開業

ドイツの借款により建設された1号線を走るドイツメーカー設計の車両
提供／磯部栄介

した後、東方に延伸され、2016年12月に香雪まで開業、7号線が2016年12月に広州南站〜大学城南間、9号線が2017年12月に高増〜飛鵝嶺間、13号線が2017年12月に魚珠〜新沙間で開業した。また、市街北東部郊外の従化区、増城区に向かう14号線が2017年12月に支線の新和〜鎮竜間、2018年12月に本線の嘉禾望崗〜東風間で開業、21号線が2018年12月に鎮竜西〜増城広場間で開業した後、2019年12月に員村〜鎮竜西間が延伸開業した。

一方、広州市の南西に隣接する佛山市を結ぶ中国初の都市間地下鉄である佛山地鉄(広佛地鉄:Guangfo Line)及び珠江新城新交通システム線(Zhujiang New Town APM Line)が2010年11月に相次いで開通し、軌道系交通システムの整備充実が進められている。

広州地下鉄は、市民にとって主要な交通手段の一つになり、2018年には累計乗車人員が30億人を超えた。道路交通渋滞を解消するため新線及び延伸線の整備が積極的に行われており、2023年までに路線延長も800kmを超える計画を有している。

運賃／距離制(2〜17元) 乗車券／乗車券(トークン)、学生割引券・老人無料券(ICカード)、羊城通(地下鉄、バス共通ICカード)等 旅客案内／駅構内案内表示は中国語及び英語、車内案内放送は北京語、広東語、英語 ＜左近嘉正＞

中国初のリニアメトロである4号線は直流1500V第三軌条方式である。車両基地ではパンタグラフを上げて走行する 提供／磯部栄介

Hong Kong

香港
中国

人口 744万 (2019)
時差 −1
為替 1香港ドル=13.55円

Mass Transit Railway Corporation Limited （MTRCL）
香港鉄路有限公司
http://www.mtr.com.hk

開通年	**1979年10月**
営業キロ	**271.3km**
路線数	**12**
駅数	**95**
運行時間	**6:00〜1:00**
運賃制度	**距離制**
輸送人員	**496万人/日** (2018)
軌間	**1432/1435mm**
電気方式	**直流 1500V/ 交流 25kV**
集電方式	**架空線**
運転保安	**ATP/ATO/ATS**
最小運転間隔	**2分**
列車運転線路	**左側**
導入車両	**Metro-Cammell、Alstom、川崎重工、近畿車輛**

MTRの車両は貫通式になっており、ロングシートはステンレス製である（觀塘線）
提供／秋山芳弘

深圳

福田口岸

E 羅湖 Lo Wu E
落馬洲 Lok Ma Chau

上水 Sheung Shui

粉嶺 Fanling
太和 Tai Wo
大埔墟 Tai Po Market
大學 University

馬場 Racecourse

火炭 Fo Tan

沙田 Sha Tin

兆康 Siu Hong
天水圍 Tin Shui Wai
朗屏 Long Ping
元朗 Yuen Long

錦上路 Kam Sheung Road

W 屯門 Tuen Mun

T 荃灣 Tsuen Wan
大窩口 Tai Wo Hau
葵興 Kwai Hing
葵芳 Kwai Fong

新界

大圍 Tai Wai
顯徑 Hin Keng

荃灣西 Tsuen Wan West

荔景 Lai King

美孚 Mei Foo
長沙灣 Cheung Sha Wan
深水埗 Sham Shui Po

九龍塘 Kowloon Tong

石硤尾 Shek Kip Mei

A 博覧館 AsiaWorld-Expo

✈ 機場 Airport
香港国際空港

D 青衣 Tsing Yi

荔枝角 Lai Chi Kok
南昌 Nam Cheong

太子 Prince Edward
旺角 Mong Kok
旺角東 Mong Kok East

九龍

T 東涌 Tung Chung
欣澳 Sunny Bay

大嶼山

奥運 Olympic
九龍 Kowloon

油麻地 Yau Ma Tei

D 迪士尼 Disneyland Resort

柯士甸 Austin

佐敦 Jordan

ビクトリア港

尖沙咀 Tsim Sha Tsui

紅磡 Hung Hom

尖東 East Tsim Sha Tsui E

香港 Hong Kong
會展 Exhibition Centre
建設線 W

堅尼地城 Kennedy Town
香港大學 HKU
A T T
S
計画線
西營盤 Sai Ying Pun
上環 Sheung Wan
中環 Central
金鐘 Admiralty
灣仔 Wan Chai
銅鑼灣 Causeway Bay
天后 Tin Hau

海怡半島 South Horizons
利東 Lei Tung
黃竹坑 Wong Chuk Hang
海洋公園 Ocean Park

S

香港島

当初の3扉から5扉に改造された東鉄線のメトロキャメル製車両（太和〜粉嶺間） 提供／荻原俊夫

迪士尼（ディズニー）線の車両はミッキーマウスの窓のデザイン。自動運転による1駅区間のシャトル運行（欣澳駅）　提供／矢崎康雄

世界で初めてICカードを採用

香港の地下鉄は、香港政府が株式の過半数を所有する香港鉄路有限公司（香港鉄路：MTR）によって運営されている。1974年に3路線の工事が始まり、1979年10月に観塘線の観塘〜石硤尾間が最初に開通した。

現在、MTRが運営する路線には、1998年開業の機場快線（エアポートエクスプレス）と2007年に吸収合併した九廣鉄路（KCRC）の路線も含まれている。2006年4月に当時の香港地鉄と九廣鉄路の資産譲渡や路線運営権の付与に関する合意が成立し、2007年12月、香港地鉄公司から香港鉄路有限公司に社名を変更して一体運営が開始された。

1997年、香港は世界に先駆けて非接触式ICカード（オクトパスカード）を導入した。日本が開発したシステムが採用されており、香港のほとんどの交通機関で利用できるほか、電子マネー機能も実用化された。

また、2002年にホームドアの設置工事が始まり、2005年10月に地下全駅への設置を完了した。既存の全地下駅にホームドアを設置したのは世界初である。多くの駅構内には小規模型コンビニエンスストアやケーキ等の菓子類の売店や雑貨店、利用者の多い駅には銀行のATMコーナーが設置されている。また、全ての駅で無料Wi-Fiサービスが利用できる。

香港の地下鉄は、乗り換えにおける効率の良さにも特色がある。例えば観塘線と荃灣線の列車が発着する太子、旺角、油麻地の3駅では、2層構造のトンネル内の駅に上段と下段ホームで方向別の複線が設けられ、同一ホームで乗り換えができるようになっている。

MTRは、2008年に広東省深圳市の地下鉄4号線をはじめロンドン・オーバーグラウンド線の運営権を取得するなど中国の他都市や海外進出にも積極的で、北京地下鉄、杭州地下鉄、マカオ軽軌鉄道、ストックホルム地下鉄等の運行を行っている。

今後の計画としては、2020年2月に大圍〜啓徳間が開通した屯馬線（第1期）は、今後、紅磡まで延伸され、馬鞍山線・西鉄線と合わせて屯馬線（東西走廊）とする計画がされている。また、東鉄線を紅磡から香港島へ延伸し、灣仔駅北部の新駅（曾展）を経て金鐘駅まで至る計画がされている。

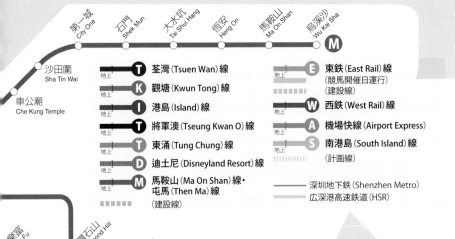

第一城 City One	
石門 Shek Mun	
大水坑 Tai Shui Hang	
恆安 Heng On	
馬鞍山 Ma On Shan	
烏溪沙 Wu Kai Sha	M

沙田圍 Sha Tin Wai
車公廟 Che Kung Temple

T 荃灣 (Tsuen Wan) 線　地上
K 觀塘 (Kwun Tong) 線　地上
I 港島 (Island) 線　地上
T 將軍澳 (Tseung Kwan O) 線　地上
T 東涌 (Tung Chung) 線　地上
D 迪士尼 (Disneyland Resort) 線　地上
M 馬鞍山 (Ma On Shan) 線・屯馬 (Then Ma) 線 （建設線）

E 東鉄 (East Rail) 線　地上（競馬開催日運行）（建設線）
W 西鉄 (West Rail) 線　地上
A 機場快線 (Airport Express)　地上
S 南港島 (South Island) 線 （計画線）

―― 深圳地下鉄 (Shenzhen Metro)
―― 広深港高速鉄道 (HSR)

樂富 Lok Fu
鑽石山 Diamond Hill
黃大仙 Wong Tai Sin **M**
啓德 Kai Tak
彩虹 Choi Hung
九龍灣 Kowloon Bay
牛頭角 Ngau Tau Kok
觀塘 Kwun Tong
藍田 Lam Tin
宋皇臺 Wong Toi
建設中
何文田 Ho Man Tin
土瓜灣 To Kwa Wan
九龍灣
黃埔 Whampoa **K**
油塘 Yau Tong **T**
調景嶺 Tiu Keng Leng
寶琳 Po Lam **T**
坑口 Hang Hau
將軍澳 Tseung Kwan O **K**
康城 LOHAS Park **T**

炮台山 Fortress Hill **T**
北角 North Point
鰂魚涌 Quarry Bay
太古 Tai Koo
西灣河 Sai Wan Ho
筲箕灣 Shau Kei Wan
杏花邨 Heng Fa Chuen
柴灣 Chai Wan **I**

觀塘線を走るメトロキャメル社のM-Train（九龍灣駅）　提供／秋山芳弘

運賃／5〜63.5香港ドル　乗車券／普通乗車券、オクトパスカード（ICカード）、1日券等　旅客案内／車内放送は広東語、北京語、英語　その他／①エスカレーターの速度は日本の倍ほど速く乗降には注意を要する　②機場快線の香港駅と九龍駅では航空機のチェックインができ、搭乗券の受け取りや荷物の預け入れが可能　＜左近嘉正＞

Taipei

台北
台湾

環状線を走る中量輸送型電車（幸福駅） 提供／佐藤隆弘

充実した路線網により交通渋滞を解消

　台北の地下鉄は、台北大衆捷運股份有限公司（台北捷運：TRTC）により支線を含む6路線146.2kmが運営されている。

　最初の地下鉄路線である淡水線は、戦前の日本統治時代に建設された台湾鉄路局淡水線（1988年7月廃止）を置き換える形で建設され、淡水～中山間20.2km及び北投～新北投間1.2kmが1997年3月に開業した。同年末の台北駅延伸を経て、1998年12月に中正紀念堂駅まで延伸し、時期を同じくして以南区間に相当する新店線の中正紀念堂～古亭および中和線の古亭～南勢角間が開業、翌年11月には新店線の延伸区間である古亭～新店間が開業したことに伴い、台北市街を南北に貫通する交通軸が完成した。

　なお、淡水線は台湾で最初に開業した大量輸送都市交通機関であるが、これに先立ち、中量輸送機関であるゴムタイヤ式AGTの文湖線（南港展覧館～動物園）のうち南半分にあたる中山國中～動物園間が1996年3月に開業している。

　これらに続き、市内を東西に結ぶ板南線が1999年12月の部分開業以降順次路線を延伸し、2015年7月には永寧～南港展覧館全線が開業、また並行して、新荘線（古亭～廻龍）、蘆州線（大橋頭～蘆州）、信義線（中正紀念堂～象山）及び小南門線（中正紀念堂～西門）、松山線（西門～松山）が2014年11月までに順次開業した。信義線と松山線の開業を機に、既に開業していた淡水線、及び淡水線と直通運転をしていた新店線、中和線との間での運転系統が全面的に再編され、現在のメトロネットワークが完成した。さらに、2020年1月には環状線の第1段階である大坪林～新北産業園区間15.8Kmが新たにネットワークに加わった。

　現在、中正紀念堂～莒光（9.5km）の萬大線（第1段階）の建設が進んでいる。さらに、環状線延伸、民生汐止線といった新線計画や、近隣の自治体である新北市や桃園市が建設・運営する都市交通システムと連携した、大台北都市圏の交通網が整備されつつある。

運賃／20～65新台湾ドル　乗車券／普通乗車券（ICトークン）、悠遊（ICカード）、1日乗車用ICカード等　旅客案内／案内表示は中国語と英語、車内放送は北京語、台湾語、客家語、英語（日本人利用者の多い駅では日本語による駅名案内もあり）　その他／構内は禁煙かつ飲食禁止であり、ガムをかむことも禁止されている　<佐藤隆弘>

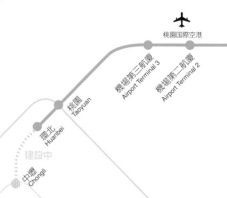

淡水信義線を走る大量輸送型電車（士林駅） 提供／岡崎利生

人口 268万（2017）
時差 −1
為替 1新台湾ドル＝3.61円

開通年 1996年3月
営業キロ 146.2km
路線数 6
駅数 119
運行時間 6:00～0:00
運賃制度 距離制
輸送人員 205万人/日（2017）
軌間 1435mm
電気方式 直流750V
集電方式 第三軌条
運転保安 ATC/ATO/ATS
最小運転間隔 2分15秒
列車運転線路 右側
導入車両 川崎重工、Siemens、AnsaldoBreda（Hitachi Rail）、Bombardier、Matra

淡水信義線の新北投支線を走る3連大量輸送型電車（北投駅）。北投温泉や周辺の山々へのハイキングに訪れる乗客向けに外装・内装を改造した観光列車仕様の編成 提供／佐藤隆弘

Taipei Rapid Transit Corporation（TRTC）
台北大衆捷運股份有限公司
https://www.metro.taipei/Default.aspx

坎頂 Kanding
淡水 Tamsui
紅樹林 Hongshulin
竹圍 Zhuwei
關渡 Guandu
忠義 Zhongyi
復興崗 Fuxinggang
新北投 Xinbeitou
北投 Beitou
奇岩 Qiyan
唭哩岸 Qilian
石牌 Shipai
明德 Mingde
芝山 Zhishan
士林 Shilin
劍潭 Jiantan
圓山 Yuanshan
大橋頭 Daqiaotou
民權西路 Minquan West Road
雙連 Shuanglian
中山 Zhongshan
中山國小 Zhongshan Elementary School
松江南京 Songjiang Nanjing
行天宮 Xingtian Temple
中山國中 Zhongshan Junior High School
大直 Dazhi
劍南路 Jiannan Road
西湖 Xihu
港墘 Gangqian
文德 Wende
內湖 Neihu
大湖公園 Dahu Park
葫洲 Huzhou
東湖 Donghu
松山機場 Songshan Airport
松山空港
南京復興 Nanjing Fuxing
台北小巨蛋 Taipei Arena
南京三民 Nanjing Sanmin
松山 Songshan
南港軟體園區 Nangang Software Park

藘洲 Luzhou
三民高中 Sanmin Senior High Scool
徐匯中學 St.Ignatius High School
三和國中 Sanhe Junior High School
三重國小 Sanchong Elementary School
新北産業園區 New Taipei Industrial Park
菜寮 Cailiao
台北橋 Taipei Bridge
幸福 Xingfu
三重 Sanchong
先嗇宮 Xianse Temple
新莊 Xinzhuang
頭前庄 Touqianzhuang
輔大 Fu Jen University
丹鳳 Danfeng
迴龍 Huilong
龍山寺 Longshan Temple
北門 Beimen
西門 Ximen
小南門 Xiaonanmen
台北車站 Taipei Main Station
善導寺 Shandao Temple
忠孝新生 Zhongxiao Xinsheng
忠孝復興 Zhongxiao Fuxing
忠孝敦化 Zhongxiao Dunhua
國父紀念館 Sun Yat-Sen Memorial Hall
市政府 Taipei City Hall
永春 Yongchun
後山埤 Houshanpi
昆陽 Kunyang
南港 Nangang
南港展覧館 Taipei Nangang Exhibition Center

台大醫院 NTU Hospital
大安森林公園 Daan Park
大安 Daan
信義安和 Xinyi Anhe
台北101/世貿 Taipei 101/World Trade Center
象山 Xiangshan
廣慈/奉天宮 Guangczi/Fengtian Temple

江子翠 Jiangzicui
新埔民生 Xinpu Minsheng
板橋 Banqiao
府中 Fuzhong
亞東醫院 Far Eastern Hospital
海山 Haishan
土城 Tucheng
永寧 Yongning
頂埔 Dingpu
新埔 Xinpu
板新 Banxin
中原 Zhongyuan
橋和 Qiaohe
中和 Zhonghe
景安 Jingan
南勢角 Nanshijiao

中正紀念堂 Chiang Kai-Shek Memorial Hall
東門 Dongmen
古亭 Guting
台電大樓 Taipower Building
科技大樓 Technology Building
六張犂 Liuzhangli
麟光 Linguang
辛亥 Xinhai
萬芳醫院 Wanfang Hospital
萬芳社區 Wanfang Community
木柵 Muzha
動物園 Taipei Zoo

頂溪 Dingxi
公館 Gongguan
萬隆 Wanlong
景美 Jingmei
永安市場 Yongan Market
景平 Jingping
秀朗橋 Xiulang Bridge
十四張 Shisizhang
大坪林 Dapinglin
七張 Qizhang
小碧潭 Xiaobitan
新店區公所 Xindian District Office
新店 Xindian

忠孝新村/忠和 Juguang Zhonghe Senior High School
中和高中
汐止区公所 Xizhi District Office

淡水川

凡例

Br 文湖（Wenhu）線 地上
R 淡水信義（Tamsui-Xinyi）線（建設中）地上
新北投（Xinbeitou）支線
G 松山新店（Songshan-Xindian）線
小碧潭（Xiaobitan）支線 地上
O 中和新蘆（Zhonghe-Xinlu）線
BI 板南（Bannan）線
Y 環状（Circular）線（計画線）地上

建設・計画路線
萬大樹林線
民生汐止線
桃園機場線
淡海軽軌線（LRT）
台湾鉄道
台湾高速鉄道（HSR）

Taichung

台中
台湾

新たな街の歴史を作る台中メトロ

　台中市市内の公共交通機関は長らくバスのみであった。市街地も、日本統治時代に開発された現在の台湾鉄路台中駅を中心としたエリアに集中していたため、あまり発達はしていなかったが、2000年前後から徐々に都市エリアが郊外へ発達し、2007年に郊外の烏日地区に台湾高速鉄道台中駅が開業した後は、旧市街地と高速鉄道駅との間の市街化が進み、現在では台中市役所庁舎、高層マンション、オペラハウスやホテルなどが立ち並ぶ新市街が形成されている。

　台中市の都市交通計画は1998年から検討が開始され、緑線、藍線、紅線、橘線、紫線の路線が計画された。そのうち緑線が2020年6月現在、高架路線、駅、基地および車両や信号、運行管理、信号、電力供給などの地上設備がほぼ完成し、2020年末の開業を目指し試運転が行われている。運営は紅線を除き、台中捷運股份有限公司（台中捷運：TMRT）が行う。

　紅線は、台湾鉄路の従来路線の運行系統の見直し、軌道の高架化や駅増設・近代化による「台湾鉄路メトロ化計画」によるものであり、台中市の都市交通ネットワークの一部としても扱われ、2018年までに市街中心部のメトロ化計画を完了している。

　緑線は、高鐵台中駅から、台中市の新都心地域である市役所付近を経由して市街地北東部の北屯地区（終点は車両基地と台中捷運の本社がある北屯基地）を結ぶ半円状の路線である。路線延長は16.71km、駅数は18、車両は2両編成（全18編成）の完全自動運転方式である。全線高架のため厳密にいえば地下鉄ではないが、台湾中部の経済・文化の中心都市として発展する台中市の都市交通計画で重要な位置を占める路線の一つとして、台北や高雄のメトロと同じように認識されている。

　その他の路線は、現在計画中であり、事前調査が進められている段階である。また、郊外や隣の自治体である彰化県への緑線の延伸計画も構想されている。

　運賃等詳細なサービスはまだ公表されていない（2020年6月現在）。〈佐藤隆弘〉

市政府駅に停車中の台中メトロ緑線車両（試運転中の様子）　提供／大石尚弘

人口	279万（2017）
時差	−1
為替	1新台湾ドル＝3.61円

全線高架 **G**	緑線（烏日文心北屯線）
	（計画線）
	藍線（計画線）
	橘線（台中機場線：計画線）
	紫線（LRT：計画線）
	紅線（台湾鉄道）
	（計画線）
	台湾鉄道
	台湾高速鉄道（HSR）

Taichung Mass Rapid Transit
（TMRT）
臺中捷運股份有限公司
https://www.tmrt.com.tw

計画線

G 北屯總站
Beitun Main Station

四維國小
Sihwei Elementary School

舊社
Jiushe

軍功寮 計画線
Jungongliao

圓山新村
Yuanshan New Village

松竹
Songzhu

文心崇德
Wenxin Chongde

文心中清
Wenxin Zhongqin

文華高中
Wenhua Senior High School

文心櫻花
Wenxin Yinghua

市政府
Taichung City Hall

水安宮
Shui-an Temple

文心森林公園
Wenxin Forest Park

南屯
Nantun

豐樂公園
Feng-le Park

大慶
Daqing

九張犁
Jiuzhangli

台中国際空港
台中国際空港

計画線

成功嶺
Chenggongling

G 高鐵台中站
Taichung HSR Station

烏日
Wuri

九德
Jiude

金馬
Jinma

中庄
Zhongzhuang

渡船頭
Duchuantou

下勞胥
Xialaoxu

計画線

開通年	2020年中（見込み）
営業キロ	16.7km
路線数	1
駅数	18
軌間	1435mm
電気方式	直流750V
集電方式	第三軌条
運転保安	CBTC
列車運転線路	右側
導入車両	川崎重工

目を見はる美麗島駅のデザイン

高雄における地下鉄の建設は2001年10月に始まり、2009年9月に高雄で開催されたワールドゲームズに間に合わせるべく、2008年3月、紅線（レッドライン）の小港～橋頭火車站間が開業した。紅線は都心付近では地下を走行し、台

にも紅線の列車が止まるようになった。同駅はその先進的なデザインで注目を集め、2012年には米国の旅行サイトで「世界で最も美しい駅ランキング」の2位に選ばれたこともあり、駅構内のステンドグラス「光之穹頂（光のドーム）」を見にわざわざ訪れる人もいる。

高雄地下鉄の基地は北機廠・南機廠と大寮機廠がある。車両は1編成3両（65.45m×3.15m）の定員750人（座席数126）、営業最高速度は80km/h（設計最高速度は90km/h）となっている。BOT方式によって建設・運営される高雄地

下鉄では、ワンマン運転方式であることはもちろん、徹底した民間委託を通じた合理化が図られている。

車内、駅構内では、高雄駅、左営駅、美麗島駅、高雄國際機場駅などでは日本語の車内アナウンスがある。それも、駅名だけでなく、乗換案内も日本語でアナウンスされる本格的なものである。

今後の高雄における鉄軌道計画としては、既述の紅線延伸のほか、新規路線として黄線（イエローライン）約23kmの建設も計画中である。

運賃／20～60新台湾ドル　乗車券／普通乗車券（ICトークン）、1日用ICカード（地下鉄用・汎交通用）、汎用型カード（I Pass）等　旅客案内／案内放送は北京語、台湾語、客家語、英語、日本語（一部）　その他／左營駅にはレンタサイクルセンターがある　＜佐藤隆弘＞

紅線南岡山付近を走るSiemens製車両　提供／三浦一幹

湾鉄路局高雄駅、台湾高速鉄道左營駅、高雄国際空港という都市間交通の拠点を結んでいる。また、世運駅から北部の郊外区間では高架区間を走行し、橋頭火車站駅で再び台湾鉄路線と結節する。現在、紅線は南岡山駅まで延伸（2012年12月開業）されており、さらに約13kmの延伸も計画されている。

紅線の開業当初、橘線（オレンジライン）と交差する美麗島駅の完工が遅れていたため、列車は通過していたが、2008年9月に東西を結ぶ橘線（西子灣～大寮）が開業し、待望の高雄市を十字に結ぶネットワークが構築され、美麗島駅

人口	278万 (2017)
時差	−1
為替	1新台湾ドル=3.61円

開通年	2008年3月
営業キロ	42.7km
路線数	2
駅数	37
運行時間	6:00～0:00
運賃制度	距離制
輸送人員	17万人/日 (2016)
軌間	1435mm
電気方式	直流750V
集電方式	第三軌条
運転保安	ATC/ATO
最小運転間隔	6分
列車運転線路	右側
導入車両	Siemens

駅デザインのテーマ

「藍天・海洋・捷運」をテーマとした高雄國際機場駅、「捷運之眼」をテーマとした三多商圏駅（沿線随一の商業地）、「祈り」をテーマとした美麗島駅、「長帆遠揚（Braving the waves）」をテーマとした世運駅など、駅舎のデザインにはテーマにそった様々な工夫が凝らされている。

Kaohsiung Rapid Transit Corporation（KRTC）

高雄捷運股份有限公司
https://www.krtc.com.tw

美麗島駅のコンコースにあるステンドグラス「光之穹頂」は一見の価値がある　提供／台湾智能運輸公司

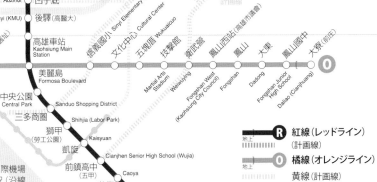

計画線

R 南岡山 Gangshan South
橋頭火車站 Ciaotou Station
橋頭糖廠 Ciaotou Sugar Refinery
青埔 Cingpu
都會公園 Metropolitan Park
後勁 Houjing
楠梓加工區 Nanzih Export Processing Zone
油廠國小（中山大學附中）Oil Refinery Elementary School (Guoguang Laboratory School, NSYSU)
世運（國家體育園區）World Games (National Sports Complex)
左營（高鐵）Zuoying (THSR)
生態園區 Ecological District
巨蛋（三民家商）Kaohsiung Arena (Sanmin Household & Commercial High School)
凹子底 Aozihdi
後驛（高醫大）Houyi (KMU)
高雄車站 Kaohsiung Main Station
美麗島 Formosa Boulevard
中央公園 Central Park
三多商圏 Sanduo Shopping District
獅甲（勞工公園）Shihjia (Labor Park)
凱旋 Kaisyuan
前鎮高中（五甲）Cianjhen Senior High School (Wujia)
草衙 Caoya
高雄國際機場 Kaohsiung International Airport
小港 Siaogang

三多商圏
市議會（舊址）City Council (Former Site)
籬仔內 Yanchengpu
西子灣（中山大學）Suzihwan (NSYSU)
信義國小 Sinyi Elementary School
文化中心 Cultural Center
五塊厝 Wukuaicuo
技擊館 Martial Arts Stadium
衛武營 Weiwuying
鳳山西站（鳳山市議會）Fongshan West (Kaohsiung City Council)
鳳山 Fongshan
大東 Dadong
鳳山國中 Fongshan Junior High School
大寮（前庄）Daliao (Cianjhuang)

R 紅線（レッドライン）
（計画線）
O 橘線（オレンジライン）
（計画線）
黄線（計画線）
ライトレール（計画線）
台湾鉄道
台湾高速鉄道 (HSR)

Bangkok

Nonthaburi Civic Center 駅〜 Ministry of Public Health 間を走行する Purple Line 車両 提供／渡辺政博

バンコク
タイ

高架鉄道計画を地下鉄に変更

バンコクは1980年代からの高度経済成長により発展を遂げたものの、都市交通は道路交通に依存しており、唯一の鉄道であったタイ国鉄 (State Railway of Thailand: SRT) のシェアは1％に満たなかったため、慢性的な渋滞や排気ガスによる大気汚染など都市交通問題に悩まされていた。

このような事態に対処するために軌道系都市交通の導入に向けた検討が長期間なされ、1999年12月にスカイトレイン (Bangkok Mass Transit System: BTS) と呼ばれる高架鉄道が開業し、続いて2004年7月にはタイ国初の地下鉄が開業した。これは当初高架鉄道で計画されていたが、1994年5月に都心部25km²圏内ではすべての都市鉄道を地下に建設することが決まり、各種防水対策を施すことにより地下化が図られたものである。

この地下鉄 Blue Line（正式名称はM.R.T.Chaloem Ratchamongkhon（チャルームラチャモンコン線））は、タイ高速度交通公社（Mass Rapid Transit Authority of Thailand: MRTA）が公共事業としてトンネルや駅などの土木関連施設の整備を行い、車両を含めた電気・機械設備の調達と開業後25年間の運営は、民間事業者であるバンコクメトロ（Bangkok Metro Public Company

Limited: BMCL）が担当するという、民間活力を部分的に用いる方式をとった。Blue Line 第1期区間のインフラ部分の建設には、日本の円借款が充てられた。

近年では、2020年3月に Tao Poon〜Tha Phra 間が開業したことで、Blue Line はバンコクを中心にループを形成する形になった。2016年8月には Purple line (Tao Poon〜Khlong Bang Phai間23km) が開業し、BMCL と Bangkok Expressway が 2015年に合併して誕生した Bangkok Expressway And Metro Public Company Limited (BEM) が Blue Line と合わせて運営を担っている。

Purlple line は JR東日本等が車両や地上設備のメンテナンス事業に参画しており、開業にあたっては総合車両製作所

製の車両21編成 (63両) が納入された。

現在、MRTA では Orange Line の Phase1 (Thai Cultural Centre〜Min Buri 間21km) やモノレールの Pink Line (Pak Kret 〜 Min Buri 間 36km)、Yellow Line (Lat Phrao 〜 Samrong 間31km) の建設が進められている。また、延伸計画として Purple Lineの Tao Poon〜Phra Padeang 間 (23.6km) や Blue Line の Lak Song 〜 Phutthamonthong Sai 4 間 (8km) などがある。

運賃／16〜42バーツ　乗車券／ICトークン、ICカード等　旅客案内／タイ語及び英語　その他／主に冷房電力の節減のために全駅にホームドアが設置されている 〈阿佐見俊介〉

BEM BANGKOK EXPRESSWAY AND METRO

Bangkok Expressway And Metro Public Company Limited（BEM）
https://www.bemplc.co.th

開通年	2004年7月
営業キロ	70.6km
路線数	2
駅数	53
運行時間	6:00〜0:00
運賃制度	距離制
輸送人員	47万人/日 (2019)
軌間	1435mm
電気方式	直流750V
集電方式	第三軌条
運転保安	ATO/ATC/ATP
最小運転間隔	3分10秒
列車運転線路	左側
導入車両	Siemens、J-TREK

人口 880万 (2018)
時差 −2
為替 1バーツ=3.35円

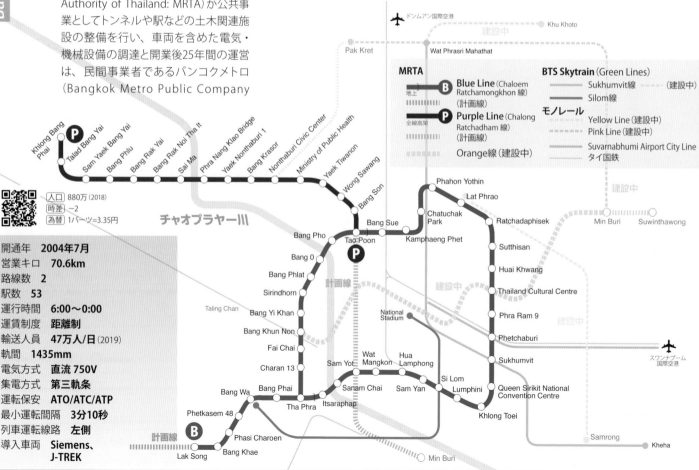

Kuala Lumpur

クアラルンプール
マレーシア

東南アジア初の無人運転地下鉄

クアラルンプールでは1990年代から様々な鉄軌道システムの導入が進み、現在地下鉄のKelana Jaya Lineの1系統、高架鉄道2系統（Ampang Line・Sri ↙

MRT SBK線の Taman Mutiara 駅に進入する Siemens 製の電車　提供／秋山芳弘

Petaling Line）、MRT 1系統、KLモノレール1系統、都市圏鉄道であるKTMコミューター2系統、そして空港連絡鉄道（普通・急行）が運行されている。

地下区間を有するKelana Jaya線は、1994年に設立された同国資本であるRenongグループが100%出資するPUTRA（Projek Usahasama Ringan Automatik）社により建設され、1998年からPUTRA LRTの名称で運行が開始された。しかし、利用者数が予想を下回り経営状況が芳しくなかったため、2002年には高架鉄道のSTAR LRT及び市内バスとともに政府系のSPNB（Syarikat Prasarana Negara Berhad）に買収され、PUTRA LINE と改称された。さらに、2005年1月からは公共交通利用促進を目的として設立された Rapid KL社に運営が移管（SPNBが継続して保有）され、路線名もKelana Jaya線と再度変更された。

Kelana Jaya線（Gombak ～ Putra Heights間46.4km）は、市中心駅であるKL SentralやクアラルンプールのシンボルであるKLCCを経由する路線で、産業や観光、市民生活に重要な役割を果たしている。また、バスターミナルや郊外のニュータウン地域を結ぶAmpang線、Sri Petaling線とMasjid Jamek駅で、繁華街であるインビ地区を走るKLモノレールとはDang Wangi駅で接続し、都市の拠点を結ぶ鉄軌道ネットワークを形成している。

カナダのコンソーシアム（企業連合）によってバンクーバーのスカイトレインの技術をベースに建設され、車両はボンバルディア製のリニアモータ駆動で、完全自動運転方式が採用されている。設計最高速度90km/h、表定速度は40km/hで、当初は2両1編成の35編成が在籍していたが、2009年からボンバルディア製の4両編成の新車が導入され輸送力が増強された。

2017年にはクアラルンプール初の本格的な MRT である MRT SBK 線（Sungai Buloh ～ Kajang 間51km）が開業した。都心部の約10kmは地下区間となっており、その両側は高架になっている。シーメンス車製の4両編成の電車が投入され、完全自動運転が行われている。

運賃／1.2リンギット～　乗車券／1回券、1か月券（LRT共通または鉄軌道・バス共通）、TOUCH N'GO CARD（ICカード）等　旅客案内／マレー語　〈阿佐見俊介〉

人口	173万（2016）
時差	−1
為替	1リンギット＝25.38円

開通年	1998年9月
営業キロ	97.4km
路線数	2
駅数	67
運行時間	6:00 ～ 0:00
運賃制度	距離制
輸送人員	45万人/日（2019）
軌間	1435mm
電気方式	直流600V（Kelana Jaya線）直流750V（SBK線）
集電方式	第三、第四軌条（Kelana Jaya線）第三軌条（SBK線）
運転保安	ATC/ATO
最小運転間隔	2分
列車運転線路	左側
導入車両	Bombardier、Siemens

rapidKL
Rangkaian Pengangkutan Integrasi Deras Sdn Bhd
(RAPID KL)
https://www.myrapid.com.my

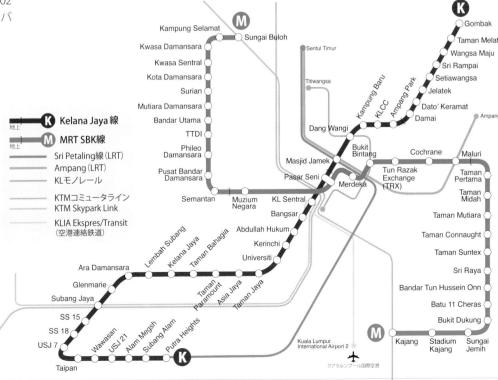

凡例：
- **Ⓚ Kelana Jaya 線** 地上/地下
- **Ⓜ MRT SBK 線** 地上/地下
- Sri Petaling 線（LRT）
- Ampang（LRT）
- KLモノレール
- KTM コミュータライン／KTM Skypark Link
- KLIA Ekspres/Transit（空港連絡鉄道）

Singapore

シンガポール
シンガポール

凡例（路線）
- S 南北線 （地上）
- E 東西線 （チャンギ空港線）（地上）
- N 北東線（SBS）（地上）
- C サークル線 （計画線）
- D ダウンタウン線（SBS）（建設中）
- T トムソン・イースト コースト線 （建設中）
- モノレール（Sentosa Express）
- 新交通システム（LRT）
- KTM（マレー鉄道）線
- W 世界遺産

路線図上の地名・駅名（抜粋）
ジョホール海峡
Punggol / Sengkang / Buangkok / Hougang / Kovan / Tampines West / Tampines / Bedok Reservoir / Bedok North / Kaki Bukit / Ubi / Tai Seng / MacPherson / Pasir Ris / Tampines East / Upper Changi / Tanah Merah / Expo / Changi Airport / チャンギ国際空港 / Xilin / Sungei Bedok / 建設中
Admiralty / Canberra / Yishun / Khatib / Yio Chu Kang / Ang Mo Kio / Lorong Chuan / Serangoon / Woodleigh / Potong Pasir / Boon Keng / Geylang Pasir / Bendemeer / Bartley / Mattar / Eunos / Kembangan / Bedok / Dakota / Mountbatten / Stadium
Woodlands North / Marsiling / Woodlands / Kranji / Woodlands South / Bishan / Marymount / Braddell / Toa Payoh / Novena / Farrer Park / Jalan Park / Kallang / Lavender / Aljunied / Paya Lebar
Tuas Link / Yew Tee / Tuas West Road / Choa Chu Kang / Bukit Panjang / Cashew / Hillview / Beauty World / Caldecott / Botanic Gardens / Newton / Little India / Rochor / Bugis / Nicoll Highway / Promenade
Tuas Crescent / Gul Circle / King Albert Park / Sixth Avenue / Tan Kah Kee / Stevens / Orchard / Somerset / Bencoolen / Bras Basah / Esplanade
Joo Koon / Bukit Gombak / Pioneer / Bukit Batok / Boon Lay / Jurong East / Lakeside / Holland Village / Farrer Road / Dover / Dhoby Ghaut / Clarke Quay / City Hall
Chinese Garden / Clementi / Commonwealth / Redhill / Fort Canning / Raffles Place / Telok Ayer / Bayfront
One-North / Buona Vista / Queenstown / Tiong Bahru / Chinatown / Downtown / Marina Bay
Kent Ridge / Haw Par Villa / Pasir Panjang / Labrador Park / Telok Blangah / HarbourFront / Outram Park / Tanjong Pagar / Marina South Pier
シンガポール島 / シンガポール ボタニックガーデン
シンガポール海峡

人口 580万（2019）
時差 −1
為替 1シンガポール・ドル＝76.92円

![SMRTロゴ] **Singapore Mass Rapid Transit Corporation Ltd.（SMRT）**
https://www.smrt.com.sg

![SBS Transitロゴ] **SBS Transit**
https://www.sbstransit.com.sg

狭い国土に充実の地下鉄網

　最初の地下鉄の開業は、1987年6月に設立されたSMRT社の路線として同年11月に開業した南北線の Yio Chu Kang ～ Toa Payoh 間6kmで、東西線も同年に Raffles Place ～ Outram Park 間が開通した。この両線は1989年から1990年にかけて延伸を続け、1990年の時点で67kmに及ぶネットワークが形成された。

その後の2000年代にかけては東西線の郊外部への延伸が続けられ、サークル線の先行開業区間が開業した。2010年以降はサークル線延伸による半環状線化や南北線の中心部の末端区間の延伸が行われた。一方、SBS Transit 社の路線は、2003年6月に北東線が開業し、2013年12月にダウンタウン線の第1期区間が開業した。なお、北東線では完全自動運転が行われ、その後サークル線でも採用された。

東西線の車両基地から出庫し、Tuas Link 駅に向かう川崎重工製の電車　提供／秋山芳弘

　SMRT社は Choa Chu Kang 駅から、SBSは Sengkang 駅及び Punggol 駅から、MRT駅を起点に周回を描く完全自動運転の新交通システムを MRTのフィーダー路線として運行している。

　東西線と南北線が接続する City Hall 駅と Raffles Place 駅では、両線の同一方向が同じプラットホームで乗換できる構造になっている。また、国土が赤道直下にあるシンガポールでは、冷房効率を高めるため、地下駅にはフルハイトのホームドアが設置されている。

　シンガポールは、都心から扇状に延びる大量交通機関の整備という「アメ」と、ロードプライシングや自家用車保有規制という「ムチ」の両面の施策を駆使して、環境負荷の少ない都市交通体系を構築した例として有名である。また、オフピーク通勤の促進のため、平日午前7時45分までに MRTまたは LRTの駅を利用すると最大50セントの割引が適用される。

　2017年には東西線が Tuas Link まで、ダウンタウン線の Chinatown～Expo 間が延伸した。また、2020年にはトムソン・イーストコースト線の第1期区間である Woodlands North ～ Woodlands South 間3.2kmが開業し、2024年には32駅43kmに延伸される予定となっている。

運賃／170～280シンガポール・ドル、68～172シンガポール・ドル（カード）地

SMRT

開通年	1987年11月
営業キロ	139.3km
路線数	4
駅数	85
運行時間	5:30～0:30
運賃制度	距離制
輸送人員	210万人/日（2017）
軌間	1435mm
電気方式	直流750V
集電方式	第三軌条
運転保安	ATP/ATO
最小運転間隔	2分
列車運転線路	左側
導入車両	川崎重工、日本車両、Siemens、Alstom

SBS

開通年	2003年6月
営業キロ	61.9km
路線数	2
駅数	49
運行時間	5:30～0:30
運賃制度	距離制
輸送人員	110万人/日（2018）
軌間	1435mm
電気方式	直流1500V
集電方式	架空線/第三軌条
運転保安	ATP/ATO
最小運転間隔	3分
列車運転線路	左側
導入車両	Alstom、Bombardier

下鉄・LRT・バス共通　**乗車券**／スタンダードカード（地下鉄・LRT）、EZ-Link カード（地下鉄・LRT・バスに使用可能）等
旅客案内／案内放送は英語中心

<阿佐見俊介>

ジャカルタ
インドネシア

オールジャパンにより建設されたインドネシア初の地下鉄

インドネシア共和国のジャカルタ首都圏は経済成長と人口増加に伴い交通混雑が深刻化、その対策の一つであるMRT（Mass Rapid Transit）はジャカルタ中心部の同国初の地下区間含む都市高速鉄道建設構想として1990年代に計画が着手された。

一方日本政府は、1980年代頃よりジャカルタ首都圏の交通分野でもさまざまな支援を継続する中、2000年頃にマスタープランを実施し、MRT計画の必要性と妥当性を検証、建設資金として日本政府より本邦技術活用（Special Terms for Economic Partnership「STEP」）条件の円借款が供与された。

本プロジェクトは土木工事パッケージ（6工区）、軌道並びに信号・電力・機械設備一式のE&Mパッケージ、車両パッケージの計8パッケージに分割され、日本企業主体のコントラクターによるオールジャパンの体制で工事が進められ、要求工期どおりの2019年3月にLebak Bulus Grab～Bundaran HI間が開業した。また運行及びメンテナンスの管理体制に関する開業前の準備並びに開業後の支援に日本のコンサルタント会社が参画している。

路線はジャカルタ都心部の南北目抜き通りに沿い全長15.7km（地下区間5.6km、高架区間10.1km）で建設された。仕様は、日本の鉄道技術を基本にアジア向け都市鉄道の標準システムとして取りまとめられたSTRASYA（Standard Urban Railway System for Asia）に準じており、インバータ制御式電車に加え、三井物産・神戸製鋼・東洋エンジニアリングで構成されるグループの設計・施工による無線式列車制御システム（CBTC）、自動

高架区間を走行する車両（Senayan 駅南方付近）　提供／三井物産株式会社

列車運転装置（ATO）、ホームドア、ICカードを使用した自動改札システム、省力化軌道システムなどいずれも最先端の日本の鉄道技術が導入されている。

開業後の利用者の評判も良く、ジャカルタ市民の足として定着しつつある。現在、北方向の延伸計画が進められており、将来的には東西線の建設計画も控えている。

運賃／距離制（3000 ～ 14000インドネシア・ルピア）　乗車券／ICカード（シングルトリップ、マルチトリップ、銀行カード）およびQRコード　旅客案内／インドネシア語及び英語。プラットホームでは次の列車の行先と到着予定時刻が掲示される　＜三井物産株式会社＞

PT MRT Jakarta
https://www.jakartamrt.co.id

45

Jakarta /Indonesia

人口　1037万（2016）
時差　−2
為替　1インドネシア・ルピア＝0.01円

開通年	2019年3月
営業キロ	15.7km
路線数	1
駅数	13
運行時間	5:00～0:00
運賃制度	距離制
輸送人員	9.5万人/日（2019）
軌間	1067mm
電気方式	直流1500V
集電方式	架空線
運転保安	ATP/ATO
最小運転間隔	5分
列車運転線路	右側
導入車両	日本車両

✈ スカルノ・ハッタ国際空港

計画線

Kota
Glodok
Mangga Besar
Sawah Besar
Harmoni
Monas
Thamrin
Bundaran HI
Dukuh Atas BNI
Settabudi Astra
Bendungan Hilir
Istora Mandiri
Senayan
ASEAN
Blok M BCA
Blok A
Haji Nawi
Cipete Raya
Fatmawati
Lebak Bulus Grab

計画線

地上

━━━ ジャカルタMRT
　　　（計画線）
▦▦▦ 東西線（計画線）
──── その他の鉄道
　　　（KRL Jabodetabek/
　　　Airport Rail Link）
┄┄┄ LRT Jakaruta
　　　（計画線）
-·-·- LRT Jabodetabek（建設中）

フルハイト式のホームドアが設置された地下駅（高架駅はハーフハイト方式）　提供／三井物産株式会社

Delhi

デリー
インド

日本が建設を支援した地下鉄

デリーの都市圏人口は、1980年代に倍増して1200万人を超え、これに伴い自動車台数も急増し、道路渋滞や事故、大気汚染といった交通問題が深刻化した。そこでこれらの問題を緩和するための方策として、デリーメトロが建設されることとなった。

最初のマスタープランは1990年に作成されたが、インド国鉄（Indian Railways: IR）の近郊路線との関係が見直され、8路線の鉄道網を2021年までに4期に分けて整備することでまとまった。1995年5月には、インド政府とデリー州政府が等分に出資して、Delhi Metro Rail Corporation（DMRC）が設立された。現在のDMRCのネットワークは総延長389km、285駅である。

最初の区間として、1号線（レッドライン）のShahdara〜Tis Hazari間8.3kmが2002年12月に開業した。インドでは、1984年に開業したコルカタ地下鉄に続く2番目のメトロである。その後、2号線（イエローライン）及び3号線（ブルーライン）が開業し、2006年には第1期の65kmがすべて開業した。第2期では、2011年までに4号線（ブルーラインの支線）、5号線（グリーンライン）及び6号線（バイオレットライン）の3路線と1号線から3号線の延伸区間及び空港線の約125kmが開業した。また第3期では、2019年までに7号線（ピンクライン）、8号線（マゼンタライン）、9号線（グレーライン）の3路線と1、2、3及び6号線の延伸区間が開業した。当

デリーメトロでは先頭車が常時女性専用車両となっており利用しやすい。ホーム上の女性専用車両を示すサインが分かりやすい　提供／DMRC

初はPPPで運営されていた空港線及びグルガオン市内のラピッドメトロも、現在はDMRCによって運営されている。

デリーメトロの技術的特徴としては、第1期の路線の軌間をIRと同じ1676mmとしたこと（都市鉄道として世界で一番広い軌間）である。なおグリーンライン以降は世界標準の1435mmを採用している。また、都市鉄道に一般的な直流電化方式を採用せず、やはりIRと同じ交流25kV 50Hzを採用したことがあげられる。

車内の様子。高齢者や障がい者向けの座席が緑のサインによって示されている（写真左上）。車内では若者が高齢者に座席を譲るシーンがよく見られる　提供／DMRC

鉄道分野では世界初のCDM事業に日本の技術
デリー地下鉄の車両には、日本の省エネ技術、三菱電機が開発した「電力回生ブレーキシステム」が採用されている。この技術により、デリー地下鉄は鉄道分野では世界初のCDM（Clean Development Mechanism：クリーン開発メカニズム）事業として国連に登録された。

人口	1101万（2011）
時差	−3.5
為替	1ルピー＝1.43円

開通年	2002年12月
営業キロ	391.4km
路線数	9
駅数	285
運行時間	6:00〜23:00
運賃制度	ゾーン制
輸送人員	301万人／日（2016）
軌間	1676mm（レッド・イエロー・ブルーライン）1435mm（上記以外）
電気方式	交流25kV
集電方式	架空線
運転保安	ATP/ATS/CTC
最小運転間隔	2分43秒
列車運転線路	左側
納入車両	Hyundai Rotem、Bombardier、Alstom、BEML

建設中

車両には女性専用車両があるほか、高齢者用・障害者用・女性用の優先席がある。

運賃／ゾーン制（10〜60ルピー）　乗車券／ICトークン、ICカード（Smart Card）、Tourist Card（1日用・3日用）　旅客案内／ヒンディー語及び英語。プラットホームでは秒単位で次の列車の行先と到着所要時間が掲示される　その他／構内では、写真撮影・喫煙・飲食や動物・可燃物等の持ち込みが禁止されており、違反者には罰金刑あるいは懲役刑が科される　〈川端剛弘〉

2018年3月に開業したピンクラインの車両　提供／DMRC

Delhi/India

Delhi Metro Rail Corporation Ltd.（DMRC）
http://www.delhimetrorail.com

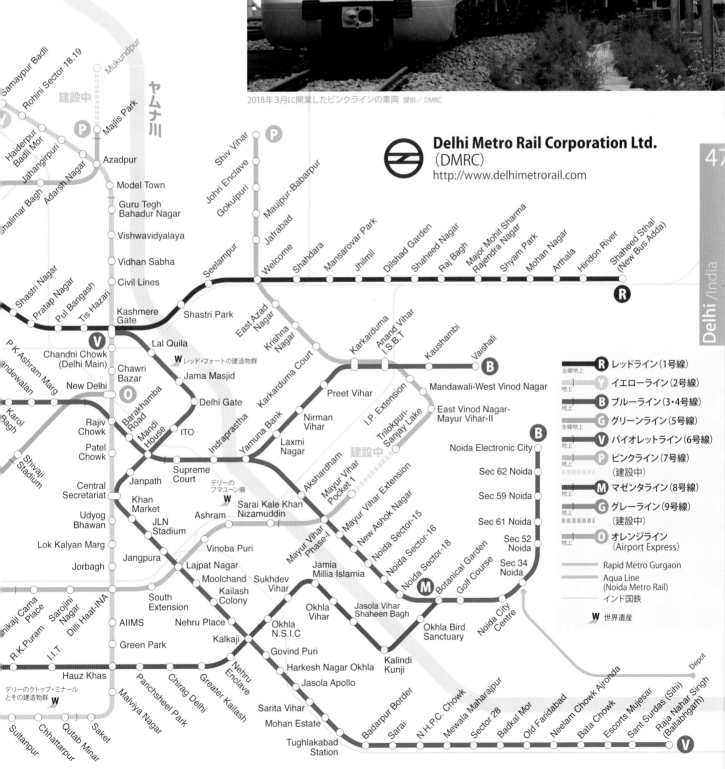

凡例

- Ｒ　レッドライン（1号線）　全線地上
- Ｙ　イエローライン（2号線）　地上
- Ｂ　ブルーライン（3・4号線）　地上
- Ｇ　グリーンライン（5号線）　全線地上
- Ｖ　バイオレットライン（6号線）　地上
- Ｐ　ピンクライン（7号線）（建設中）　地上
- Ｍ　マゼンタライン（8号線）　地上
- Ｇ　グレーライン（9号線）（建設中）　地上
- Ｏ　オレンジライン（Airport Express）　地上
- Rapid Metro Gurgaon
- Aqua Line（Noida Metro Rail）
- インド国鉄
- Ｗ　世界遺産

ヤムナ川
建設中
Mukundpur

駅名（地図）

Samaypur Badli / Rohini Sector 18,19 / Majlis Park / Haiderpur Badli Mor / Jahangirpuri / Adarsh Nagar / Azadpur / Shalimar Bagh / Model Town / Guru Tegh Bahadur Nagar / Vishwavidyalaya / Vidhan Sabha / Civil Lines / Shastri Nagar / Pratap Nagar / Pul Bangash / Tis Hazari / Kashmere Gate / Shastri Park / Lal Quila / Chandni Chowk (Delhi Main) / Chawri Bazar / Jama Masjid / Delhi Gate / P K Ashram Marg / Pandewalan / New Delhi / Barakhamba Road / Mandi House / ITO / Karol Bagh / Rajiv Chowk / Patel Chowk / Shivaji Stadium / Central Secretariat / Janpath / Supreme Court / Indraprastha / Udyog Bhawan / Khan Market / Ashram / JLN Stadium / Lok Kalyan Marg / Jangpura / Jorbagh / Vinoba Puri / Lajpat Nagar / Moolchand / Kailash Colony / South Extension / Nehru Place / AIIMS / Green Park / Kalkaji / Nizamuddin / Sarai Kale Khan / Hauz Khas / Panchsheel Park / Chirag Delhi / Greater Kailash / Nehru Enclave / Govind Puri / Harkesh Nagar Okhla / Jasola Apollo / Sarita Vihar / Mohan Estate / Tughlakabad Station

Shiv Vihar / Johri Enclave / Gokulpuri / Maujpur-Babarpur / Jafrabad / Welcome / Seelampur / Shahdara / Mansarovar Park / Jhilmil / Dilshad Garden / Shaheed Nagar / Raj Bagh / Major Mohit Sharma Rajendra Nagar / Shyam Park / Mohan Nagar / Arthala / Hindon River / Shaheed Sthal (New Bus Adda)

East Azad Nagar / Krishna Nagar / Karkarduma / Karkarduma Court / Anand Vihar I.S.B.T / Kaushambi / Vaishali / Preet Vihar / Nirman Vihar / Laxmi Nagar / Yamuna Bank / Akshardham / Mayur Vihar Phase-1 / Mayur Vihar Pocket 1 / Mayur Vihar Extension / New Ashok Nagar / I.P. Extension / Trilokpuri-Sanjay Lake / Mandawali-West Vinod Nagar / East Vinod Nagar-Mayur Vihar-II / Noida Sector-15 / Noida Sector-16 / Noida Sector-18 / Botanical Garden / Golf Course / Noida City Centre / Noida Electronic City / Sec 62 Noida / Sec 59 Noida / Sec 61 Noida / Sec 52 Noida / Sec 34 Noida

Jamia Millia Islamia / Okhla Vihar / Okhla N.S.I.C / Sukhdev Vihar / Jasola Vihar Shaheen Bagh / Okhla Bird Sanctuary / Kalindi Kunji

Badarpur Border / Sarai / N.H.P.C. Chowk / Mewala Maharajpur / Sector 28 / Badkal Mor / Old Faridabad / Neelam Chowk Ajronda / Bata Chowk / Escorts Mujesar / Sant Surdas (Sihi) / Raja Nahar Singh (Ballabhgarh)

Sultanpur / Chhattarpur / Qutab Minar / Saket / Malviya Nagar

Dhaula Kuan / Shankar Vihar / Terminal 1-1GI Airport / Aerocity / Dhaula Kuan / Delhi Aerocity

Dabri Mor-Janakpuri South / Dashrath Puri / Palam / Sadar Bazaar Cantonment / Terminal 1-IGI Airport / Shankar Vihar / Vasant Vihar / Munirka / R.K. Puram / I.I.T. / Hauz Khas / Panchsheel Park

R.K. Puram / I.I.T. / Dilli Haat-INA / Sarojini Nagar / Nanikaji Cama Place

レッド・フォートの建造物群
デリーのフマユーン廟
デリーのクトゥブ・ミナールとその建造物群
建設中
Depot
ヤムナ川

Mumbai

ムンバイ
インド

商都発展を牽引するメトロ

ムンバイメトロ整備計画は、2004年にデリーメトロ公社によって作成されたムンバイ都市県（Mumbai City District）及びムンバイ郊外県（Mumbai Suburban District）を対象としたマスタープラン146.5kmを起源に持ち、現在はタネ市などの周辺区域を含む総延長270kmのネットワークに拡大されている。このうち1号線は2008年1月より建設が始まり、2014年6月に全線高架の11.4km（12駅）が開業した。現在、それに続く8路線（総延長160km）が建設・計画中で、円借款事業である33.5km27駅全線地下路線（デポ及びデポ駅は地上）の3号線もそれに含まれる。

1号線はムンバイ国際空港の北、アンデリー・クーラロードを東西に結ぶ路線で、東端のGhatkopar駅にてインド国鉄傘下のセントラル鉄道と、途中のAndheri駅で同ウエスタン鉄道と結節したのち西端のVersova駅に至る。車両は中国製の4両編成で最短3.5分間隔にて運行する。開業前は、国鉄に比べ高い運賃設定のメトロ利用に対し懐疑的な目もあったが、その利便性から開業最初の1週間での平均利用者が30万人/日を超えた。

円借款事業である3号線は、ムンバイの南北を貫き12駅で他メトロ及び鉄道路線と結節する路線であり、南端のCuffe ParadeからBKCを経て北端のAareyに至る路線である。建設は2016年8月から開始され、2021年12月にBKCから北側12.5km、2022年6月にBKCから南側20.5kmをそれぞれ開業する予定である。地下路線ではあるが他のメトロ同様交流25kVを利用する。車体幅3.2mの車両を用いた8両編成にて、最短2.5分間隔でのGOA-2（自動運転）運行を計画している。

メトロに加え、ムンバイには19.5kmのモノレールが建設後3年間の運営維持管理を含むBOT形式で整備され、2014年2月に第1フェーズ（Wadalaデポから北端Chembur）及び2019年3月に第2フェーズ（Wadalaデポから南端Jacob Circle）が開業したが利用客数が伸び悩んでいる。2011年時点で計8路線のムンバイモノレールが計画されていたが、後続路線は事実上凍結もしくはメトロに計画変更されている。

1号線はPPPにより整備され民間事業者により運営されている。現在建設中のメトロは政府により整備されているが、運営方式は現在協議中である。なお、これら8路線の事業者は、都市開発に強みを持つ州政府機関であり、路線価の上昇は州財政の向上に直結することからTOD（公共交通指向型開発）を踏まえた駅周辺開発にも注力している。

運賃／10〜40ルピー　乗車券／片道乗車券、往復割引券、45トリップパス（最大23%割引）等　旅客案内／英語、ヒンディ語、マラティ語　その他／スマートカードチャージ時のキャッシュバック（最大10%）などのプロモーションを行っている　＜胡井則章＞

国鉄との乗り換え駅であるAndheri駅　提供／MMRDA

4両編成で走行するCRRC製車両　提供／MMRDA

① Versova — D.N. Nagar — Azad Nagar — Andheri — Western Express Highway — Chakala - J.B. Nagar — Airport Road — Marol Naka — Saki Naka — Asalpha — Jagruti Nagar — Ghatkopar **①**

Indralok / to Bhayandar / 建設中 / Dahisar / Swami Samarth Nagar / 建設中 / Aarey Depot / SEEPZ / 建設中 / Kapurbawadi / CSIA / チャットラパティー・シヴァージー国際空港 / BKC / 計画線 / 建設中 / Vikhroli / to Gaimukh / to Bhiwandi / 建設中 / Chembur / Mandale / VNP and RC Marg / Bhakti Park / Wadala Bridge / to Navi Mumbai International Airport / Jacob Circle / W 1 / Cuffe Parade

━━━① 1号線　全線高架
2号線（建設中）
3号線（建設中）
4号線（建設中）
5号線（建設中）
6号線（建設中）
7号線（建設中）
8号線（計画線）
9号線（建設中）
━━━ モノレール
━━━ その他の鉄道
W 世界遺産
1　チャトラパティ・シヴァージー・ターミナス駅
2　ムンバイのヴィクトリアン・ゴシックとアール・デコの遺産群（市内各所）

*円借款で建設中の3号線はMumba Metro Rail Corporation Ltd.（MMRC）が運営を担う予定　https://www.mmrcl.com

Mumbai Metropolitan Region Development Authority（MMRDA）
https://mmrda.maharashtra.gov.in

人口　1248万（2011）
時差　−3.5
為替　1ルピー＝1.43円

開通年	2014年6月
営業キロ	11.4km
路線数	1
駅数	12
運行時間	5:20〜23:46
運賃制度	距離制
輸送人員	45万人/日（2018-19）
軌間	1435mm
電気方式	交流 25kV
集電方式	架空線
運転保安	ATS
最小運転間隔	3分30秒
列車運転線路	左側
導入車両	CRRC

Metro Istanbul
https://www.metro.istanbul

Municipality of Istanbul Electricity, Tramway & Tunnel Administration（IETT）
https://iett.istanbul

Istanbul
イスタンブール
トルコ

3種類の地下鉄が走行

　イスタンブールには、本格的な地下鉄、小型の地下鉄、地下ケーブルカーの3種類の地下鉄が走行しており、まるで地下鉄の展示場である。

　本格的な地下鉄はメトロと呼ばれている。M2号線はイスタンブール初の本格的な地下鉄として、2000年9月にTaksim～4.Levent間7.9kmが開業した。その後南へYenikapıまで、北はHacıosman駅まで延伸された。開削工法により全線地下で建設され、マグニチュード9の地震にも堪えるように設計されている。

　M3号線は2013年6月に開業し、現在、北方へKayaşehir Merkezまで、南方へBakırköy-iDOまでが延伸工事中である。

　M4号線は2012年8月開業後、2016年10月にKartal～Tavşantepe間が開

Metro

開通年	1989年9月
営業キロ	115.7km
路線数	6
駅数	86
運行時間	6:00～0:00
運賃制度	均一制
輸送人員	136万人/日 (2019)
軌間	1435mm
電気方式	直流750V
集電方式	第三軌条／架空線
運転保安	ATO/ATC/ATP
最小運転間隔	2分30秒
列車運転線路	右側
導入車両	CAF、Alstom、Hyundai Rotem

Tünel

開通年	1875年1月
営業キロ	573m
路線数	1
駅数	2
運行時間	7:00～21:00
運賃制度	均一制
輸送人員	3万人/日 (2014)
軌間	1510mm
電気方式	直流440V
集電方式	架空線
運転保安	AT0 (アプト式)
最小運転間隔	3分
列車運転線路	右側

人口 1466万 (2015)
時差 −6
為替 1トルコ・リラ=13.68円

業した。M5号線は2017年12月に開業し、東方へSultanbeyliまでの延伸が計画されている。トルコでは初となる自動運転により運行されている。また、M6号線は2015年4月にLevent～Boğaziçi Üniversitesi間3.3kmが開業した。現在、ヨーロッパ側をM2・M3・M6が、アジア側をM4・M5が走行している。新設路線としてはM7～M13が建設中である。

　2つ目の地下鉄はライト (小型) メトロで、1989年にM1号線のAksaray～Ferhatpasa (現Esenler) 間7.0kmが開業、2002年にHavalimanı (空港駅)、2014年にYenikapı駅まで延伸された。現在、Kirazlı Bağcılar～Halkalı間が建設中である。また、ライトメトロ2号線は2007年9月に開業し、2009年1月には南方に延伸され、現在はトラムのT4号線となっている。

　もう1つの地下鉄は地下ケーブルカーであり、2路線 (F1・F2) が運行している。F1線はフニキュレル (Funicular) と呼ばれ、2006年6月に開業した。一方、F2号線はチュネル (Tünel) と呼ばれており、1875年に蒸気動力式で開通したとされ

ている。1905年に電気動力化、1971年にはゴムタイヤのボギー車が採用された。Karaköy～Tünel Beyoğlu間の573mで車両2両が交互に運転されており、世界一短い地下鉄と呼ばれている。

　運賃／ジェトン (切符) は5リラ均一、イスタンブールカード (ICカード) は2.6リラ均一　**乗車券**／ジェトン、イスタンブールカード、回数券 (1～5回、10回) 等　**旅客案内**／トルコ語 ＜左近嘉正＞

ヨーロッパ側のM2号線を走行する現代ロテム社製の電車 (Levent駅) 提供：秋山芳弘

Dubai

ドバイ
アラブ首長国連邦

Roads & Transport Authority (RTA)
https://www.rta.ae/wps/portal/rta/ae/public-transport

ゴールドクラスの車内は横に２＋１席配置になっている
提供／秋山芳弘

路線図ラベル

ペルシャ湾

Al Ras
Palm Deira
Baniyas Square
Union Square
Abu Baker Al Siddique
Abu Hail
Al Qiyadah
Stadium
Al Nahda
Airport Free Zone
Al Ghubaiba
Al Fahidi
Salah Al Din
Airport Al Qusais
Al Rigga
Terminal 1
ドバイ国際空港
Etisalat
Bur Juman
Airport
ADCB
Al Metha
Deira City
Centre
GGICO
Airport
Terminal 3
Emirates
Rashidiya
Al Jafiliya
World Trade Centre
Emirates Towers
ドバイクリーク
Financial Centre
Burj Khalifa/Dubai Mall
Dubai Healthcare City
Al Jadaf
Creek
Business Bay
Noor Bank
First Abu Dhabi
Bank
Atlantis Aquaventure
Mall of the
Emirates
Mashreq
Gateway
Dubai Internet City
Nakheel
Damac Properties
Jabal Ali
DMCC
Ibn Battuta
The Gardens
計画線
Energy
Discovery Gardens
Danube
Al Furjan
計画線
UAE Exchange
Jumeirah
Golf Estates
Dubai
Investment Park
Expo 2020
計画線
アール・マクトゥーム
国際空港

凡例：
- R レッドライン（計画線）
- G グリーンライン
- ブルーライン（計画線）
- パープルライン（計画線）
- トラム
- Palm Jumeirah Monorail

QRコード

人口 270万（2016）
時差 −5
為替 1ディルハム=28.59円

開通年	2009年9月
営業キロ	89.6km
路線数	2
駅数	53
運行時間	5:00～0:00*
運賃制度	ゾーン制
輸送人員	56万人/日（2018）
軌間	1435mm
電気方式	直流750V
集電方式	第三軌条
運転保安	ATO/ATC/ATP
最小運転間隔	3分45秒
列車運転線路	右側
導入車両	近畿車輌

* 木曜日は 5:00 ～ 1:00、金曜日は 10:00 ～ 1:00

世界最長の自動運転

ドバイメトロは湾岸諸国初の都市鉄道である。総延長89.6kmに及ぶ都市交通システムであり、ドバイ国際空港と沿岸の開発地域を結ぶレッドライン（35駅67.1km）及びクリーク周辺の旧市街地を走るグリーンライン（20駅22.5km）で運行されている。

レッドラインは、2009年9月9日午後9時9分9秒に主要10駅で開業し、残る19駅は2010年4月以降に順次開業した。一方、グリーンラインは2011年9月に18駅が開業、2014年3月に2駅が開業した。これらの2路線は、日本企業を中心とした企業連合による施工である。

車両は近畿車輌製で、高級感にあふれ、高層ビルからも見栄えがよいように屋根にも塗装が施されている。また、砂対策としてプラグドアを採用するとともに、窓は全て固定窓とされ非常に高い気密性能を有している。最高速度は90km/h、世界最長の自動運転システムとして、ギネスブックに認定されている。

パーク・アンド・ライドのための駐車場（合計約8000台駐車可能）を整備し、トラムや水上バスなど他の公共交通機関との統合を行うことで、より利便性を高めている。

ドバイ政府は市内移動の公共交通利用率を2030年に26%にする目標を掲げている。2006年の6.0%が2018年には17.5%まで上昇しており、ドバイメトロが公共交通利用率向上に大きく貢献している。また、2015年4月には「Metro Route 2020」と呼ばれるプロジェクトを承認し、7駅15km（3.2kmが地下2駅、11.8kmが高架5駅）のレッドラインの延伸を発表した。この延伸は、Jabal Ali 駅から2021年に開催を控える万博会場（Expo 2020 駅）を結ぶものであり、2020年9月に開業した。将来は、アール・マクトゥーム国際空港まで3.4kmの延伸計画がある。

また、グリーンラインも内陸部に向け延伸計画があるほか、ドバイ国際空港とアール・マクトゥーム国際空港を結ぶパープルラインやエティハドレール（長距離都市間鉄道）の駅を結ぶ路線も計画されている。

ドバイメトロのオペレーターは英国のSERCOが担当しており、世界中から集められたスタッフによって運営されている。

運賃／ゾーン制（シルバークラス：3～7.5ディルハム）、1等（ゴールドクラス）は2等（シルバークラス）の2倍の運賃 **乗車券**／Nol Card（ICカード）、Nol Ticket（乗車券）等 **旅客案内**／アラビア語及び英語 **その他**／電車は5両編成で、端部の車両は1等と女性・子供専用の部分が半室ずつ、残りの4両が一般車両 ＜左近嘉正＞

先端は運転室がなく展望抜群。西側先頭車はゴールドクラス（いわゆる1等車） 提供／矢崎康雄

サッカーワールドカップの主要交通手段

カタール初のメトロが首都ドーハで2019年5月8日にプレビューサービス（Preview Service）を開始した。これは、2022年にドーハで開催される国際サッカー連盟（FIFA）ワールドカップ期間中の主要交通手段として整備されたメトロである。現在、都心から東西南北に広がる3路線が運行しており、都心のMsheireb駅で他の2路線に乗り換えられるようになっている。

ペルシャ湾沿いに南北に延びるレッドライン（40km18駅）のうち、第1期区間のAl Qassar〜Al Wakra間（30km）が2019年5月にプレビューサービスを開始し、同年12月にはハマド国際空港などへの残りの区間もプレビューサービスを開始した。また、都心と北西方向の学園都市を結ぶグリーンラインは2019年12月にAl Riffa〜Al Mansoura間（22km11駅）、東西方向のゴールドラインは2019年11月にAl Aziziyah〜Ras Bu Abboud

間（14km11駅）がプレビューサービスを開始した。3路線の総延長は76km、駅数は37である。

ドーハメトロの車両とシステムは、三菱重工と三菱商事・日立製作所・近畿車輌・タレス（フランス）の企業連合が2015年に受注し、運営は、カタール鉄道（Qatar Rail）と契約したRKH Qitarat企業連合（フランスのKeolisとRATP Devなど）が20年間行なう予定。なお、ドバイと同じく、カタールメトロも完全自動運転である。

近畿車輌製の3両編成の電車（75編成。のちに35編成が追加）が投入されている。座席定員は、先頭車（ゴールドクラス16人＋ファミリークラス26人＝42人）、それ以外のスタンダードクラス2両（44人×2両＝88人）の合計130人である。車両のデザインは、近畿車輌とドイツのTricon Design社が担当し、アラビア馬をモチーフにした流線型の前面、内装にはカタールの伝統的な建築や工芸品の意匠を取り入れている。この車両デ

レッドラインのDECC駅　提供／Qatar Rail

ザインは高く評価され、iFデザイン賞とレッドドットデザイン賞を2017年に受賞している。

運賃／均一制　乗車券／Travel Card(普通乗車券の他にチャージ式ICカードあり)　旅客案内／アラビア語及び英語
＜秋山芳弘＞

Qatar Rail
https://www.qr.com.qa/home

レッドラインの地上区間を走行する Doha Metro 車両　提供／Qatar Rail

人口　96万 (2015)
時差　−6
為替　1カタール・リヤル＝28.85円

開通年　**2019年5月** (Preview Service)
営業キロ　**76km**
路線数　**3**
駅数　**37**
運行時間 *　**6:00〜23:00** (日〜木曜日)
　　　　　　14:00〜23:00 (金曜日)
運賃制度　**均一制**
輸送人員　**65万人/日** (2021年見込み)
軌間　**1435mm**
電気方式　**直流750V**
集電方式　**第三軌条**
運転保安　**CBTC方式全自動運転システム**
最小運転間隔 *　**6分**
列車運転線路　**右側**
導入車両　**近畿車輌**

＊　2020年3月時点

地上　**R** レッドライン（アフマル線）
地上　**G** グリーンライン（アフダル線）
　　　G ゴールドライン（ダハブ線）

Sydney

シドニー
オーストラリア

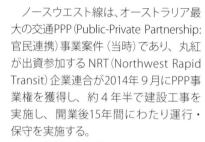

近くで大規模住宅開発が行なわれている Tallawong 駅　提供／丸紅株式会社

オーストラリア初の自動運転メトロ

　2019年5月26日、ニューサウスウェールズ州シドニーにおいて、オーストラリア初の自動運転メトロであるノースウエスト線が開業した。Sydney Metro の第1期区間であるこの路線（延長36km。トンネル27km、高架4km、地平5km）は、大規模住宅開発が行なわれているシドニー北西部ラウズヒルに隣接する Tallawong 駅とシドニー北部の中心地 Chatswood 駅を結び、人口増加が続くシドニー北西地区の自動車渋滞の緩和につながると期待されている。

　北側の Tallawong ～ Epping 間23km8駅は新設、Epping～Chatswood 間は Sydney Trains の既存T1線13kmを地下鉄基準に合わせ、5駅を改良した。新線区間のうち5駅にパーク＆ライドが設置され、4000台の駐車が可能になっている。また全13駅には、安全対策のためにオーストラリア初のホームドアが設置されている。

　ノースウエスト線は、オーストラリア最大の交通PPP（Public-Private Partnership：官民連携）事業案件（当時）であり、丸紅が出資参加する NRT（Northwest Rapid Transit）企業連合が2014年9月にPPP事業権を獲得し、約4年半で建設工事を実施し、開業後15年間にわたり運行・保守を実施する。

　この路線には Alstom の Metropolis 型電車22編成（132両）を投入して、香港MTRなどで構成される企業連合 Metro Trains Sydney が運営している。シドニー市内を走る従来の車両と比較して、座席が少なく、立ち席用の空間を広くとっているのが特徴である。

　ノースウエスト線に接続する第2期区間のシティ＆サウスウエスト線（延長30km18駅）は、2024年の開業に向けて工事が行なわれている。Chatswood 駅から地下区間に入り、シドニー湾に架かるハーバー・ブリッジの西側を海底トンネルで抜け、都心部を通り、南西部の Sydenham 駅までの15.5kmの地下新設区間を経て、さらにその先はT3線を改良して終点 Bankstown 駅まで延伸される。

Bella Vista 駅に停車する Alstom の Metropolis 型電車　提供／丸紅株式会社

M Sydney Metro
https://www.sydneymetro.info

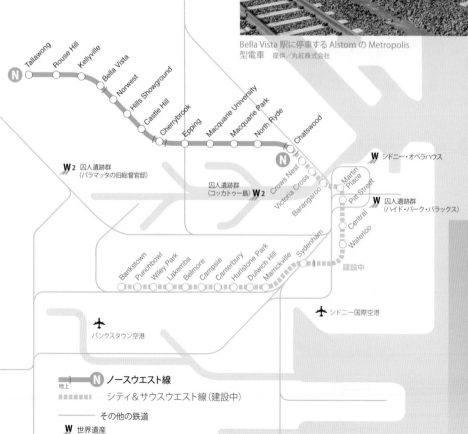

W2 囚人遺跡群（パラマッタの旧総督官邸）
囚人遺跡群（コッカトゥー島）W2
W シドニー・オペラハウス
W 囚人遺跡群（ハイド・パーク・バラックス）
シドニー国際空港
バンクスタウン空港

ノースウエスト線
シティ＆サウスウエスト線（建設中）
その他の鉄道
W 世界遺産

運賃／ゾーン制（ピーク時：3.61〜8.86オーストラリア・ドル）　乗車券／Opal Card（チャージ式ICカード）、携帯電話、クレジットカード、デビットカード　旅客案内／英語。出入口には「M」の標識がある　<秋山芳弘>

人口　453万 (2015)
時差　+1 (S.T +2)
為替　1オーストラリア・ドル=75.28円

開通年	2019年5月
営業キロ	36km
路線数	1
駅数	13
運行時間	5:00前〜2:00過ぎ（平日）
運賃制度	ゾーン制
輸送人員	6万人/日 (2019)
軌間	1435mm
電気方式	直流 1500V
集電方式	架空線
運転保安	ATO
最小運転間隔	4分
列車運転線路	左側
導入車両	Alstom

Topics **3** 日本が経済・技術協力している地下鉄

我が国は、政府開発援助により、長年にわたり開発途上国の様々なインフラ整備を支援してきている。近年、特にアジアの多くの都市で人口の急増による都市交通問題が深刻化しており、その対策として地下鉄を含む都市鉄道の整備が急がれている。地下鉄整備に関する円借款による支援は以下（設計・建設中も含む）のとおりである。

アジア

韓国
● ソウル地下鉄1号線、3号線、4号線、5号線

中国
● 北京地下鉄1号線、13号線
● 武漢地下鉄1号線

ベトナム
● ハノイ都市鉄道1号線、2号線
● ホーチミン都市鉄道1号線

タイ
● バンコク MRT ブルーライン、パープルライン

フィリピン
● マニラ首都圏地下鉄

インドネシア
● ジャカルタ MRT南北線、東西線

バングラデシュ
● ダッカ MRT 5号線、6号線

インド
● デリーメトロ1号線（レッドライン）、2号線（イエローライン）、3・4号線（ブルーライン）、5号線（グリーンライン）、6号線（バイオレットライン）、7号線（ピンクライン）、8号線（マゼンダライン）
● コルカタメトロ東西線
● ベンガルールメトロ東西線、南北線
● チェンナイメトロ1号線（ブルーライン）、2号線（グリーンライン）、3号線、4号線、5号線
● ムンバイメトロ3号線

総事業費の約半分が日本の円借款により整備されたデリーメトロ
提供／青山弘和

近畿車輛と東芝のグループが納入したカイロ地下鉄2号線車両
提供／近畿車輛株式会社

バンコクの Purple Line を走行する総合車両製作所製のステンレス車両　提供／渡辺政博

ジャカルタMRTの高架区間を走行する日本製車両
提供／三井物産株式会社

ジャカルタMRTの駅構内に設置された日本製自動改札システム
提供／三井物産株式会社

ヨーロッパ

ブルガリア
● ソフィア地下鉄1号線

ルーマニア
● ブカレスト地下鉄6号線、ブカレスト国際空港アクセス鉄道

アフリカ

エジプト
● カイロ地下鉄4号線

<阿佐見俊介・阿部豊>

世界で初めて地下鉄電車が走ったブダペスト。最も新しい4号線は最新型の完全自動運転であり、駅デザインも斬新である（提供／松本陽）／**Budapest**

Europe
ヨーロッパ
& アフリカ
& Africa

Kelenföld vasútállomás →

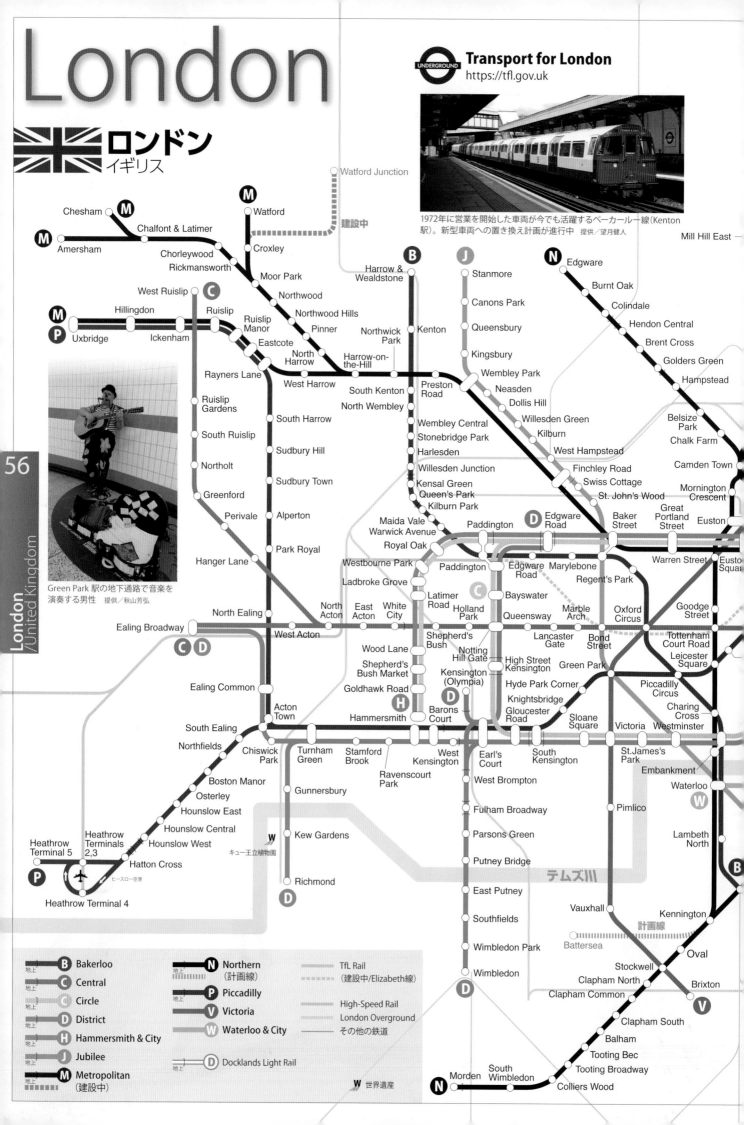

London

ロンドン
イギリス

Transport for London
https://tfl.gov.uk

1972年に営業を開始した車両が今でも活躍するベーカールー線（Kenton駅）。新型車両への置き換え計画が進行中　提供／望月健人

Green Park 駅の地下通路で音楽を演奏する男性　提供／秋山芳弘

56
London／United Kingdom

Watford Junction

建設中

Chesham
Chalfont & Latimer
Amersham
Chorleywood
Rickmansworth
Watford
Croxley
Moor Park
Northwood
Northwood Hills
Pinner
Harrow & Wealdstone
Kenton
Stanmore
Canons Park
Queensbury
Kingsbury
Edgware
Burnt Oak
Colindale
Hendon Central
Brent Cross
Golders Green
Hampstead
Mill Hill East

West Ruislip
Hillingdon
Uxbridge
Ickenham
Ruislip
Ruislip Manor
Eastcote
North Harrow
West Harrow
South Kenton
North Wembley
Northwick Park
Harrow-on-the-Hill
Preston Road
Wembley Park
Neasden
Dollis Hill
Willesden Green
Kilburn
West Hampstead
Finchley Road
Swiss Cottage
St. John's Wood
Belsize Park
Chalk Farm
Camden Town
Mornington Crescent
Euston

Rayners Lane
Ruislip Gardens
South Ruislip
Northolt
Greenford
Perivale
South Harrow
Sudbury Hill
Sudbury Town
Alperton
Park Royal
Hanger Lane
Wembley Central
Stonebridge Park
Harlesden
Willesden Junction
Kensal Green
Queen's Park
Kilburn Park
Maida Vale
Warwick Avenue
Royal Oak
Paddington
Edgware Road
Baker Street
Great Portland Street
Warren Street
Euston Square

North Ealing
Ealing Broadway
West Acton
North Acton
East Acton
White City
Westbourne Park
Ladbroke Grove
Latimer Road
Holland Park
Shepherd's Bush
Wood Lane
Shepherd's Bush Market
Goldhawk Road
Hammersmith
Paddington
Edgware Road
Marylebone
Regent's Park
Bayswater
Queensway
Marble Arch
Lancaster Gate
Bond Street
Oxford Circus
Goodge Street
Tottenham Court Road
Leicester Square
Notting Hill Gate
High Street Kensington
Green Park
Hyde Park Corner
Piccadilly Circus
Charing Cross
Kensington (Olympia)
Barons Court
Knightsbridge
Gloucester Road
Sloane Square
Victoria
Westminster

Ealing Common
Acton Town
Turnham Green
Stamford Brook
Ravenscourt Park
West Kensington
Earl's Court
South Kensington
St. James's Park
Embankment
Waterloo
Lambeth North

South Ealing
Northfields
Chiswick Park
Boston Manor
Osterley
Hounslow East
Hounslow Central
Hounslow West
Gunnersbury
Kew Gardens
キュー王立植物園
Richmond
West Brompton
Fulham Broadway
Parsons Green
Putney Bridge
East Putney
Southfields
Wimbledon Park
Wimbledon
Pimlico
Vauxhall
Battersea
計画線
テムズ川

Heathrow Terminal 5
Heathrow Terminals 2,3
Hounslow West
Hatton Cross
ヒースロー空港
Heathrow Terminal 4

Kennington
Oval
Stockwell
Clapham North
Clapham Common
Clapham South
Balham
Tooting Bec
Tooting Broadway
Colliers Wood
South Wimbledon
Morden
Brixton

凡例

地上 **B**	Bakerloo	
地上 **C**	Central	
地上 **C**	Circle	
地上 **D**	District	
地上 **H**	Hammersmith & City	
地上 **J**	Jubilee	
地上 **M**	Metropolitan（建設中）	
地上 **N**	Northern（計画線）	
地上 **P**	Piccadilly	
V	Victoria	
W	Waterloo & City	
地上 **D**	Docklands Light Rail	

TfL Rail
（建設中/Elizabeth線）
High-Speed Rail
London Overground
その他の鉄道

W 世界遺産

不満そうな人類の蒸し風呂

ロンドン地下鉄が蒸気機関車を動力としていた時代には、地下鉄の排煙対策として、地面の浅いところを走るトンネルの所々に天井を設けず堀割のままとしたり、燃料に煤煙の少ないコークスを用いたりなどの工夫がされていた。それでも、空気の汚染は激しく、「不満そうな人類の蒸し風呂」などと評され、決して乗り心地のよい乗り物ではなかった。

ドックランド・ライトレールの電車（Blackwall 駅）提供／秋山芳弘

人口	879万 (2016)
時差	−9 (S.T −8)
為替	1ポンド=133.80円

開通年	1863年1月
営業キロ	408.0km
路線数	11
駅数	270
運行時間	4:40〜1:30（金・土曜日は終夜運行）
運賃制度	ゾーン制
輸送人員	379万人/日 (2019)
軌間	1435mm
電気方式	直流630V
集電方式	第三、第四軌条
運転保安	ATC/ATO
最小運転間隔	2分
列車運転線路	左側
導入車両	Metropolitan Cammell、Alstom、Bombardier

（路線図の駅名）

N: High Barnet, Totteridge & Whetstone, Woodside Park, West Finchley, Finchley Central, East Finchley, Highgate, Archway, Tufnell Park, Kentish Town

P: Cockfosters, Oakwood, Southgate, Arnos Grove, Bounds Green, Wood Green, Turnpike Lane, Manor House, Finsbury Park, Arsenal, Holloway Road, Caledonian Road, King's Cross St.Pancras

C: Epping, Theydon Bois, Debden, Loughton, Buckhurst Hill, Woodford, South Woodford, Snaresbrook, Leytonstone, Leyton, Stratford

Chigwell, Grange Hill, Hainault, Fairlop, Barkingside, Newbury Park, Gants Hill, Redbridge, Wanstead, Roding Valley

Tottenham Hale, Walthamstow Central (V), Seven Sisters, Blackhorse Road

D: Upminster, Upminster Bridge, Hornchurch, Elm Park, Dagenham East, Dagenham Heathway, Becontree, Upney, Barking (H), East Ham, Upton Park, Plaistow, West Ham

Stratford International, Stratford High Street, Abbey Road, Pudding Mill Lane

Highbury & Islington, Angel, Farringdon, Barbican, Old Street, Moorgate, Liverpool Street, Bethnal Green, Mile End, Bow Road, Bow Church, Devons Road, Langdon Park, All Saints, Star Lane, Canning Town, West Ham, Bromley-by-Bow

Russell Square, Chancery Lane, Holborn, St.Paul's, Covent Garden, Mansion House, Bank, Cannon Street, Monument, Blackfriars, Temple, Tower Hill, Tower Gateway, Aldgate, Aldgate East, Whitechapel, Stepney Green, Shadwell, Westferry, Limehouse, Poplar, Blackwall, East India, West India Quay, Canary Wharf, Heron Quays, South Quay, Crossharbour, Mudchute, Island Gardens

Cyprus, Beckton, Beckton Park, Gallions Reach, Royal Albert, Prince Regent, Custom House for ExCeL, Royal Victoria, Royal Albert, West Silvertown, Pontoon Dock, London City Airport, King George V, Woolwich Arsenal

Bermondsey, London Bridge, Canada Water, North Greenwich, Southwark, Borough, Elephant & Castle

Cutty Sark for Maritime Greenwich, Greenwich, Deptford Bridge, Elverson Road, Lewisham

W ロンドン塔
W 河港都市グリニッジ
✈ ロンドンシティ空港

BOND STREET

80年以上にわたり親しまれているロンドン地下鉄の「サークル・アンド・バー」
提供／秋山芳弘

乗り換えの必要を少なくするための配線

ノーザン線のCamden Town 駅では、全列車が、同駅の南北両端で2方向に分岐する路線のいずれの進路も取れるように複雑な配線をしており、同駅での列車の乗り換えの必要を少なくしている。この駅から乗車する乗客へは、2つあるホームのどちらから先に列車が出るかの判断が重要なため、プラットホームへ降りる階段上で案内表示を行っている。

ロンドン交通博物館

地下鉄ピカデリー線の Covent Garden 駅から徒歩3分の場所にあり、1866年製の世界初の地下鉄用蒸気機関車や各種の地下鉄車両、トラム、2階建バス等を展示している。開館は10時〜18時（金曜日は11時〜21時）。https:// www. ltmuseum.co.uk/

ジュビリー線は PSD（プラットホーム・スクリーン・ドア）が設置されている（Westminster 駅）提供／秋山芳弘

London

第四軌条方式を採用している路線では走行レールの間と横に2本のレールが走っている（Bond Street 駅）
提供／秋山芳弘

メトロポリタン線を走行する大断面のS8型電車（Bombardier 製）　提供／秋山芳弘

1863年開業、世界初の地下鉄

ロンドンの地下鉄は、1863年1月にPaddington（Bishop's Road）〜Farringdon（Farringdon Street）間6駅6kmで、世界初の地下鉄（メトロポリタン鉄道）として開業した。産業革命以降にロンドンの人口が増大し、郊外からの通勤者を輸送する鉄道が整備されたものの、都心部の建物密集地帯に乗り入れられないことから、地下を走行する鉄道として計画され、開削工法により建設されたものである。

開業当初は、蒸気機関車によって牽引されていたため、排煙対策が大きな課題であった。その後、1890年には現在のノーザン線で電気機関車牽引による運行が世界で初めて開始されたのに続き、1898年開業のウォータール―＆シティ線では電車による運行を開始し、それ以降は電車による路線延伸が着実に進められてきた。

システム上の特徴として、初期に開削工法により建設されたトンネル断面の大きい「サーフェイス」線と、シールド工法により大深度地下に掘られたトンネル断面の小さい「チューブ」線の2つに大分される。また集電方式は第四軌条方式が採用されており、走行レールの脇に電力供給用レール、走行レールの中央に変電所への電気帰線用レールが設置され、両レールの電圧差により走行するという方式をとっている。

ロンドン地下鉄会社の運営は、バスとともにロンドン地域運輸公社（London Transport）が担っていたが、2000年5月のロンドン市制改革に伴いロンドン交通庁（Transport for London: TfL）が新設され、2003年7月以降、ロンドン地下鉄会社はロンドンバス（London Bus）、ドックランド・ライトレール（Docklands Light Railway）やロンドン・オーバーグラウンド（London OverGround）等とともに、TfL の管理下に置かれている。TfL への運営移管に先立つ2003年1月には、コストや補助金の削減、駅・信号・車両など老朽化するインフラの改善への投資を目的に PPP 方式（民間資金活用方式）が導入され、インフラの管理・運営は Infraco と呼ばれる民間コンソーシアム（企業連合）が担い、安全性の確保などの列車運行に関する責任はすべて

ロンドン地下鉄が担うという形態で上下分離が実施された。しかし、2007年と2009年に相次いでコンソーシアムが破たんし、現在では TfL の責任のもと上下を一体的に総括する方式に戻っている。

地下鉄の駅には London Underground のロゴが表示されている（Bank 駅）　提供／秋山芳弘

近年の動向としては、2010年に冷房車投入、2016年に週末の終夜運転が導入されている。今後は、列車の長編成化や信号システム更新による輸送力増強、車内快適性の向上が計画されているほか、2022年までに自動運転を全路線に整備する計画である。

また、新しい路線としてエリザベス線が建設（一部開通）されている。エリザベス線はクロスレールとも呼ばれ、現在は暫定的に TfL Rail というブランド名で運行されている。2015年5月に Liverpool Street 〜 Shenfield 間がグレートイースタン鉄道の一部として開業、続いて2018年5月に Paddington 〜 Heathrow 空港駅間が空港連絡列車「ヒースロー・コネクト」から運行を引き継いで開業、2019年12月には Paddington 〜 Reading 間がグレート・ウェスタン鉄道からやはり運行を引き継いで開業している。これらの路線は地下区間の開通後には「エリザベス線」として一体的に直通運転される。

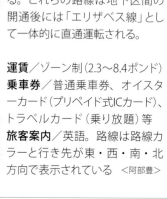

運賃／ゾーン制（2.3〜8.4ポンド）
乗車券／普通乗車券、オイスターカード（プリペイド式ICカード）、トラベルカード（乗り放題）等
旅客案内／英語。路線は路線カラーと行き先が東・西・南・北方向で表示されている　＜阿部豊＞

ジュビリー線 Finchley Road駅　提供／与野正樹

Topics **4** リニアメトロ

　日本のリニアメトロは、大阪市・長堀鶴見緑地線に導入され、現在、6都市7路線で営業キロ約115キロ、165万人／日（2019年度実績）を輸送し、延べ55億人超が利用している。一方、海外の地下鉄では、マレーシア、中国の実績のほか、リニアモータ駆動方式の地上交通として、カナダ、アメリカ、中国でも採用されている。リニアメトロは、中量の都市の基幹的な公共交通機関として、極めて重要な役割を担い、少子高齢化、地球環境への配慮等、人と環境に優しい特徴を持ち、その重要性が益々高まっている。

リニアメトロの原理と特徴

　リニアメトロは、台車に装荷されたリニアモータ（LIM）と軌道のリアクションプレート（RP）との間の磁気的な吸引・反発により推進力・制動力を得ており、車輪とレール間の摩擦力を利用して車輪の回転をレールに伝える従来の「粘着駆動方式」に対して、摩擦力を利用しない「非粘着駆動方式」である。

　また、摩擦力を必要としないため、高加減速走行、急勾配・急曲線走行が可能であり、かつ、扁平形状モータであることから、低床

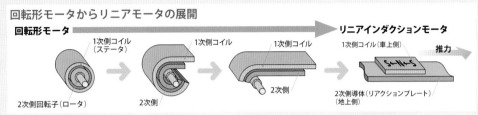

回転形モータからリニアモータの展開

回転形モータ　　　　　　　　　　　　　　　　　　　リニアインダクションモータ

1次側コイル（ステータ）　1次側コイル　1次側コイル　1次側コイル（車上側）　推力

2次側回転子（ロータ）　2次側　2次側　2次側導体（リアクションプレート）（地上側）

扁平リニアモータの実現

小径車輪
リニアモータ
ギャップ 12mm
リアクションプレート（アルミ、銅、鉄ベース）
リニアモータ断面例

リニアモータ電車の非粘着駆動方式

リニアモータ電車
台車　鉄車輪　台車　リニアモータ（一次側）
磁力　推力　磁力
リアクションプレート（二次側）　鉄レール

化によるトンネル断面の縮小化、歯車装置が不要なことから低騒音・保守低減が可能になること、台車設計の自由度が大きな事から操舵台車採用による更なる急曲線走行が可能になるなど、様々な優れた特徴を持っている。加えて、雨・雪などの天候による線路の状態の影響を受けない特徴を発揮して、地下に限らず地上・高架なども走行することができる「全天候型」の高性能な都市交通システムである。

リニアメトロの開発・実用化

　1962年（昭和37年）に、（旧）国鉄の鉄道技術研究所が、車輪とレールの摩擦力に頼らない非粘着駆動システムの研究開発・実用化を開始し、（旧）国鉄の貨物ヤードでの貨車仕分装置「Ｌ4カー」に引き継がれた。これを発展させ、輸送需要に応じた適正規模の地下鉄建設におけるコスト縮減策として、駆動方式にリニアモータを採用したリニアメトロが開発され、大阪南港の実験線で実用化され、世界初の地下鉄式リニアメトロとして大阪市・長堀鶴見緑地線に導入された。現在、新線・延伸の計画もある。

日本のリニアメトロ（1983年 LM1、1987年 LM2、大阪市・東京都試作車と6都市7路線の営業車）

神戸市海岸線
5000系（2001年7月）

（一社）日本地下鉄協会
LM2試験車（1987年）

（一社）日本鉄道技術協会
LM1実験車（1983年）

仙台市東西線
2000系（2015年12月）

営業中

福岡 七隈線（延伸建設中）　**神戸** 海岸線

大阪 長堀鶴見緑地線 今里筋線

仙台 東西線

東京 大江戸線

横浜 グリーンライン

東京都大江戸線
12-000形（1991年12月）

福岡市七隈線
3000系（2005年2月）

大阪市 70系試作車
（1988年）

大阪市長堀鶴見緑地線
70系（1990年3月）

大阪市今里筋線
80系（2006年12月）

横浜市グリーンライン
10000形（2008年3月）

東京都 12-000形試作車
（1990年）

リニアメトロが採用された海外の地下鉄

　世界初の高架式リニアメトロは、カナダのトロントで1985年に開業したスカボロ線である。カナダでは、バンクーバーで、1986年にスカイトレインが開業した。地下鉄ではクアラルンプール（マレーシア）Kelana Jaya線（1998年開業）、広州（中国）4号線（2005年開業）の路線にリニアメトロが採用されている。なお、地下鉄ではないが、米国のJFK（ジョン・F・ケネディ）空港線（Airtrain JFK）や、中国の北京空港の機場線等にもリニアモータ駆動方式の鉄道が導入されている。

＜日本地下鉄協会＞

カナダ・バンクーバー

マレーシア・クアラルンプール

中国・広州地下鉄

Paris

パリ
フランス

Régie Autonome des Transports Parisiens (RATP)
https://www.ratp.fr

Paris /France

1号線 Palais Royal Musée du Louvre 駅出入口は
エクトール・ギマールの作品（複製）　提供／秋山芳弘

アールヌーボー様式の出入口

パリの地下鉄の出入口には、建築家エクトール・ギマールの手により、花や植物などの有機的なモチーフの組み合わせが特徴のアールヌーボー様式（「新しい芸術」の意）でデザインされたものがあり、ウイーンの地下鉄のオットー・ワーグナーによるユーゲント・シュティール様式（ドイツにおけるアールヌーボー様式のこと）の駅デザインと双璧をなしている。多くはその後解体・改築され残っていないが、Porte Dauphine 駅（2号線）のものはオリジナルの姿で現存するといわれており、12号線の Abbesses 駅など数駅で見ることができる。

W パリのセーヌ河岸

セーヌ川

地上 ① 1号線	⑦ 7号線	⑬ 13号線	
（計画線）	bis	⑭ 14号線（メテオール線）	
地上 ❷ 2号線	地上 ⑧ 8号線	（建設中・計画線）	
❸ 3号線	⑨ 9号線	15号線（建設中・計画線）	
bis	⑩ 10号線	16号線（計画線）	
❹ 4号線	⑪ 11号線	17号線（計画線）	
（建設中）	（建設中）	18号線（計画線）	
地上 ⑤ 5号線	❶ 12号線	SNCF（フランス国鉄線）	
地上 ⑥ 6号線	（建設中）	RER（地域急行線）	
		Tramway tarification bus	

W 世界遺産

人口　225万 (2011)
時差　−8 (S.T −7)
為替　1ユーロ=122.93円

開通年	1900年7月
営業キロ	215.9km
路線数	16
駅数	302
運行時間	5:30〜1:15*
運賃制度	ゾーン制
輸送人員	422万人/日 (2012)
軌間	1435mm
電気方式	直流750V
集電方式	第三軌条
運転保安	ATS/ATP/ATO GoA4完全自動運転（1・14号線）
最小運転間隔	1分35秒
列車運転線路	右側
導入車両	Alstom

＊　土曜日と休前日は 2:15

パリのゴムタイヤ車両

パリの地下鉄ではゴムタイヤ車両が使用されているが、これは、ゴムタイヤのみではなく、軌道面に1435mm軌間の2本の金属レールがあるとともに、並行して外側にゴムタイヤ用の金属製走行路が敷設されている。ゴムタイヤは、車体の荷重を受けとめ、台車内側の金属車輪と軌道の金属レールは、列車の進路を誘導する案内軌条の役割を果たしている。これにより、騒音の低減と加減速性能の向上が見込まれ、また、水平に回転する案内輪と案内軌条を持つことから非常に脱線しにくいという特徴を持っている。反面、摩擦抵抗が大きいため、消費電力量が増加するという欠点もある。この方式は、フランスの技術供与を受けたメキシコシティ等の地下鉄にも採用されている。

鉄輪レールのガイドとゴムタイヤ走行路
提供／磯部栄介

世界に広がった「メトロ」

最初のパリの地下鉄は、パリ・メトロポリタン鉄道会社（Compagnie du chemin de fer métropolitain de Paris: CMP）によって1号線 Porte Maillot～

12号線の鉄車輪方式車両（Saint-Lazare 駅）　提供／磯部栄介

Château de Vincennes 間が1900年パリ万博の開催に合わせて開業した。この結果「メトロ」という言葉が地下鉄を表す名称として世界中で用いられるようになった。パリの地下鉄は CMP とその後、設立された南北地下鉄会社によって建設が進められた。南北地下鉄会社によって建設された12号線及び13号線は当初は架空線集電方式で建設され開業したが、後に CMP に合わせ第三軌条化されている。1930年 CMP に建設運営が一元化され、1935年には、現在の14号線を除く大部分の地下鉄網が完成している。

第2次大戦後の1949年、公共旅客輸送事業者としてパリ運輸公社（RATP）が設立され、イル・ド・フランス（パリ首都圏）の地下鉄等の公共交通システムを管理運営することとなった。現在、イル・ド・フランス圏には、地下鉄のほか郊外鉄道、郊外と都心を結ぶ地域急行線（RER）、トラム、オルリー VAL（新交通システム）があり、地下鉄、RER、トラム、オルリー VAL は RATP が、郊外鉄道、RER の一部とトラムの一部は SNCF（フランス国鉄）のイル・ド・フランス圏旅客局が運営している。なお RATP が運営する RER は、SNCF 線と直通運転を行っている。

1935年に一部開業した11号線は、1958年、1435mm軌条の外側に鉄板の走行路を敷きその上をゴムタイヤで走行、軌条は案内軌条の役目を果たすゴムタイヤ車両を採用した。このゴムタイヤ車両は、現在5路線（1・4・6・11・14号線）で採用されている。また、2号線の Porte Dauphine 駅などの終端駅や中間駅での折り返しに、ループ線を利用する例が見られる。

1998年10月、地下鉄としては63年ぶりの新線として最初の区間が開業した14号線はメテオール線と呼ばれ、GoA4完全自動運転、ホームドア設置など新機軸が随所に用いられ登場し、延伸建設中である。また、2011年11月には1号線が GoA4完全自動運転を開始した。営業中の路線を GoA4完全自動運転化した例としては、世界でも最初の試みであった。完全自動運転化は14号線での実績をもとに、ホームドアを設置して運転指令での監視システムを展開し、さらに運転時隔を最短105秒から85秒に短縮して列車を増発することにより混雑緩和を図ったものである。GoA4完全自動運転化当初は、列車の半数に監視要員として運転士を乗務させていた。さらに4号線も1号線と同様に GoA4完全自動運転化へ改修中である。

現在、4号線は南の Bagneux へ1.9km（2021）、11号線は東の Rosny-Bois-Perrier へ6km（2023）、12号線は北の Mairie d'Aubervilliers へ3.2km（2021）、14号線は北の Mairie de Saint-Ouen へ5.8km（2020）と南の Aéroport d'Orly へ14km（2024）で延伸、及び15号線が南部の Pont de Sèvres と Noisy-Champs 間33kmで新線建設中である。

今後の計画として「メトロ2030」では、パリ首都圏急行計画として、15号線の延伸及び新線として16・17・18号線の4線合計75kmが計画されている。15号線は路線長が最も長く、パリを囲む環状線となる計画である。さらに1・10・14号線の延伸、RER線及びトラムの延伸、新線も計画されている。

完全自動運転化した1号線（Bastille 駅）　提供／磯部栄介

運賃／ゾーン制（1.9ユーロ～）　乗車券／普通乗車券、回数券（10枚つづり）、1日・2日・3日・5日乗車券等　旅客案内／券売機には多国語表示機能があるが、車内放送・案内表示はフランス語のみ。目的地に行くには路線番号と終着駅の表示のみ　＜磯部栄介＞

セーヌ川をアーチ橋で渡る5号線（Gare d'Austerlitz ～ Quai de la Rapée 間）　提供／磯部栄介

Topics **5** 無人運転（ドライバレス）の地下鉄

　地下鉄における無人運転（ドライバレス）は、ゴムタイヤを用いたVAL方式（いわゆる AGT：ゴムタイヤ新交通システム）によるものとしては、1983年に開業したフランスのリールの地下鉄が最初である。また、本格的な地下鉄では、1994年フランスのリヨンのD線で初めて実施された。

　その後、コストの節約、高密度運行、需要への弾力的対応など様々なメリットがあることから、近年所要の安全対策を構じた上で、下表に見るようにアジアを含む世界の多数の都市で急速に普及しつつある。

　運転方式は、GOA1 から GOA4 までの4段階があり、無人運転は完全自動運転と定義され、GOA4 である。日本では、GOA4 は AGT のみであり、地下鉄では、福岡市交通局の七隈線が本来 GOA3 のシステム構成となっているが、運転台に運転資格を持つ添乗員がドア閉抑止のために乗車しているので GOA2 に留まっている。

＊ GOA = Grade of Automation

メトロ14号線（メテオール線）はパリ初の無人運転路線として1998年に最初の区間が開業した　提供／磯部栄介

ヨーロッパ

🇫🇷 フランス

トゥールーズ（VALシステム）　A・B 線	1993 年開業
パリ　メトロ14号線	1998 年開業
メトロ1号線	2011 年実施
レンヌ（VALシステム）　A・B 線	2002 年開業

🇩🇪 ドイツ

ニュルンベルク　U3号線	2008 年開業
U2号線	2010 年開業

🇮🇹 イタリア

トリノ（VALシステム）M1号線	2006 年開業
ブレシア	2013 年開業
ミラノ　M5号線	2013 年開業
ローマ　C線	2014 年開業

🇪🇸 スペイン

バルセロナ　9・10号線	2009 年開業

🇨🇭 スイス

ローザンヌ　M2号線	2008 年開業

🇩🇰 デンマーク

コペンハーゲン　1・2号線	2002 年開業

🇭🇺 ハンガリー

ブダペスト　4号線	2014 年開業

アジア

🇲🇾 マレーシア

クアラルンプール　Kelana Jaya 線	1998 年開業

🇸🇬 シンガポール

シンガポール　北東線	2002 年開業
サークル線	2009 年開業

🇹🇷 トルコ

イスタンブール　M5号線	2017 年開業

🇦🇪 アラブ首長国連邦

ドバイ　レッドライン	2009 年開業
グリーンライン	2009 年開業

🇶🇦 カタール

ドーハ　レッドライン	2019 年開業

ニュルンベルクのU2・U3号線は無人運転だがホームドアは設置されず、レーダー検知器装置とカメラによる監視がなされている　提供／磯部栄介

2019年開業のシドニーメトロ（ノースウエスト線）はオーストラリア初の無人運転鉄道である　提供／Sydney Metro

オセアニア

🇦🇺 オーストラリア

シドニー　ノースウエスト線	2019 年開業

中南米

🇨🇱 チリ

サンチャゴ　6号線	2017 年開業

🇧🇷 ブラジル

サンパウロ　4号線	2010 年開業
5号線	2017 年開業

＜磯部栄介＞

Berlin

ベルリン
ドイツ

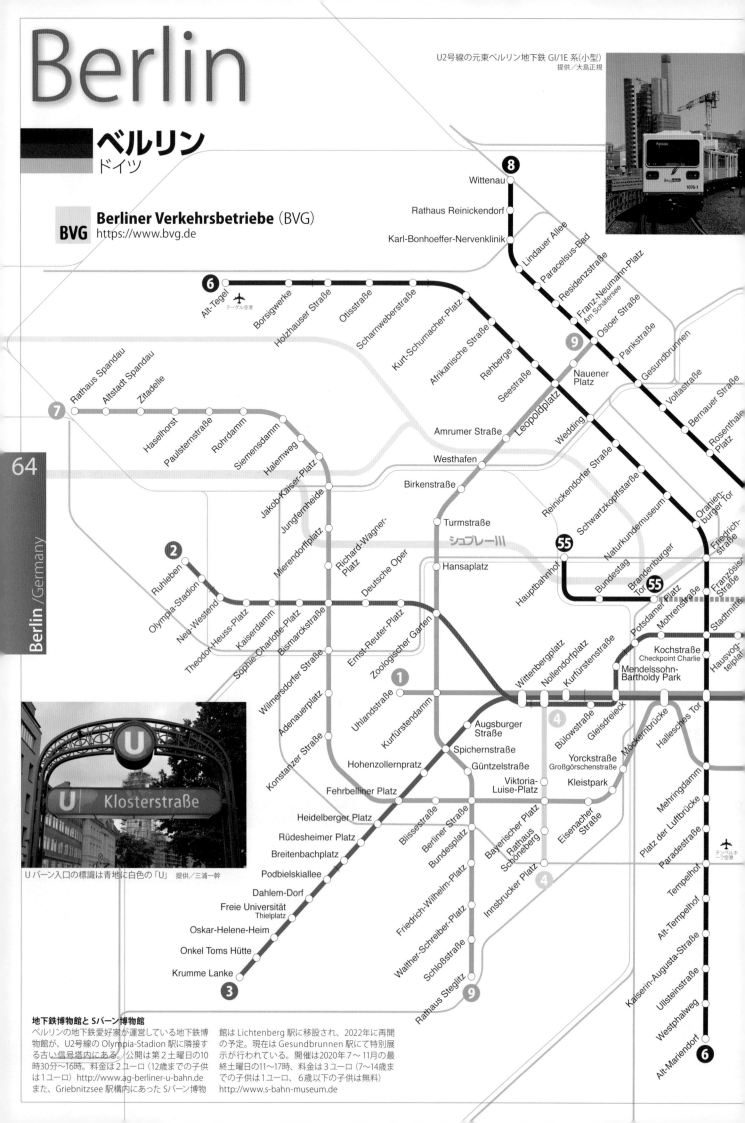

U2号線の元東ベルリン地下鉄 GI/1E 系（小型）
提供／大島正規

BVG **Berliner Verkehrsbetriebe**（BVG）
https://www.bvg.de

U バーン入口の標識は青地に白色の「U」　提供／三浦一幹

地下鉄博物館と S バーン博物館

ベルリンの地下鉄愛好家が運営している地下鉄博物館が、U2号線の Olympia-Stadion 駅に隣接する古い信号塔内にある。公開は第 2 土曜日の10時30分〜16時。料金は 2 ユーロ（12歳までの子供は 1 ユーロ） http://www.ag-berliner-u-bahn.de　また、Griebnitzsee 駅構内にあった S バーン博物館は Lichtenberg 駅に移設され、2022年に再開の予定。現在は Gesundbrunnen 駅にて特別展示が行われている。開催は2020年 7 〜 11月の最終土曜日の11〜17時、料金は 3 ユーロ（7〜14歳までの子供は 1 ユーロ、6 歳以下の子供は無料）
http://www.s-bahn-museum.de

Uバーンと Sバーン

ドイツでは、LRT の路線を Stadtbahn（シュタットバーン）と呼び、その内、相当の区間地下を走行する路線を U-bahn（Uバーン）と称し、路線番号に U を付している。なお、ベルリンやミュンヘン等の本格的な地下鉄である Uバーンと区別するため、標識等の表示では、青地に白抜きの「U」の文字の下に「Stadtbahn」と併記されている場合が多い。

一方、多くの都市では、地下鉄や Stadtbahn とともに、S-bahn（Sバーン）と呼ばれる路線がネットワークを形成している。ベルリン等の大都市では、都市内の路線や都心と近郊を結ぶ路線は、電車化される以前から Stadtbahn と呼ばれていたが、電車化が進むとともに、1930年ごろから、都市を意味する Stadt の S と、高速を意味する Schnell の S の両方の意味を込めて、Sバーンと呼ばれるようになったものである。Sバーンは原則として、旧国鉄であるドイツ鉄道（子会社を含む）によって運営されている。

人口	352万 (2016)
時差	−8 (S.T −7)
為替	1ユーロ=122.93円

開通年	1902年8月
営業キロ	146.0km
路線数	10
駅数	173
運行時間	4:00〜1:00
運賃制度	ゾーン制
輸送人員	163万人/日 (2019)
軌間	1435mm
電気方式	直流 750V
集電方式	第三軌条
運転保安	PTC/ATO
最小運転間隔	4分
列車運転線路	右側
導入車両	Bombardier、Stadler

大形 U5号線で暫定使用中の最新鋭小型 Ik系　提供／大島正規

65

Berlin /Germany

駅が浅いベルリン地下鉄

ベルリンの地下鉄は地盤が砂地で崩れやすく、函型の鋼鉄の桁と梁で道路を覆いその下を掘ってトンネルを建設した。この方式はブダペストで最初に用いられた方式である。このため初期に作られた駅は非常に浅いところにあり、反対側のホームへ行くには、短い階段でいったん地上に出て、道路の反対側にある階段を下りて向かうことになる。

1	U1号線	6	U6号線
2	U2号線	7	U7号線
3	U3号線	8	U8号線
4	U4号線	9	U9号線
5	U5号線		S-Bahn
55	U55号線（建設中）		Regional Rail
		W	世界遺産

車幅の広い大形線区で使用の小型 Ik系ステップ　提供／大島正規

ベルリンの近代集合住宅群　W

最古参の旧西ベルリン地下鉄 F系（大型） 提供／大島正規

東西分断を経験した地下鉄

ベルリン最初の地下鉄は、ベルリン高架・地下鉄会社が1896年に建設を開始し1902年2月に開業したPotsdamer Platz〜Stralauer Tor（現存せず）間6kmであったが、地盤等の制約から、この区間は大部分が高架方式であった。

その後、今日のU2号線となる上記路線の延伸や、今日のU1号線及びU3・4号線の開業があり、第1次世界大戦が始まった1914年には、総延長37.8kmの路線網が形成された。初期に建設されたU1からU4号線までの路線はいずれもトンネル径が6.24m、車両の幅が2.3m、車両長が13m、第三軌条上面接触式の小形の地下鉄であったが、1923年に開業した現在のU6号線では、トンネル径7m、車両幅2.65m、車両長が16〜18m、第三軌条下面接触式の大形の地下鉄が採用され、以後に建設された新規路線はすべて大形の地下鉄となっている。

1929年には、ベルリン高架・地下鉄会社と一般ベルリン乗り合いバス株式会社及びベルリン路面電車運営会社の3社が合併して、ベルリン交通株式会社（BVG）が発足し、市内の交通機関を一元的に運営することとなった。以来、地下鉄の建設も同社の手で急速に進められ、第2次世界大戦直前までには、現在のU9号線を除く路線網の基本が完成した。

第2次大戦後は、戦勝4か国の協定によりSバーンが東側のドイツ帝国鉄道（DR）、Uバーンが西側のBVGの管轄で一元化されていた。1949年のベルリン分断に伴い、BVGも東西に分割され、地下鉄については東側地区を除く大部分の路線がBVGの所有となった。さらに、1961年の「ベルリンの壁」構築により路線網が分断され、東側を通るU6号線及びU8号線では、西側の運営のままSバーンとの乗換駅であるFriedlichstraße駅を除き東側の駅は通過する措置がとられた。また、U2号線のPotsdamer Platz（ポツダム広場）以東及びU5号線が東側のベルリン交通運輸局（BVB）の所有となった。

1989年の「壁崩壊」、翌年10月の東西ドイツの再統一の結果、1992年には東西の運輸機関の合併が実現し、州の交通部門として地下鉄、路面電車、バス、フェリーの運行を担当することとなった。さらに1996年には、州内と周辺の公共交通を広域的、総合的に管理するベルリン・ブランデンブルク運輸連合（VBB：ベルリン州、ブランデンブルク州並びにブランデンブルク州内の自治体が3分の1ずつを出資）が誕生した。VBBは、1999年から地下鉄やSバーンをはじめとする域内の交通機関を対象に、共通運賃制度を運用している。

ベルリンの分断中の1960年代から70年代にかけて、新たにU9号線の開通があったが、東西ドイツの再統一後は、旧東ドイツ地域の老朽化した設備の改善が優先されたため、分断されていた路線の接続や若干の路線延長はあったものの、新線建設や路線の大幅な延長は行われなかった。その後、2009年、Hauptbahnhof（中央駅）〜Brandenburger Tor（ブランデンブルク門）間にシャトル路線（U55線）が開通した。途中のBundestag（連邦議事堂）駅を含めわずか3駅1.5kmの開業である。現在Alexanderplatzから Brandenburger Tor間2.2kmの建設が進められており、2020年末にはU5号線が全線開通してU55号線もその一部となる予定である。また、今後の延伸計画として、U7号線のRudowからベルリン・ブランデンブルク空港への南伸、U8号線のWittenauからの北伸、U6号線の Kurt-Schumacher-Platzの支線等が調査される予定である。

東西統一後の車両新製を最小限に止めたため、使用中の車両の老朽化が深刻化した。このため2020年3月に最大1500両となる新車がシュタッドラー社に発注された。

運賃／VBB域内交通機関共通。A〜Cゾーン（1.80ユーロ〜）、全ゾーン共通券は2.60ユーロ〜　**乗車券**／普通乗車券、1日乗車券、7日乗車券、ウェルカム・カード等　**旅客案内**／駅構内の表示はドイツ語。地下鉄の入口には、青地に白のUマーク標識がある

<川端剛弘・大島正規>

ベルリンで一番美しいといわれるシュプレー川にかかるオーバーバウム橋。上部はベルリン最初の地下鉄 U1号線。1961〜1995年は冷戦および橋の復元のため左手の Schlesisches Tor（シレジア門）駅で折り返していた　提供／矢崎康雄

Hamburg

早くから地域運賃共通制度

ハンブルクは19世紀末に急増する人口のため、新たな大量輸送機関の建設が必要とされた。当初はモノレールも検討されたが、ベルリンと同様に鉄道とすることとし、Siemens と AEG のコンソーシアムによって建設が開始された。現在、Uバーン（地下鉄）を運営するのは1911年に設立されたハンブルク高架鉄道（Hamburger Hochbahn AG: HHA）であり、全株式をハンブルク市が所有し、バス路線のほか観光船も運営している。

ハンブルク市とその周辺地域では、HHA の呼びかけにより、1965年にHVV（ハンブルク運輸連合）が結成され、1967年から域内の交通機関の共通運賃制度が実施されている。運輸連合の試みは、その後世界に広がった共通運賃制度の先駆的な例となった。

最初の開業は1912年3月、環状線（現在のU3号線）の Barmbek ～ Rathaus 間であり、同年6月には、完全な17.5km（うち地下区間5.1km）の環状線として完成した。ハンブルクの地形は起伏に富んでおり、市街地は高架で、河川や道路の横断は橋梁で、丘陵部はトンネルで建設され、地形の制約から勾配や曲線が厳しく、車両も東京の銀座線車両よりもやや小型である。社名が示すように線路延長106kmのうち地下区間は44kmに過ぎず、高架鉄道からUバーンに名称が変更されたのも1947年以降である。地上区間の多さのため、第2次世界大戦時の空爆による被害が甚大で、一部区間は復旧されなかった。

現在の主要路線が建設されたのは1960～70年代にかけてのことであり、この間の1973年には別線建設により、線路を共用していたU2号線とU3号線が分離された。U4号線は港湾地区再開発のため計画された路線で、2018年6月のElbbrücken ～ Hafen City Universität 間1.5kmの延伸により全通した。

ハンブルクでは、ドイツ鉄道DBが都心部の地下路線を含む第三軌条式のSバーンを運営しており、地下鉄と共に稠密なネットワークを形成している。

U3号線を走る DT5型車両（St.Pauli 駅）　提供／丹生明子

エルベ川河口のハンブルク港を望む U3号線　提供／HHA

運賃／ゾーン制（3.4ユーロ〜、HVV内交通機関（Uバーン、Sバーンバス、トラム、DB近郊線）共通運賃）　乗車券／短距離券、普通乗車券、フリーパス（1・3・5日）等　旅客案内／ドイツ語　その他／①平日のオフラッシュ時と土休日には自転車の持ち込みが可能②週末（金・土曜）は20分間隔の終夜運転を実施

＜大島正規＞

Hamburger Hochbahn AG
（HHA）
https://www.hochbahn.de

人口　179万（2019）
時差　−8（S.T −7）
為替　1ユーロ＝122.93円

開通年	1912年3月
営業キロ	105.8km
路線数	4
駅数	93
運行時間	4:00〜0:30
運賃制度	ゾーン制
輸送人員	69万人/日（2018）
軌間	1435mm
電気方式	直流750V
集電方式	第三軌条
運転保安	自動閉塞式
最小運転間隔	2分
列車運転線路	右側
導入車両	Alatom、Bombardier

① U1号線
② U2号線
③ U3号線
④ U4号線

S-Bahn
AKN Line
ドイツ鉄道線
（DB Line）

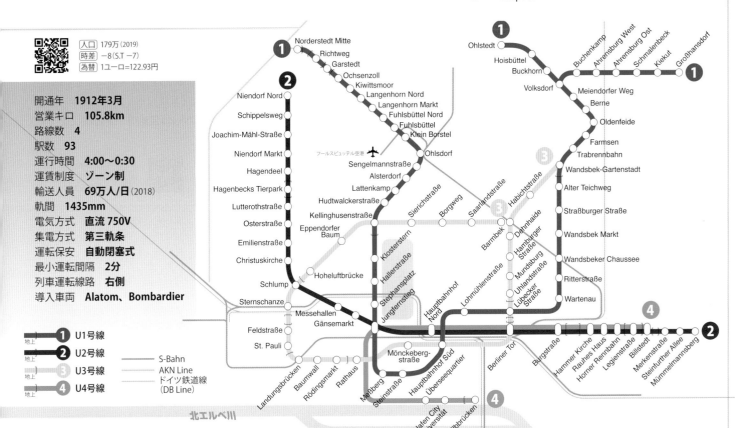

München

ミュンヘン
ドイツ

✈ ミュンヘン空港

❶	U1号線	
❷	U2号線	
❸	U3号線	
❹	U4号線	
❺	U5号線 (計画線)	地上
❻	U6号線 (計画線)	地上
⑦	U7(混雑時運行)	
⑧	U8(混雑時運行)	
	S-Bahn	
	トラム	

Münchner Verkehrsgesellschaft mbH (MVG)
https://www.mvg.de

オリンピックを機に地下鉄網を整備

　ミュンヘンでは戦前からUバーン(地下鉄)建設計画があり、ナチス政権時代に着工されて構造物も一部完成していたが、戦争激化により中断された。戦後、市の人口増加と道路交通混雑の対応策として、1950年代から地下鉄建設があらためて計画し直され、1963年に中央駅〜東駅の市中心部を貫く東西ルートを↙

A型車両は1967年から導入。このほかB型(1981年〜)、C型(2000年〜)の3種類がある　提供/岩滝雅人

　Sバーン地下線として建設し、この路線とネットワークを構成するUバーン路線を建設する骨子がまとめられた。
　1972年開催のオリンピックを目指して

1965年に建設が始まり、1971年10月にU6号線のKieferngarten〜Goetheplatz間が最初に開通、続いて1972年5月、U3号線のMünchner Freiheit 〜 Olympia-zentrum(オリンピックセンター) 間が開通し、本格的Uバーンが運行されるドイツで3番目の都市となった。これと同時期に当時のドイツ連邦鉄道が運営する市内Sバーン東西地下線も開業し、ミュンヘンが地下鉄網の充実した都市に発展する出発点となった。地下鉄路線のうち、U1とU2、U3とU6、U4とU5 号線は、都心部でそれぞれ同一線路を共用している。なお、U7とU8 号線は、混雑時のみ他路線上をまたいで運行する系統である。地上区間はU5、U6号線の一部区間のみ存在する。また同じ時期に開業したニュルンベルク地下鉄と車両規格が同じため、オリンピック輸送等のイベント時に、2008年まで相互に車両の貸し借りがたびたび行われた。
　地下鉄を運営するMVG は、ミュンヘン市が100%の株式を保有する会社で、他に路面電車やバスも運営しており、連邦政府、州、市からも多額の補助を拠出している。1971年以降、MVG はミュンヘン市とその周辺地域の交通事業者と共に、ミュンヘン運輸・運賃連合(MVV)

を結成し、共通運賃・共通乗車券制度を採用している。
　全線で自動制御によるワンマン運転を実施しているが、ホームドアは設けられておらず、監視カメラにより制御室から監視している。
　新規路線の開業は2010年で一段落しているが、U5、U6号線を西方へ延伸する準備が進められている。

運賃/ゾーン制 (3.3ユーロ〜、MVV域内共通運賃)　**乗車券**/区間券、フリーパス(1・3日)等　**旅客案内**/ドイツ語　**その他**/①犬を連れて乗車できるが2匹目からは子供料金と同額の犬券が必要②閑散時には自転車を乗せることができる　<大島正規>

人口	145万 (2016)
時差	−8(S.T −7)
為替	1ユーロ=122.93円

開通年	1971年10月
営業キロ	94.2km
路線数	6
駅数	96
運行時間	4:30〜1:30
運賃制度	ゾーン制
輸送人員	113万人/日 (2018)
軌間	1435mm
電気方式	直流 750V
集電方式	第三軌条
運転保安	ATC
最小運転間隔	2分30秒
列車運転線路	右側
導入車両	ADtranz、Siemens

Frankfurt am Main

フランクフルト
ドイツ

ライトレールから地下鉄へ

　フランクフルト市の地下鉄は、国内の同規模の都市と同様に、シュタットバーンと呼ばれるライトレールの路線網の一部を地下化したものである。他都市と同様に、相当程度地下化の進んだ路線が「地下鉄(Uバーン)」と名付けられ、市の中心部では地下区間を走行し、郊外部では専用軌道を走行する地上の路線となっている。

　地下鉄を運行するVGF(フランクフルト市交通公社)は、1996年にそれまでの市営公共事業会社を改組した有限会社で、路面電車とバスも運行している。VGFを含むフランクフルト市周辺の公共交通事業者は、1994年以降、ライン・マイン運輸連合 (Rhein-Main Verkehrsverbund: RMV) を結成し、共通運賃制度を運用している。なお、RMVの加入者は、フランクフルト市、マインツ市等27の自治体で、そのカバーする面積は約2万㎢、対象人口は約670万人に及んでいる。

　フランクフルトUバーンの地下区間は1968年に現在のU1号線のHauptwache ～ Dornbusch間が開通したのに始まり、現在ではA～D線の4路線の地下区間にU1～U9号線までの9系統が運転されている。地上区間を含む路線延長は

65kmとなる。これらの路線は当初、シュタットバーンとして路面電車の一部区間を地下化したものだったが、最初から広幅車体の高床ホーム専用車両が導入される等、本格的な地下鉄に近いものとなっていた。また、路面区間および高床ホーム両方に対応できるように、路面電車に車幅調節を兼ねたステップを取り付けた車両も併用されていた。現在はUバーン運転区間全駅が高床ホーム化されたので、ほとんどが高床車に置き換えられている。

　さらにSバーンと地下鉄との接続利便性向上のため、1980年代から90年代にかけて、市中心部のHauptwache ～ Konstablerwache間にSバーンと地下鉄の共用トンネル(複々線)が建設され、両駅での相互乗換が可能となった。郊外への運転区間も拡大され、A線を走行するU2・U3号線は、フランクフルトの市境を越えて近郊都市まで直通している。

　市中心部での地下路線建設はほぼ終

地上には荘厳なDBの中央駅があり、LRTの結節点でもある5号線の Hauptbahnhof駅
提供／篠田憲幸

了しているが、Hauptbahnhof(中央駅)から西部の貨物操車場跡で再開発が進められているEuropaviertel地区への新線が2024年完成を目途に建設中で、この新線の一部区間は地下路線となる。

運賃／ゾーン制(2.75ユーロ～、RMV域内交通機関共通) **乗車券**／普通乗車券、オフピーク時割引券、1日乗車券等 **旅客案内**／ドイツ語 **その他**／平日の閑散時と休日には絵文字で示された車両に自転車を持ち込むことができる　＜大島正規＞

VGF **Stadtwerke Verkehrsgesellschaft Frankfurt am Main mbH**(VGF)
https://www.vgf-ffm.de

❶地上	U1号線		❺地上	U5号線(建設中)		❽地上	U8号線
❷地上	U2号線		❻地上	U6号線		❾地上	U9号線
❸地上	U3号線		❼地上	U7号線			S-Bahn
❹地上	U4号線						DB-Railways

人口　73万 (2016)
時差　-8(S.T -7)
為替　1ユーロ=122.93円

開通年	1968年10月
営業キロ	64.9km
路線数	9*
駅数	84
運行時間	4:30～1:30
運賃制度	ゾーン制
輸送人員	39万人/日 (2018)
軌間	1435mm
電気方式	直流600V
集電方式	架空線
運転保安	自動閉塞式
最小運転間隔	2分30秒
列車運転線路	右側
導入車両	Siemens、Bombardier

＊　3路線9ルートによる運行

Madrid

マドリード
スペイン

Metro de Madrid S.A.
https://www.metromadrid.es

1	1号線
2	2号線
3	3号線
4	4号線
5	5号線
6	6号線（Circular）
7	7号線
8	8号線
9	9号線
10	10号線
11	11号線
R	R線
S	MetroSur（12号線）

Metro Ligero（LRT）
RENFE（スペイン国鉄）

Madrid /Spain

全長 1.1kmのR線
マドリード地下鉄には、2・5号線のÓpera
駅と6・10号線のPríncipe Pío駅間を「R線」
という連絡線電車が走っている。同線は2
号線の支線で、2駅1.1kmという短距離で
あるが複線で、両駅間を4両編成の電車が
5分間隔ほどで1日中往復している。連絡通
路の代わりの2分ばかりの連絡線であるが、
便利なため利用者は非常に多い。

地下鉄開業100周年を記念してChamartín駅に展示されている電車
提供／秋山芳弘

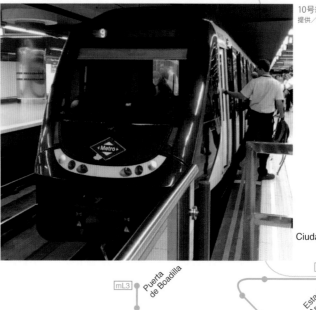

10号線 Tres Olivos 駅
提供／篠田憲幸

マンサナレス川

Pitis
Arroyofresno
Lacoma
Avenida de la Ilustración
Peñagrande
Antonio Machado
Valdezarza
Francos Rodríguez
Guzmán el Bueno
Vicente Aleixandre
Ciudad Universitaria
Islas Filipinas
Moncloa
Argüelles
Ventura Rodríguez
Plaza de España
Príncipe Pío
Puerta del Ángel
Lago
Alto de Extremadura
Lucero
Batán
Laguna
Casa de Campo
Carpetana
Campamento
Empalme
Aluche
Eugenia de Montijo
Carabanchel
Vista Alegre
La Fortuna
La Peseta
Carabanchel Alto
El Casar
San Francisco
Villaverde Alto
San Cristóbal

mL2
mL3
Puerta de Boadilla
Estación de Aravaca

Universidad Rey Juan Carlos
Parque Oeste
Alcorcón Central
Pradillo
Móstoles Central
Parque Lisboa
Joaquín Vilumbrales
Cuatro Vientos
Aviación Española
Colonia Jardín
mL2
mL3

Hospital de Móstoles
Manuela Malasaña
Loranca
Hospital de Fuenlabrada
Parque Europa
Fuenlabrada Central
Parque de los Estados
Arroyo Culebro
Conservatorio
Alonso de Mendoza
Getafe Central
Juan de la Cierva

MetroSur

Puerta del Sur
San Nicasio
Leganés Central
Hospital Severo Ochoa
Casa del Reloj
Julián Besteiro
Los Espartales
El Carrascal
El Bercial

Madrid /Spain

人口 319万 (2013)
時差 −8 (S.T −7)
為替 1ユーロ=122.93円

開通年　1919年10月
営業キロ　294km
路線数　13
駅数　242（1〜12号線）
運行時間　6:05〜2:00
運賃制度　ゾーン制
輸送人員　186万人/日 (2019)
軌間　1445mm
電気方式　直流 600/1500V
集電方式　架空線
運転保安　CBTC
最小運転間隔　2分
列車運転線路　左側
導入車両　CAF、AnsaldoBreda（Hitachi Rail）

マドリード国際空港駅
8号線のマドリード国際空港駅（Aeropuerto駅）は、地下鉄の駅としては非常に豪華で壮大なものである。スペインにはEUからの資金が、空港や都市交通、高速鉄道関係にかなり投じられているとのことで、この駅もその予算で建設された。

広い空間を使った Chamartín 駅の連絡通路。地下鉄1・10号線と Renfe の Chamartín 駅、郊外路線バスターミナルとの結節点となっている　提供／野口信之

Madrid

剛体架線の設置例　提供／野口信之

100周年を迎えた地下鉄

マドリードの地下鉄は、マドリード自治州の公営企業である　Metro de Madrid S.A.（MMSA）によって運営されている。↙

車体幅2.3mの小型車が走る1号線（Sol駅）　提供／三浦一幹

1919年10月、スペインでも最初となるマドリード地下鉄1号線が、Cuatro Caminos～Puerta del Sol（現Sol）間3.48kmで開通した。これには当時のスペイン国王であったアルフォンソ13世が多大な貢献をしており、自らも資金を投じて設立したアルフォンソ13世メトロポリターノ会社が2年半の工期で完成させた。マドリード地下鉄は、この1号線開通以来100年の節目を迎え、ヨーロッパ有数の地下鉄ネットワークに発展している。

マドリード地下鉄は他の全ての交通手段に反して、現在も左側運転となっているが、その理由は1号線が建設された当時は地上交通が左側通行で、そのルールが踏襲されたことによる。地上が右側通行に変更されたのは1924年で、地下鉄の運行方向を変更するのは経費的に非現実的と判断され、その後の路線建設に決定的な影響を与えることになった。

1号線の建設は計画段階では疑問視されていたが、開通後は市民に広く受け入れられ、僅か2年後にはSolからAtocha駅まで延伸されている。その後も1号線の両方向への延伸や2～4号線が相次いで建設されていった。

1975年11月、独裁体制が終焉し、スペインは立憲君主制による民主国家として新たな歩みを開始した。その一環として地方自治州制度が導入されたことにより、マドリード自治州内の公共交通全般を運営・調整する目的でマドリード地域運輸連合（CRTM）が1986年12月に創設され、地下鉄をはじめ国鉄近郊鉄道（Renfe Cercanías）を含む全ての公共交通機関がこれに参画している。

1995～99年計画では市内とバラハス国際空港を結ぶ8号線、南に位置するレガネス市に至る11号線の建設や9号線の延伸を通して、マドリード地下鉄の路線網は周辺8市に拡大していった。

続く5カ年計画では、南西部の5つの市を環状につなぐメトロ・スル（南線）と呼ばれる12号線が建設され、市内の環状6号線と合わせ、2つの環状線を持つ世界的にも稀有な地下鉄網が構築された。

最大規模の拡張が行われたのは2003～07年で、10号線がメトロ・ノルテ（北線）と呼ばれる北方面に、7号線がメトロ・エステ（東線）と呼ばれる東方面にそれぞれ延伸されるとともに、ライトメトロ（Metro Ligero）3路線が開業している。

その後も2、9、11号線の延伸や新駅の建設に加え、2、4号線、R線の線路改修工事を完工している。

積極的な郊外への延伸の結果、料金体系もA・B1・B2・B3のゾーン制となり、北線・東線・9号線（TFM）及び南線との境界駅では同一ホームでの改札と車両の乗り換えが必要である。乗車券は紙切符が廃止され、CRTMの共通プリペイド式ICカードが導入されている。

マドリード地下鉄はバリアフリー化、CTCBによる運行管理から乗客への情報発信を含む一括集中管理、剛体架線化、AI技術を使った空調管理、再生可能エネルギーの積極導入等を通して、利便性・安全性・経済性の向上を図り、環境保全の側面でも様々な発展を遂げている。

運賃／ゾーン制（1.5ユーロ～）　乗車券／普通乗車券、地下鉄バス共通10回券、フリーパス等　旅客案内／案内表示・車内放送ともスペイン語。多言語表示機能付自動券売機がある

<野口信之>

デザインが美しいサイン表示
マドリード地下鉄の駅構内の乗客への案内表示は、どの駅もデザインが非常に美しい。ホームへの誘導、路線の駅名表示、自動券売機の装飾など、さすがはスペインと感心させられる。

バラハス国際空港と都心を結ぶ8号線を走るCAFの8400型電車（Colombia駅）　提供／秋山芳弘

Barcelona

バルセロナ
スペイン

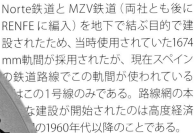

rts Metropolitans
lona（TMB）
tmb.cat/

Norte鉄道とMZV鉄道（両社とも後に
RENFEに編入）を地下で結ぶ目的で建
設されたため、当時使用されていた1674
mm軌間が採用されたが、現在スペイン
の鉄道路線でこの軌間が使われている
はこの1号線のみである。路線網の本
な建設が開始されたのは高度経済
の1960年代以降のことである。
FGCの6〜8号線は都心と近
在来線の都心部が地下鉄網に
れたもので、8号線は国営狭
E）から譲渡された経緯から
ージとなっている。FGCの12
年に開通した僅か0.6kmの
る。
線は4号線の延伸線であり
どが単線で、2両編成のラ
両が走行しており、2009年
線に次いでスペインで2番
運転化を実現している。
　9号線と10号線は、
2009年と2010年に一部
が開通しており、いずれ
開通当初より完全自動
運転システムが採用され
ている。この両線はバル
セロナ市と周辺5市を結
ぶ準環状線を目標として
おり、9号南線は2016年
にプラッツ国際空港まで
延伸された。

人口	161万（2013）
時差	−8（S.T −7）
為替	1ユーロ=122.93円

開通年	**1924年12月**
営業キロ	**166km**
路線数	**12**
駅数	**154**
運行時間	**5:00〜24:00**（土曜日は終夜運転）
運賃制度	**ゾーン制**
輸送人員	**112万人/日**（2018）
軌間	**1674mm**（1号線）**1435mm**（2〜7・9〜11号線） **1000mm**（8号線）
電気方式	**直流1500V**（1・6〜8号線） **直流1200V**（2〜5・9〜11号線）
集電方式	**架空線**
運転保安	**ATP/ATO、ATC-S**（9・10号線）
最小運転間隔	**2分30秒**
列車運転線路	**右側**
導入車両	**CAF、Alstom**

運賃／ゾーン制（同一ゾーン内1回券2.4
ユーロ：地下鉄・バス共通。相互の乗り
換えは不可）**乗車券**／ Bitllet senzill（1回
券）、T-usual（30日間無制限）、T-casual
（10回券）等**旅客案内**／スペイン語及び
カタルーニャ語　＜野口信之＞

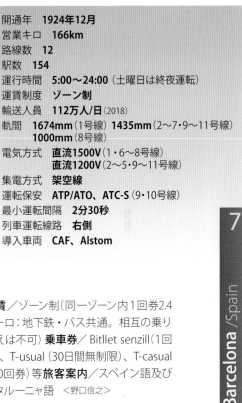

2号線の Sagrada Família 駅に停車する Alstom製9000型電車　提供／秋山芳弘

年グラン・メトロポリターノ社による現在
の3号線の Catalunya 〜 Lesseps 間（軌
間1435mm）であった。その後、1929年
開催のバルセロナ万国博に合わせ、メト
ロ・トランスベルサルの名称で現在の1
号線のCatalunya〜Bordeta（現在の
Espanya）間が開業した。
　このトランスベルサル線は既存の

- **1** 1号線
- 地上 （計画線）
- **2** 2号線
- **3** 3号線 （計画線）
- **4** 4号線 （計画線）
- 地上 **5** 5号線
- **6** 6号線（カタルーニャ鉄道）
- **7** 7号線（カタルーニャ鉄道）
- 地上 **8** 8号線（カタルーニャ鉄道）
- **9** 9号線 （建設中）
- 地上 **10** 10号線 （建設中）
- **11** 11号線（Light Metro）
- **12** 12号線
- —— RENFE（スペイン国鉄）
- —— カタルーニャ鉄道
- —— トラム
- **W** 世界遺産　1 アントニ・ガウディの作品群　2 バルセロナのカタルーニャ音楽堂と サン・パウ病院

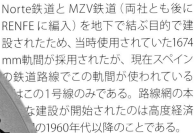

Lisbon

リスボン
ポルトガル

ユニークな路線愛称とシンボルマーク

リスボン首都圏会社 (Metropolitano de Lisboa)は、リスボン市の地下鉄建設を目的として1948年1月に設立された。建設工事は1955年8月に開始され、1959年12月に最初の区間、かもめ (Gaivota)線の Restauradores ～ Jardim Zoológico (旧 Sete Rios)間及び途中の Marquês de Pombal (旧 Rotunda)駅から分岐して Entre Campos 駅に至る Y 字形の6.5kmが開通した。

1972年には Restauradores 駅から Alvalade 駅に至る支線 (現在の帆船 (Caravela)線の一部)が開業したが、以後15年間は延伸や新駅の開業等はなく、プラットホームの延長工事 (6両編成に対応)に力が注がれた。

その後 1988年になって、かもめ線及び同線から分離されたひまわり (Girassol)線の延伸、さらに 1993年には ひまわり線とかもめ線の支線がそれぞれ延伸して Campo Grande 駅で結節し、路線図上では環状 (6の字状)となった。

1998年4月にはかもめ線が再度分割されて Cais do Sodré ～ Campo Grande 間が帆船線となり、同年5月には、リスボンで開催された万博 (EXPO 98)のための足として、東方 (Oriente)線が開業した。同線は、市の東部郊外の発展のために重要な路線と位置づけられている。

2004年3月、ひまわり線は北方の Odivelas まで延伸され、初めてリスボン市外に延伸された。引き続き2007年にはかもめ線が南側に、2009年8月には東方線が西側へかもめ線の São Sebastião まで延伸し、東方線は他の3路線すべてと結節し、2012年には Aeroporto までに延伸された。かもめ線はその後2016年にも東側へ1駅延伸し、ポルトガル鉄道と結節している。現在、東方線及び帆船線の延伸がそれぞれ計画されている。

なお、特徴的な路線名とシンボルマークは、1995年の Marquês de Pombal 駅の改造に合わせて名付けられたもので、かもめ線は青、ひまわり線は黄色のシンボルカラーも定められた。

運賃／1.5ユーロ～。4ゾーン制で、地下鉄は郊外の5駅を除きすべてLゾーン　乗車券／1回券、1日乗車券、Lisboa Viva カード、7 Colinas (7つの丘)カード等　旅客案内／ポルトガル語　その他／混雑時以外は自転車を持ち込むことができる　<阿部豊>

Caravels line を走る車両(Campo Grande 駅)　提供／望月健人

Metropolitano de Lisboa, E.P.E. (ML)
https://www.metrolisboa.pt

駅の壁面を飾る芸術作品
リスボンの地下鉄は、各駅の壁面を世界各国の芸術家の壁面作品で飾ることを長い間続けている。D線の Oriente 駅にはアーチスト草間弥生さんの作品が飾られており、全駅の作品を紹介するパンフレットの表紙を飾ったこともある。また、東京メトロ東西線の日本橋駅構内には、友好親善の証としてリスボンから贈呈された壁画が飾られている。

- G Gaivota (Blue) Line (かもめ線)
- 地上 G Girassol (Yellow) Line (ひまわり線) (計画線)
- 地上 C Caravela (Green) Line (帆船線) (計画線)
- 地上 O Oriente (Red) Line (東方線) (計画線)
- CP (ポルトガル鉄道)

人口 51万 (2015)
時差 −9 (S.T −8)
為替 1ユーロ=122.93円

開通年　1959年12月
営業キロ　44.5km
路線数　4
駅数　56
運行時間　6:30～1:00
運賃制度　ゾーン制
輸送人員　42万人/日 (2016)
軌間　1435mm
電気方式　直流750V
集電方式　第三軌条
運転保安　ATC/ 自動閉塞式
最小運転間隔　3分35秒
列車運転線路　右側
導入車両　Sorefame、Alstom Bombardier

74

Lisbon /Portugal

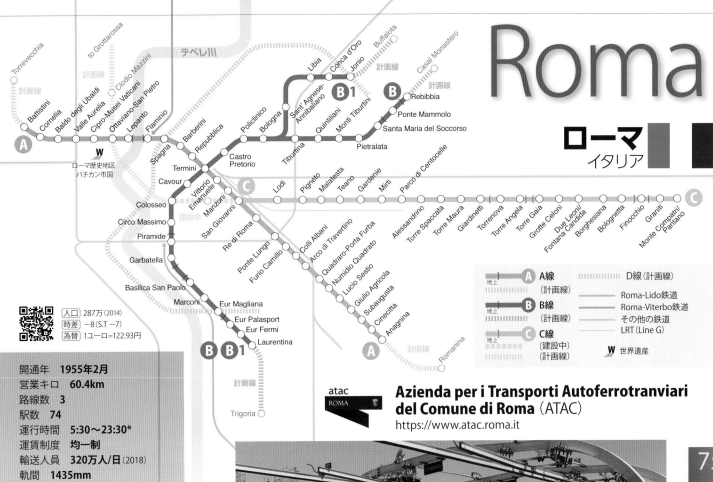

Roma

ローマ
イタリア

人口 287万 (2014)
時差 −8 (S.T −7)
為替 1ユーロ＝122.93円

開通年	1955年2月
営業キロ	60.4km
路線数	3
駅数	74
運行時間	5:30～23:30*
運賃制度	均一制
輸送人員	320万人／日 (2018)
軌間	1435mm
電気方式	直流 1500V
集電方式	架空線 (A・B線) 軽量剛体電車線 (C線)
運転保安	ATP 自動閉塞式 (A・B線) ATS/ATP/ATO (GoA4 完全自動運転) (C線)
最小運転間隔	3分30秒
列車運転線路	左側
導入車両	AnsaldoBreda (Hitachi Rail)

* 金曜日と土曜日は 1:30

遺跡との奮闘、ようやく3線に

ローマ市はイタリア第1の都市であるが、遺跡が多く、地下鉄建設が進んでいない状況にある。現在、地下鉄3路線（A・B・C線）60.4km74駅714両で、近郊線3路線（102km/29km（1435mm）、9km（950mm）と合わせて212kmの路線網を形成している。

地下鉄の建設は、第2次世界大戦前のムッソリーニ政権時代に着工したが、最初の開通は1955年に市の中心部から南部に向かうB線 (Termini ～ Laurentina) 11.0kmと比較的新しい。

ローマの地下鉄建設は、戦争と戦後の混乱とともに、工事中に多くの遺跡が発見され、その扱いに手間どったことなどから工期が長引いており、その後の建設スピードも遅い。市を東西に結ぶA線の開業は1980年の Ottaviano～Anagnina 間14.5kmから徐々に進められ、2000年に完成した。

B線はその後、1990年12月に Termini 駅から北東部の Rebibbia 駅、南部の Laurentina 駅まで延伸、2012年7月に Bologna 駅からの分岐線（B1線：3駅 3.9km）が開業し、2015年4月に Jonio 駅まで1.5kmが開通した。

一方、新しく計画されたC線は、バチカン北部からローマ中心部を抜け東部の Monte Compatri/Pantano へ至る25.5km30駅の路線で計画され、2014年11月に東部地区の Parco di Centocelle ～Monte Compatri/Pantano 間12.5km15駅を近郊線に置き換わる形で開通した。このC線は、ミラノ地下鉄M5号線と同じ方式の完全自動運転を行っている。現在A・B線との接続に向けて都心部を延伸工事中であり、2015年6月に都心方面へLodi駅までの6駅が開業し、2018年にはA線の San Giovanni 駅まで接続した。あと2駅延伸（2020年9月予定）すれば Colosseo でB線とも接続する。なお、このC線の給電方式は、地下はもちろんであるが、地上も維持管理改善のために軽量剛体電車線方式が採用されている。

将来の構想として、各線とも郊外北方面への延伸計画がある。また、B線と並行して市を南北に結ぶD線の計画があるが、財政的な事情から着工のめどは立っていない。

運賃／1.5ユーロ均一　**乗車券**／普通乗車券、1日乗車券、1週間券、1か月定期券、ICカード等　**旅客案内**／地下鉄入口にはMの標識がありわかりやすい。駅構内の案内表示はイタリア語 ＜磯部栄介＞

atac ROMA

Azienda per i Transporti Autoferrotranviari del Comune di Roma (ATAC)
https://www.atac.roma.it

C線は最新の完全自動運転路線、地下地上とも軽量剛体電車線から給電（Topics7 参照）　提供／ATAC

A線 Termini 駅　提供／矢崎康雄

Milano

■ ミラノ
イタリア

M5号線の完全自動運転車両　提供／磯部栄介

M3号線 Centrale F.S.（ミラノ中央）駅　提供／磯部栄介

Milano /Italy

完全自動運転で新線建設

20世紀に入り自動車産業が発達してきたころ、ミラノ市内中心部の交通量は徐々に増加し、交通渋滞が深刻な社会問題となった。これを解決する唯一の手段として計画されたのが地下鉄であった。まず1925年に7路線の基本草案が出されたが、建設費用とそれに見合う需要が見込まれないことから計画は中断、第2次世界大戦を挟んで1955年に入り、ようやく現在の路線となる基本計画がまとまった。

1964年、市の西部から中心部を抜け、北部郊外に至る1号線 Lotto ～ Sesto Marelli 間12.3kmが開業、その後順次延伸され、北西方向の Rho Fiera milano 及び Bisceglie から北の Monza Bettola 間を結び、さらに北の Cinisello へ1.9km延伸した。この路線は直流750V第三軌条/第四軌条方式を採用、保守工場への入出場で他路線の直流1500V区間を通るための切替回路とパンタグラフを屋根上に設置している。

2号線は1969年 Caiazzo ～ Cascina Gobba 間が開業し、翌年には西のミラノ中央駅まで1駅延伸、1972年には郊外への路面電車路線を転用して東側の Gorgonzola 間まで延伸、Gorgonzola にあった路面電車の車庫は2号線用に転用された。その後順次延伸され、南の Assago 及び分岐線の Abbiategrasso から北東方面の Cologno Nord 及び Gessate までを結んでいる。2号線は唯一地上区間を走行する路線で直流1500V架空線方式である。

3号線は、1990年に南東部郊外の San Donato から市の中心、大聖堂やミラノ中央駅を通り、北部の住宅地 Maciachini まで開通した。その後順次延伸され、北部の Comasina から南東部の San Donato 間を結んでいる。2号線と同じ直流1500V架空線方式である。

5号線が先にドライバレス運転方式で建設され、2015年に12.6km19駅が開業し、現在は北の Bignami Parco Nord から市の中心部を通り、西部のサッカー場がある San Siro Stadio を結んでいる。

4号線は5号線と同じ方式で東部のリナーテ空港から西部の San Cristoforo まで計画され、1号線の San Babila までの12.5km21駅が2022年の開業を目指し建設中である。6号線は、ミラノ市の北西から南東への路線を計画している。

運賃／ゾーン制（2ユーロ～）　乗車券／普通乗車券、4回券、10回券、1日(24時間)、2日(48時間)、3日(72時間)、1週間、1か月乗車券等　旅客案内／イタリア語。路線毎にラインカラー(1号線レッド、2号線グリーン、3号線イエロー、5号線パープル)で表示　＜磯部栄介＞

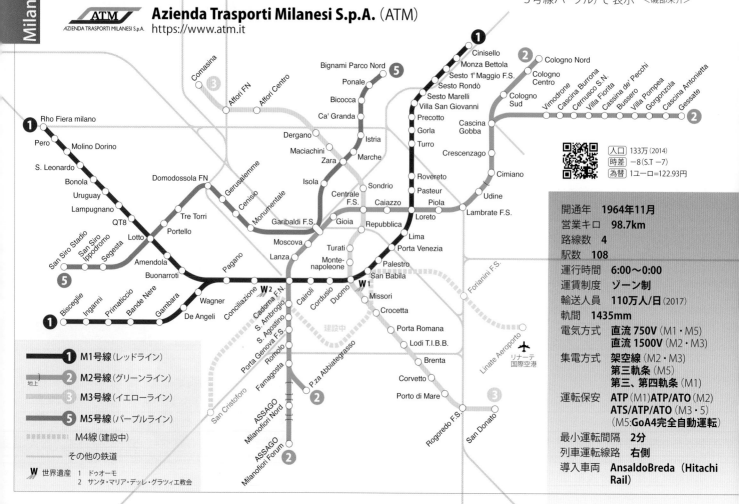

Azienda Trasporti Milanesi S.p.A. (ATM)
https://www.atm.it

人口 133万 (2014)
時差 −8(S.T −7)
為替 1ユーロ=122.93円

開通年	1964年11月
営業キロ	98.7km
路線数	4
駅数	108
運行時間	6:00～0:00
運賃制度	ゾーン制
輸送人員	110万人/日 (2017)
軌間	1435mm
電気方式	直流 750V (M1・M5) 直流 1500V (M2・M3)
集電方式	架空線 (M2・M3) 第三軌条 (M5) 第三、第四軌条 (M1)
運転保安	ATP (M1) ATP/ATO (M2) ATS/ATP/ATO (M3・5) (M5:GoA4完全自動運転)
最小運転間隔	2分
列車運転線路	右側
導入車両	AnsaldoBreda (Hitachi Rail)

● ━━ 1 M1号線（レッドライン）
● ━━ 2 M2号線（グリーンライン）
● ━━ 3 M3号線（イエローライン）
● ━━ 5 M5号線（パープルライン）
・・・・・ M4線（建設中）
━━ その他の鉄道

W 世界遺産　1 ドゥオーモ
2 サンタ・マリア・デッレ・グラツィエ教会

2ドア連接車 M4系車両の新塗装＋旧塗装（50号線 Sloterdijk 駅）提供／岡崎利生

Amsterdam

アムステルダム
オランダ

GVB Gemeenteverierbedrijf (GVB)
https://www.gvb.nl

人口	82万 (2015)
時差	−8 (S.T −7)
為替	1ユーロ=122.93円

開通年	1977年10月
営業キロ	42.7km
路線数	5
駅数	39
運行時間	6:00〜0:30
運賃制度	距離制
輸送人員	31万人/日 (2019)
軌間	1435mm
電気方式	直流 750V
集電方式	第三軌条
運転保安	ATP
最小運転間隔	3分45秒
列車運転線路	右側
導入車両	Alstom、CAF、La Brugeoise et Nivelles

50 50号線 (Ringlijn)
51 51号線 (Amstelveenlijn)
52 52号線 (north-south metro)
53 53号線 (Gaasperplaslijn)
54 54号線 (Geinlijn)
NS (オランダ鉄道)

W 世界遺産 1 アムステルダムの防衛線
2 シンゲル運河内の17世紀の環状運河地区

快速トラムとの混合ネットワークから脱却

アムステルダムの地下鉄は、地下鉄のほかトラム、バス、フェリー等を運営する市営交通会社(Gemeentevervoerbedrijf Amsterdam :GVB)によって運営されており、最初の開通は1977年、53号線のWeesperplein 〜 Gaasperplas 及び54系統の Van der Madeweg 〜 Holendrecht 間であった。

1997年5月には50号線の Isolatorweg 〜 Station Zuid/WTC(現 Zuid)間11.0kmが開通し、市の東南部及び Gein 駅から走る西側の環状の一部が形成された。2018年7月には大部分が地下区間となる生粋の地下鉄路線として Noord から Zuid に至る52号線(南北線)が開業した。それに続き2019年に Zuid 〜 Westwijk 間の快速トラム線(旧51号線)が地下鉄への乗り入れを廃止し、独立した地下鉄ネットワークが完成した。

Centraal Station (アムステルダム中央駅)を起点とする3路線は、アムステル川沿いに地下を走り、Amstelstation 駅で高架線となり郊外に出る。各路線の90%以上は地上を走る。地下鉄はどちらかといえば都心と郊外の住宅地とを

4ドア6両貫通ボギー新型車両の新塗装（50号線 Sloterdijk 駅）提供／岡崎利生

結ぶ役割を果たしており、市中心部ではトラムが主役となっている。

運賃／0.98ユーロ〜(1kmごとに0.17ユーロ加算)、4歳未満は無料、11歳未満と65歳以上は0.65ユーロ〜(1kmごとに0.11ユーロ加算) **乗車券**／OVチップカード(使い切りカード、記名式と無記名式カード)、1時間カード、1〜7日間カード等 **旅客案内**／オランダ語 **その他**／通勤時間帯(平日7時〜9時、16時〜18時30分)以外は自転車の持ち込みができる(1.8ユーロ) <阿部豊>

■■ ブリュッセル
ベルギー

トラムから地下鉄へ変身中

ブリュッセル市域内の公共交通網は、ブリュッセル首都圏交通 (STIB-MIVB) により、地下鉄、路面電車、プレメトロ (路面電車を地下化したもの)、バスが運営されている。

地下鉄は1965年に建設が開始されたが、地下鉄の開業に先立つ1969年12月に1号線の Schuman ～ De Brouckère 間、1970年には2号線の Porte de Namur ～ Madou 間でプレメトロが開業を果たしている。

一方、地下鉄は、1976年9月に De Brouckère ～ Beaulieu 及び Tomberg 間で営業を開始し、2路線の共通区間は路面電車に似たプレメトロとして運行が始まったが、後に本格的な地下鉄に転換され、地下鉄として営業されるようになった。

2006年9月に2号線の延伸区間が開通し、その後2009年4月の Delacroix ～ Weststation/Gare de l'Ouest 間の開業により、念願であった環状線が完成した。これを機に大幅な路線の再編成が行われ、従来の1A線、1B線、3号線が

なくなり、5・6号線が加わって、営業路線数は、1・2・5・6の4路線となった。

現在あるプレメトロ路線 (Gare du Nord～Albert間及びDiamant～Boileau間) は、将来的には地下鉄に転換する目的で建設が進められたため、地下鉄規格のトンネル内を路面電車が走行する形をとっている。Gare du Nord ～ Albert 間は、北にある Bordet への延伸と同時に地下鉄への転換を行い、2024年に3号線として開業する予定となっている。その後、南にある Uccle Calevoet までの区間もトラムから地下鉄へ転換する。

運賃／2.1ユーロ (市内交通機関共通：1時間有効)、7.5ユーロ (24時間券)、14ユーロ (48時間券)、18ユーロ (72時間券) 乗車券／普通乗車券、回数券 (5回/10回)、1日乗車券等 旅客案内／ワロン語 (フランス語) 及びフラマン語 (オランダ語)。国内に言語境界線が設定されている中、2言語併用地域とされる首都ブリュッセルでは公告や公示の運用などに両言語平等の政策がとられており、駅名や標識等の案内表示も並記の方針が徹底されている ＜阿部豊＞

市街東部郊外と都心を結ぶ1号線を走行する ACEC製タイプ M1型車両　提供／後藤文男

Société des Transports Intercommunaux de Bruxelles (STIB)
Maatschappij voor het Intercommunaal Vervoer te Brussel (MIVB)
http://www.stib-mivb.be

人口　116万 (2014)
時差　−8 (S.T −7)
為替　1ユーロ＝122.93円

開通年	**1976年9月**
営業キロ	**55.7km**[*1]
路線数	**4**
駅数	**69**
運行時間	**5:00～1:00**
運賃制度	**均一制**
輸送人員	**40万人/日** (2018)
軌間	**1435mm**
電気方式	**直流900V** （プレメトロ：直流750V）
集電方式	**第三軌条**
運転保安	**自動閉塞式**
最小運転間隔	**7分**
列車運転線路	**右側**
導入車両	**ACEC、CAF、Alstom La Brugeoise et Nivelles Bombardier**

*1　プレメトロ区間を除き 39.9km

78
Bruxelles/Brussel /Belgium

ブリュッセル空港

地上 ①	1号線
地上 ②	2号線
地上 ⑤	5号線
地上 ⑥	6号線
	Prémétro Tram (プレメトロ)
	メトロ転換予定線 (トラム51・55)
	トラム (3・4・7・8・9のみ)
	SNCB (ベルギー国鉄)

W 世界遺産
1　ブリュッセルのグラン＝プラス
2　ヴィクトル・オルタによる主な邸宅群
3　ストックレー邸

Wien

ウィーン
オーストリア

2000年から導入のタイプ V 車両。2020年からは完全自動運転対応のタイプ X が登場予定　提供／岩滝雅人

華麗な駅舎のデザイン
19 世紀末に建設された駅舎の中には、ユーゲントシュティール様式にのっとったデザインで高名なものが多く見られる。また、Karlsplatz 駅には、蒸気動力のシュタットバーン時代に建てられた古い駅舎が保存されている

Wiener Linien GmbH & Co. KG
https://www.wienerlinien.at/eportal3/

凡例	
① U1号線	
② U2号線 (計画線)	
③ U3号線	
④ U4号線	
⑥ U6号線	
U5号線 (計画線)	
ÖBB (連邦鉄道) S バーン/R バーン	
バーデンバーン (LRT)	
Ⓦ 世界遺産　1　シェーンブルン宮殿と庭園群 2　ウィーン歴史地区	

Wien /Austria

人口	184万 (2016)
時差	−8 (S.T −7)
為替	1ユーロ=122.93円

開通年	1978年2月
営業キロ	83.1km
路線数	5
駅数	98
運行時間	5:00〜0:30
運賃制度	均一制
輸送人員	127万人/日 (2018)
軌間	1435mm
電気方式	直流750V
集電方式	第三軌条 / 架空線
運転保安	ATC
最小運転間隔	2分
列車運転線路	右側
導入車両	Siemens

新線での自動運転を計画中

　ウィーンの地下鉄網の基礎は、1898年に都市間幹線鉄道路線とウィーン市内とを結ぶために建設された3本の蒸気鉄道路線にある。これらの路線は1925年に電化され、今日ではその内の2本がU4号線とU6号線に、残る1本は S バーン（旧国鉄であるオーストリア連邦鉄道が運行）に置き換えられている。

　地下鉄を運行する Wiener Linien は、ウィーン市が所有する有限会社で、ライトレール、路面電車並びにバス路線も運営している。Wiener Linien を含むウィーン市周辺の公共交通事業者は、東地区運輸連合（Verkehrsverbund Ost-Region GmbH: VOR）を結成し、1984年以降、共通運賃制度を運用している。

　1966年、当時の市内交通状況に対処するため、3本の地下鉄路線（U1、U2、U4号線）の建設が決定され、1969年に建設が開始された。地下鉄の運行については、ワンマン運転が採用されることとなったため、現在のU4号線の一部区間を使って1976年5月から試験運転が開始されたが、その際に導入されたU系

の車両は、現在使用されている主要な車両の原型となっている。

　地下鉄の最初の公式開通区間は、1978年2月、新しく建設されたU1号線の Reumannplatz 〜 Karlsplatz 間であるが、U4号線も同年8月に Karlsplatz 駅まで延伸されU1号線と連結した。

　1980年にはU2号線の一部区間が、1989年にはU6号線の一部が開業するなど路線網の拡張が進み、今日では市中心部の路面電車（多くの地下区間を有する）、バス、S バーン等とともに充実したネットワークを構成している。なお、かつてG線と呼ばれ、路面電車車両により運行されていた U6号線には、現在、ライトレール車両が走行している。

　その後、2013年10月には U2 号線が Seestadt 駅まで開業した。また、東北方向へ Leopoldau（S バーン乗換駅）までの延伸が2006年12月に完成したU1号線は、2017年9月には南方の Oberlaa までの4.6kmが延伸開業した。

　2015年6月 Wiener Linien は、2024年開業予定のU5号線を無人自走運転で建設することを発表した。最初の開業区間となる Karlsplatz 〜 Altes AKH 間と、相互直通運転するU2号線の Karlsplatz 〜 Rathaus 間（将来的に同区間はU5号

線となり、U2号線は Rathaus 駅から南方へ新線を建設する構想）も対象区間として、各駅にホームドアと CCTV が設置され、Siemens タイプ X 車が34編成導入予定である。

運賃／2.4ユーロ均一　**乗車券**／1日券（5.8ユーロ）、24時間券（8ユーロ）、48時間券（14.1ユーロ）、72時間券（17.1ユーロ）等　**旅客案内**／ドイツ語、英語

〈三浦一幹〉

Athens

アテネ
ギリシャ

1869年開業の由緒ある Piraeus 駅に入線する1号線車両
提供／三浦一幹

遺跡の中の地下鉄

　アテネの都市交通は2011年から、地下鉄2社、近郊電車会社、トラムの会社を統合して設立された都市軌道交通会社（STASY）によって運営されている。

　アテネの地下鉄は3路線あるが、1号線の歴史が最も古く、営業キロも長い。この路線は、1869年にギリシャで最初の鉄道として Piraeus 駅から Athens 駅（現在の Thissio 駅）間が開通した郊外鉄道であった。その後都心部へ地下で延伸され、1895年5月に Thissio ～ Omonoia 間が開業した。当時は蒸気機関車によって牽引されており、一部地下を走るということで市民に不人気であったが、1904年に電化された。北の終点 Kifissia 駅まで延伸開業したのは1957年

である。この1号線は、統合前は Athens-Piraeus Electric Railways S.A. (ISAP) によって運営されていたが、車両やインフラの老朽化が激しく、2004年のアテネオリンピック開催に合わせて、車両や信号の更新、駅の大規模改装工事が実施された。地上駅の Piraeus 駅内には地下鉄博物館がある。

　一方、2・3号線は、統合前は Attiko Metro Operation Company S.A. によって運営されていた。これらの路線は、1990年代初めに建設工事が始まったが、地質が悪い上に、掘るたびに史跡が出てくるため、地下鉄工事チームと考古学者チームが入れ替わり調査が始まるという事情もあって、完成が大幅に遅れた。2号線は2000年1月に最初の区間が開業、2013年7月に現状の路線が完成し、今後は Glyfada 方面までの延伸も検討されている。

　なお、地下鉄工事にともなって発見・発掘された遺跡や出土品（一部はレプリカ）は Syntagma 駅や Akropoli 駅などの主要駅に展示・陳列され、ツーリストたちの目を楽しませている。

　3号線は2000年1月に最初の区間が開業した後、2013年12月に Aghia Marina 駅、2020年7月には Nikea 駅まで開業、さらに Piraeus までの延伸工事が進められている。3号線は Doukissis Plakentias 駅から郊外線に乗り入れて、アテネ国際空港駅までの22.1kmで直通運転を行っている。そのため一部の列車は郊外線も走れるように第三軌条と架空線方式を採用し、直流750Vと交流25kV両方対応の駆動装置を装備している。

　このほかにも、新線となる4号線が計画されている。

運賃／均一制（1.4ユーロ：90分乗車）
乗車券／1日券（4.5ユーロ）、5日券（9ユーロ）、地下鉄空港券（10ユーロ）等　旅客案内／ギリシャ語、英語　＜三浦一幹＞

Faliro 付近の地上区間を走る5両編成の Batch 型車両
提供／三浦一幹

Urban Rail Transport S.A.
(Statheres Sygkoinonies S.A.)
(STASY)
http://www.stasy.gr

人口　66万 (2011)
時差　−7 (S.T −6)
為替　1ユーロ=122.93円

開通年	1904年9月
営業キロ	64.3km
路線数	3
駅数	60
運行時間	5:00〜1:00
運賃制度	均一制
輸送人員	135万人/日 (2014)
軌間	1435mm
電気方式	直流 750V
集電方式	第三軌条
運転保安	ATP/自動閉塞式
最小運転間隔	3分
列車運転線路	右側
導入車両	Siemens、Adtranz、Hyundai Rotem

凡例
地上 ①1号線
②2号線
③3号線
4号線（建設中）
4号線（計画線）
OSE（ギリシャ鉄道）
トラム
W 世界遺産

Kifissia ①
KAT
Maroussi
Neratziotissa
Nea Ionia
Iraklio　Irini
Pefkakia
Perissos
Ano Patissia
Aghios Eleftherios
Kato Patissia
Aghios Nikolaos
Attiki
St. Larisis
Victoria
Metaxourghio
Omonoia
Panepistimio
Syntagma
Panormou
Ambelokipi
Megaro Moussikis
Evangelismos
W アテネのアクロポリス
Akropoli
Sygrou-Fix

Doukissis Plakentias ③
Halandri
計画線
Aghia Paraskevi
Nomismatokopio
Holargos
Ethniki Amyna
Katehaki
Panormou

Airport
エレフテリオス・ベニゼロス国際空港

② Anthoupoli
Peristeri
Aghios Antonios
Sepolia

Egaleo
Eleonas
Kerameikos
Monastiraki
Thissio
Petralona
Tavros
Kallithea
Moschato

Aghia Marina ③
Aghia Varvara
Korydallos
Nikea ③
Maniatika
建設中
① Piraeus
Dimotiko Theatro

Neos Kosmos
Aghios Ioannis
Dafni
Aghios Dimitrios-Alexandros Panagoulis
Ilioupoli
Alimos
Argyroupoli
Elliniko ②

サロニカ湾

Warszawa

ワルシャワ
ポーランド

2号線で初めて導入されたSiemens製車両　提供／秋山芳弘

南北と東西の2路線が都心で交差

ワルシャワの都心部を南北に結ぶ地下鉄1号線は、1982年12月に建設が決定し、1983年4月から工事が始められ、Kabaty ～ Politechnika 間（11.5km全線地下）が1995年4月7日に開業した。最初にワルシャワの地下鉄計画が作成されたのは1925年のことであるが、世界恐慌や第2次世界大戦などの影響もあり、実に70年もかかって完成したことになる。

その後1号線の北への延伸工事が徐々に行なわれ、1998年5月に同線最大の Centrum 駅、2003年12月にはポーランド鉄道（PKP）と結節する Dworzec Gdański 駅、そして 2008年10月に北の終点 Młociny までの全線22.6km（21駅）が開業した。1号線の南部と北部では開削工法を採用し、中間部はトンネルボーリングマシンにより単線トンネル（直径5.5m）が2本掘削された。車両基地は南の Kabaty（面積約30ha）にある。北の Młociny 駅はトラムとバスに結節し、パーク＆ライド設備も整えられている。

2015年3月、地下鉄2号線の第1期区間が開業した。第1期区間は、Rondo Daszyńskiego と Dworzec Wileński を東西に結び、ヴィスワ川の下をトンネル（長さ890m）で抜けている。全線地下でトンネルボーリングマシンが使用された。7駅が設けられ、そのうち南北方向の1号線とは市中心部の Świętokrzyska 駅で結節している。この駅は地下23mに建設され、ワルシャワ地下鉄で一番深い駅である。2号線の第2期区間は、Dworzec Wileński から東の Trocka までの3.1km（3駅）が 2019年9月、Rondo Daszyńskiego から西の Księcia Janusza までの 3.4km（3駅）が2020年4月に開業し、現在13駅12.6kmで営業している。さらに東西への延伸工事が行なわれている。

車両は、開業当初からのロシア製81型電車（6両編成）及び2000年10月に導入されたAlstom製Metropolis（6両編成）、さらに2号線では Siemens/Newag の Inspiro（6両編成）が使用されている。

運賃／均一制（時間制限あり。20分乗車：3.4ズウォティ、75分乗車：4.4 ズウォティ、90分乗車：7ズウォティ、24時間乗車：15ズウォティ）　**乗車券**／普通乗車券、ICカード等　**旅客案内**／ポーランド語と英語。出入口には「M」の標識がある
<秋山芳弘>

人口	174万 (2015)
時差	−8 (S.T −7)
為替	1ズウォティ＝27.41円

開通年	1995年4月
営業キロ	35.2km
路線数	2
駅数	33
運行時間	5:00～24:00
運賃制度	均一制
輸送人員	51万人／日 (2016)
軌間	1435mm
電気方式	直流 750V
集電方式	第三軌条
運転保安	ATC
最小運転間隔	3分
列車運転線路	右側
導入車両	Metrowagonmash、Alstom、Siemens

Metro Warszawskie Sp. zo. o.
https://www.metro.waw.pl/

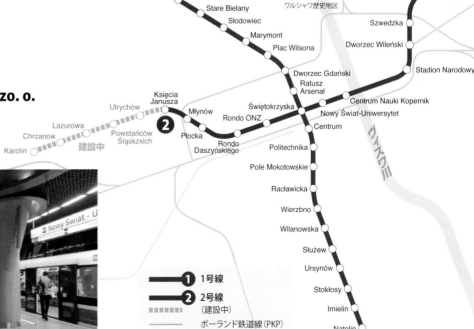

① 1号線
② 2号線
（建設中）
ポーランド鉄道線（PKP）
WKD（ライトレール）
W 世界遺産

① Młociny
Wawrzyszew
Stare Bielany
Słodowiec
Marymont
Plac Wilsona
Dworzec Gdański
Ratusz Arsenał
Świętokrzyska
Rondo ONZ
Centrum
Politechnika
Pole Mokotowskie
Racławicka
Wierzbno
Wilanowska
Służew
Ursynów
Stokłosy
Imielin
Natolin
Kabaty ①

Ulrychów
Księcia Janusza
Młynów
② Płocka
Rondo Daszyńskiego
Lazurowa
Chrzanow
Powstańców Śląskzich
Karolin
建設中

Bródno
建設中
Kondratowicza
Zacisze
Trocka
Targówek Mieszkaniowy
Szwedzka
Dworzec Wileński ②
Stadion Narodowy
Centrum Nauki Kopernik
Nowy Świat-Uniwersytet

W ワルシャワ歴史地区

ヴィスワ川

ワルシャワ大学近くの2号線 Nowy Świat-Uniwersytet 駅　提供／秋山芳弘

Praha

プラハ
チェコ

都心の三角形路線で相互に乗り換え

最初の地下鉄は、C線の Florenc ～ Kačerov 間14.2kmで、1967年8月に建設が始まり、1974年5月9日に開業した。その後も順次建設が進められ、現在はA線、B線、C線の3線があり、各路線は建設された年代により駅の設計や内装が少しずつ異なっている。これらの3路線は都心の三角形部分でそれぞれ結節し、いずれもブルタヴァ（モルダウ）川の下を横断している。都心部の工事にはシールド工法、近郊部は開削工法が主に採用された。現在、既設路線の延伸や南部へのD線（第1期10.6km10駅）が計画されている。

東西方向のA線（17.1km）は2番目の路線として1978年8月に開業した。2006年5月に東の Depo Hostivař 駅、2015年4月に西の Nemocnice Motol 駅まで延伸された。東端の Depo Hostivař 駅に車両基地がある。駅も含めて深い位置にシールド工法で建設されており、駅の内装はC線と比べて新しく、現代的なデザインと配色が施されている。

南西と北東を結ぶB線（25.7km）は一番新しい3番目の路線で、1985年11月に開業した。設計はC線よりもA線に近い。東側の終点である Černý Most 駅は、バスターミナルと一体化した高架構造で、パーク＆ライドの設備がある。

南北方向のC線（22.4km）は、一番古い路線だけあって3路線のうち一番浅い地下鉄である。駅の構造やエスカレーターなど旧ソ連の技術基準をそのまま採用している。

車両は、最初に使用されたソ連製81-71型電車が2009年7月に引退した後、A線とB線では改造した81-71M電車（5両編成）、C線では Siemens製M1電車（5両編成）が運行している。進行方向のホーム先端には先行電車が出発してからの時間が「分・秒」で表示され、次の電車が来るのが予測できるようになっている。

運賃／均一制（30分乗車：24コルナ、90分乗車：32コルナ、24時間乗車：110コルナ）　乗車券／普通乗車券等、モバイ

A線とB線で使用されている 81-71M電車の車内　提供／三浦一幹

ル端末での利用も可能　旅客案内／チェコ語。ラインカラー（A線は緑、B線は黄、C線は赤）がついている　利便施設／速度の速いエスカレーターが設置されている　その他／地下鉄とトラム、バス、ČD（チェコ鉄道）の近郊線との共通切符が使用されている　<秋山芳弘>

A線の西の終端 Nemocnice Motol 駅に停車中の 81-71M電車　提供／三浦一幹

人口　127万 (2016)
時差　−8(S.T −7)
為替　1コルナ=4.56円

開通年	**1974年5月**
営業キロ	**65.2km**
路線数	**3**
駅数	**58**
運行時間	**5:00〜0:20**
運賃制度	**均一制**
輸送人員	**119万人/日** (2017)
軌間	**1435mm**
電気方式	**直流 750V**
集電方式	**第三軌条**
運転保安	**ATP/ATO**
最小運転間隔	**1分50秒**
列車運転線路	**右側**
導入車両	**Metrowagonmash、Siemens**

Dopravní podnik hlavního města Prahy
（Prague Public Transport Plc.）
https://www.dpp.cz/

深い地下鉄と長いエスカレーター
プラハ地下鉄の特徴の1つはその深さである。特にA線とB線は地下の地質が軟弱なため、深い位置に建設された。その結果、ホームまでの長いエスカレーターが設置されている。プラハ地下鉄で一番深いA線の Náměstí Míru 駅（地表から52m）のエスカレーターは長さが100mあり、所要時間は2分30秒である。

地上 **A**	A線
地上 **B**	B線
地上 **C**	C線
··········	D線（計画線）
——	チェコ鉄道線
W	世界遺産

（路線図）
A線：Nemocnice Motol, Petřiny, Nádraží Veleslavín, Bořislavka, Dejvická, Hradčanská, Malostranská, Staroměstská, Můstek, Muzeum, Náměstí Míru, Jiřího z Poděbrad, Flora, Želivského, Strašnická, Skalka, Depo Hostivař
B線：Zličín, Stodůlky, Luka, Lužiny, Hůrka, Nové Butovice, Jinonice, Radlická, Smíchovské nádraží, Anděl, Karlovo náměstí, Národní třída, Můstek, Náměstí Republiky, Florenc, Křižíkova, Invalidovna, Palmovka, Českomoravská, Vysočanská, Kolbenova, Hloubětín, Rajská Zahrada, Černý Most
C線：Letňany, Prosek, Střížkov, Ládví, Kobylisy, Nádraží Holešovice, Vltavská, Florenc, Hlavní nádraží, Muzeum, I.P. Pavlova, Vyšehrad, Pražského povstání, Pankrác, Budějovická, Kačerov, Roztyly, Chodov, Opatov, Háje
Depo Písnice、計画線、ブルタヴァ川、プラハ歴史地区

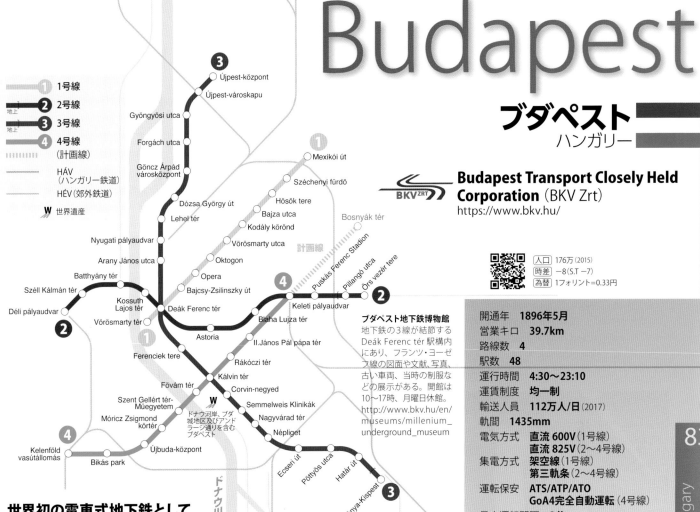

1号線
2号線
地上
3号線
地上
4号線
（計画線）

HÁV
（ハンガリー鉄道）
HÉV（郊外鉄道）

W 世界遺産

Budapest Transport Closely Held Corporation (BKV Zrt)
https://www.bkv.hu/

人口	176万 (2015)
時差	−8 (S.T −7)
為替	1フォリント=0.33円

開通年	1896年5月
営業キロ	39.7km
路線数	4
駅数	48
運行時間	4:30〜23:10
運賃制度	均一制
輸送人員	112万人/日 (2017)
軌間	1435mm
電気方式	直流 600V（1号線） 直流 825V（2〜4号線）
集電方式	架空線（1号線） 第三軌条（2〜4号線）
運転保安	ATS/ATP/ATO GoA4完全自動運転（4号線）
最小運転間隔	2分
列車運転線路	右側
導入車両	Metrowagonmash、Alstom

ブダペスト地下鉄博物館
地下鉄の3線が結節する Deák Ferenc tér 駅構内にあり、フランツ・ヨーゼフ線の図面や文献、写真、古い車両、当時の制服などの展示がある。開館は10〜17時、月曜日休館。
http://www.bkv.hu/en/museums/millenium_underground_museum

世界初の電車式地下鉄として世界遺産に登録

　1896年5月2日、ロンドンに次いで世界で2番目の本格的な地下鉄、また世界初の電車式地下鉄（Földalatti）として1号線が開通した。最初の開業区間は、Vörösmarty tér 〜 Széchenyi fürdö 間である。フランツ・ヨーゼフ帝の時代、マジャール人がこの地に定住して建国を果たした1000年後（1000年祭）に開業したため、フランツ・ヨーゼフ線あるいはミレニアム線とも呼ばれる。

　1970年から1973年にかけて車両の交換と全駅の改装が行なわれ、このとき開業当初からの左側通行を右側通行に変更した。また1973年12月に Mexikói út 駅まで北方に延伸され、全長5kmとなった。その後、開業100周年を機に大規模な改築工事が行われ、駅が開業当時の雰囲気に改装された。なお、1号線はその歴史的価値が認められ、2002年に世界遺産に登録されている。

　開業以来70年以上にわたり1号線のみの営業が続いていたが、1970年に2号線、1976年に3号線が開業した。軌間以外はいずれも旧ソ連の規格により建設された。東西を結ぶ2号線（10km）はドナウ川の下をくぐり、ハンガリー鉄道の南駅と東駅を結ぶ一番混雑する路線である。2003年秋から2007年末にかけて全面改装が行われ、8駅が新しくなった。2号線の Széll Kálmán tér 駅はブダペスト地下鉄で一番深い。3号線（17.3 km）は南北を結ぶ一番長い路線である。これら1〜3号線は、都心部の Deák Ferenc tér 駅で交差・結節している。

　2014年3月28日、ブダ地区にあるハンガリー鉄道の Kelenföld vasútállomás 駅からペスト地区の Keleti pályaudvar 駅までの4号線（7.4km）が長い年月をかけて完全自動運転で開業した。4号線は、駅の壁や天井をユニークな現代アートで仕上げている。

　1号線では他の3路線と異なる低床連接式車両が使用され、2号線と3号線ではソ連製の標準型がそれぞれ5両と6両編成で運行している。また、2号線と4号線には Alstom の新型車両 Metropolis（5両編成）が投入されている。

運賃／350フォリント均一（24時間券は1650フォリント）
乗車券／普通乗車券等　**旅客案内**／マジャール語。1号線に黄色、2号線に赤、3号線に青、4号線に緑のラインカラーがついている

＜秋山芳弘＞

世界初の電車式地下鉄（1号線）　提供／篠田憲幸

浅い地下に建設された1号線

1号線は1870年に計画が承認され、ドイツの会社が1894年に建設を開始した。経済的に建設するために低床式の小型車両と剛体架線を採用し、トンネル断面（幅6m×高さ2.75m）を小さくしている。また、Andrássy通り下のトンネルは開削工法を採用し、「天井の上が道路」といわれるほど極めて浅く、太陽光がホームに入るほどである。

完全自動運転の4号線　提供／松本陽

Oslo

オスロ
ノルウェー

郊外の自然が美しい地下鉄

最初の開通は1966年5月、4号線の Bergkrystallen ～ Jernbanetorget 間で、これはトラムから T-bane（地下鉄）となったものである。

オスロの地下鉄は、地下を走るのは都心部のわずかな区間で、地上に出てからの路線が長い。また、この街は坂が多く、西部郊外では山岳電車のような光景となる。周辺の観光地を回るには地下鉄が便利である。

1995年から、都心部の地下区間では当時の5路線全てが同一路線を走行するようになったため、第三軌条と架空線の双方に対応できる新型車両が投入され、旧型車両の改造も行われた。

現在のネットワークは5路線、101駅となっている。最近の主な建設として、環状線は2003年8月に Nydalen と Storo の2駅が開業、残る Carl Berners Plass 駅までの区間が2006年8月に開業した。また、2016年4月に Økern から Sinsen を結ぶトンネルと Løren 駅が開業し、環状線から Grorud 方面へ接続されるとともに路線番号の大幅な改定が行われ、現在のネットワークが構築された。

集電方式は、2010年に1号線の集電方式が架線から第三軌条に切り替えられ、全線で第三軌条方式による集電が行われている。

地下鉄は現在、オスロ市の傘下にある Sporveien Oslo AS が運営を行っており、この他にトラムやバスの運営も行っている。またインフラの管理はオスロ市等が出資する Ruter AS が行っている。

今後の主な動きとして、輸送力がひっ迫している市内中心部において Majorstuen から Stortinget、Tøyen を経て Bryn までを結ぶ新しいトンネルを建設し、輸送力の増強を図る計画がある。また更なる高頻度輸送に向けた信号システムとして CBTC（Communication Based Train Control）の導入を検討している。

2019年に欧州グリーン首都賞を受賞したオスロでは、環境にやさしい地下鉄の役割はますます重要であり、利便性の向上が期待される。

運賃／37ノルウェー・クローネ均一　乗車券／普通乗車券、24時間券、7日間パス、30日間パス、365日間パス等　旅客案内／ノルウェー語　その他／中心部の駅では同一ホームに複数の路線が入ってくるので、ホーム中央の頭上にあるモニターに、次々と入線してくる電車の出発時間、路線番号、終点駅名などの表示が出るようになっている　＜川端剛弘＞

人口　67万 (2017)
時差　−8 (S.T −7)
為替　1ノルウェー・クローネ=11.20円

開通年	1966年5月
営業キロ	118.7km
路線数	5
駅数	101
運行時間	5:01～1:31
運賃制度	均一制
輸送人員	33万人/日 (2019)
軌間	1435mm
電気方式	直流750V
集電方式	第三軌条 *
運転保安	ATC
最小運転間隔	6分
列車運転線路	右側
導入車両	Siemens

＊　1号線及び3号線の一部区間のみ架空線

都心の Stortinget 駅を出発する電車。行き先の異なる5路線の車両が次々に同一ホームから発車　提供／小野昭生

Sporveien Oslo AS
http://www.tbanen.no

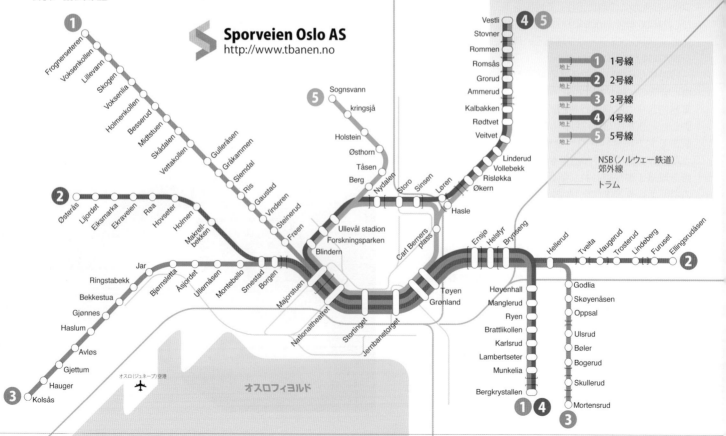

地上	①	1号線
地上	②	2号線
地上	③	3号線
地上	④	4号線
地上	⑤	5号線

——　NSB（ノルウェー鉄道）郊外線

——　トラム

オスロ（ジュネーブ）空港

オスロフィヨルド

ブルーライン T-Centralen 駅の岩盤アート　提供／秋山芳弘

Stockholm

ストックホルム
スウェーデン

駅のアートが美しい地下鉄

　ストックホルムの地下鉄建設計画が決定されたのは1941年である。それから数年を経て地下鉄に近い仕様でいくつかの路線が建設されたが、実際に走ったのはトラムであった。最初の地下鉄区間の開業は1950年、市南部の Slussen から Hökarängen に至る路線（グリーンライン）で、この路線は1933年から地下を走っていたトラム路線をメトロ基準に変更したものである。

　現在の営業路線はグリーン、レッド、ブルーの3路線で、各路線は枝線になっており、それぞれにルート番号がついている。都心部の Slussen ～ T-Centralen 間はグリーンラインとレッドラインが並行して走り、駅では同じホームで乗り換えができる構造となっている。

　今後の延伸計画として、ブルーラインではその両端で延伸が進められている。北端の Akalla から Barkarby まで約4kmの延伸工事が進められており、2026年に開業予定である。Kungsträdgården からの延伸は2方向に枝分かれして一方は東部の Nacka まで、もう一方はグリーンラインの Gullmarsplan に接続し、Sockenplan 方面に向かう。グリーンラインの Gullmarsplan から Hagsätra までの区間が将来はブルーラインの一部

となる計画で、2030年の営業開始に向け建設中である。また、これによりグリーンラインの Skarpnäck 及び Farsta strand 方面の運行本数が増加する。この他、Fridhemsplan から Liljeholmen を経由して南方に Älvsjö までの新線と6駅の建設を計画中である。

　地下鉄の運行は市の交通局であるストックホルム運輸会社（Storstockholms Lokaltrafik: SL）が2009年11月から香港地下鉄（MTR Corporation）と運行契約を結んでいる。なお、運賃については他の公共交通と共通化されている。

　新たな車両として、現在ボンバルディア製の C30 がレッドラインでの営業運転に向けテスト走行中であり、2022年までに96両（48編成）が導入される予定である。

　ストックホルム地下鉄では、約90の駅に各々異なるテーマに基づいたアートワークが施されており、全長110kmに及ぶ「世界一長いアートギャラリー」と呼ばれている。特に石灰質の岩盤を掘って造られたブルーラインは有名で、むき出しの天井や壁に青い花が描かれていたり、立

市街地南部の Slussen 駅。レッドラインとグリーンラインの列車が同一ホームの両面から発着する　提供／松本陽

体的な作品がはめ込まれたりしている。その他の路線も、ホームに生物の彫刻、立体的なオブジェ、ネオンの光など、個性豊かなアーティスト約150名の作品が目を楽しませてくれる。

運賃／ゾーン制（37スウェーデン・クローネ～）　**乗車券**／普通乗車券、24時間券、72時間券、7日間券等　**旅客案内**／スウェーデン語　**その他**／ホーム等に設置されたコンクリート製のベンチには暖房が施されている　＜川端剛弘＞

(SL) Storstockholms Lokaltrafik (SL)
(Stockholm Public Transport)
https://sl.se/

人口　95万 (2017)
時差　−8(S.T −7)
為替　1スウェーデン・クローナ ＝11.76円

開通年	1950年10月
営業キロ	106.1km
路線数	3
駅数	100
運行時間	5:00～1:00*
運賃制度	ゾーン制
輸送人員	121万人/日 (2018)
軌間	1435mm
電気方式	直流 650/750V
集電方式	第三軌条
運転保安	自動閉塞式
最小運転間隔	10分
列車運転線路	左側
導入車両	Bombardier

* 金曜日・土曜日は24時間運行

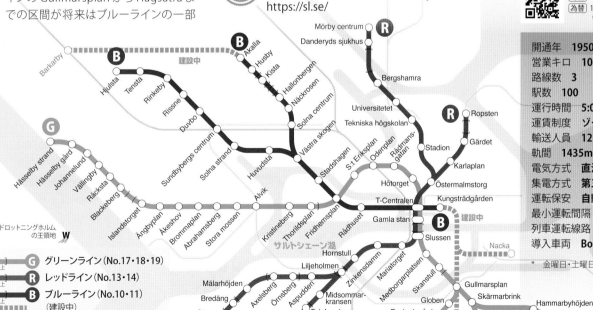

G グリーンライン（No.17・18・19）
R レッドライン（No.13・14）
B ブルーライン（No.10・11）
　　　（建設中）
郊外鉄道線
トラム・LRT
W 世界遺産

交通博物館
馬車から地下鉄車両までの交通の歴史を展示。地下鉄に関しては車両、駅、トンネル等の資料がそろう。現在は移設に向けて閉館中。ストックホルム市内北東の Norra Djurgårdsstaden にて2020年中に再開予定。http://sparvagsmuseet.sl.se/

Copenhagen

■■ コペンハーゲン
デンマーク

北欧初の無人運転地下鉄

コペンハーゲン地下鉄の第1次計画路線は、市北部の Nørreport 駅から市中心部の地下を走行し、新市街地の Ørestad 地区を経て Vestamager 駅に至る1号線(M1)と、Christianshavn 駅から分岐して Lergravsparken 駅に至る2号線(M2)の11kmで、2002年10月に開業した。

次いで第2次計画路線として、2003年10月までに1号線が Vanløse 駅まで、さらに2007年9月には、第3次計画路線として2号線が Lufthavnen (空港) 駅まで開通し、22駅21kmが開通した。

2019年9月にはコペンハーゲン市内中心部に環状の3号線(M3)、17駅15.5kmが開業した。また2020年3月には4号線(M4)の一部である Copenhagen H から Nordhavn の Orientkaj までの8駅が開業した。M4 は2024年までに南部 Sydhavn の Ny Ellebjerg 駅まで延伸される予定である。

北欧で最初の完全自動運転方式の地下鉄であり、24時間運行されている。運転間隔はラッシュ時で最短2分となっている。また車両は1編成が3車体連接式となっており、車両幅は 2.65m、編成長は39mである。定員は最大300人で、車いす、ベビーカー、自転車用のスペースが設けられている。M1 及び M2 における完全自動運転の運行管理や施設、安全設備等から車両まで、イタリアの Ansaldo STS (2015 年から日立レール STS) によって導入され、その後の M3 及び M4 においても日立レールSTS を含む共同企業体が車両等のシステムを導入しており、これまでの車両をグレードアップした定員280人、最高速度90km/h の車両となっている。同系の車両はリヤドのメトロでも導入されており、また今後建設されるハワイのホノルルでも導入される予定である。

地下駅は、駅全体がワンボックス式の構造になっており、陽光がプラットホームに届く仕組みとなっている。

安全にも十分な配慮がされており、車両の各扉には監視センターに通じる呼び出しボタンが設置されているほか、各車両に設置された監視カメラで監視センターから任意の箇所をモニターすることが可能となっており、乗客が呼び出しボタンを押すとその位置にカメラを向けることができる。また、ホームにはガラススクリーンとホームドアが設置されている。

運賃／ゾーン制 (24デンマーク・クローネ〜：デンマーク鉄道近郊線・バスと共通) **乗車券**／片道乗車券、10回券、7日間券、コペンハーゲンカード等 **旅客案内**／デンマーク語。駅コンコースに若干の注意事項等を英語でも表示 **その他**／全駅に駐輪場が設置されている

<川端剛弘>

人口	59万 (2016)
時差	−8 (S.T −7)
為替	1デンマーク・クローネ=16.51円

開通年	2002年10月
営業キロ	38.7km
路線数	4
駅数	40
運行時間	24時間
運賃制度	ゾーン制
輸送人員	22万人/日 (2019)
軌間	1435mm
電気方式	直流 750V
集電方式	第三軌条
運転保安	ATP/ATO/ATS
最小運転間隔	2分
列車運転線路	右側
導入車両	AnsaidoBreda (Hitachi Rail)

完全自動運転の M1号線の地上部分を走行する電車。3車体連接式1編成で運転　提供／小野昭生

M Metroselskabet
https://m.dk/

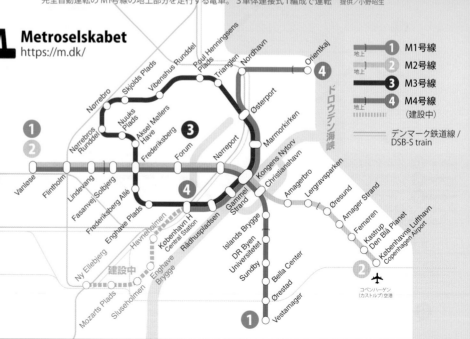

凡例：
- ①② 地上 M1号線 / M2号線
- ③ M3号線
- ④ M4号線（建設中）
- デンマーク鉄道線 / DSB-S train

M1・M2号線の Nørreport 駅のフルスクリーンホームドア、右側は地上へ上るエスカレータ　提供／岩滝雅人

Helsinki

ヘルシンキ
フィンランド

Kulosaari 駅に進入する M100 型車両。ここから入り江にかかる橋を渡り、地下区間に入って市街中心部に向かう
提供／松本陽

世界最北の地下鉄

　ヘルシンキ地下鉄は、北緯60度に位置する世界最北の地下鉄である。

　地下鉄の開業は1982年8月の Itäkeskus ～ Kamppi 間であった。その後、1986年に Itäkeskus ～ Kontula 間、1989年に Kontula ～ Mellunmäki 間及び Kamppi ～ Ruoholahti 間、1998年には Itäkeskus ～ Vuosaari 間の支線が開業し、現在のY字形の路線となった。2007年1月には Sörnäinen と Kulosaari 間に Kalasatama 駅が開業した。

　その後、ヘルシンキからエスポーまで約21km、13駅を新設する West Metro 計画が承認され、2009年に着工した。2018年11月、2段階の延伸計画のうち最初の区間である Ruoholahti から西へ Matinkylä までの8駅13.9km が開業した。このうち Keilaniemi 駅から西の6駅はエスポー市内に位置する。現在は、Matinkylä 以西の Kivenlahti までの区間の2023年中の開業に向け、建設を進めている。

　初期の駅及びその周辺のデザインは

ヘルシンキ芸術デザイン大学との産学連携によって行われた。また2018年に開業した8つの地下駅はそれぞれの駅周辺をイメージさせる個性的なデザインとなっており、数々の賞を受賞している。また、駅施設はバリアフリーとなっている。車両は M100、M200 及び M300 の3タイプが使用されており、最も新しい CAF 社製の M300 は将来の自動運転化を見据えた設備となっている。

　地下鉄、バス、トラム、近郊電車、フェリーといったヘルシンキを中心とする首都圏の公共交通は、すべてヘルシンキ市交通局（Helsingin Kaupungin Liikennelaitos：HKL）によって運行され

ており、公共交通全体の利便性の向上が図られている。利用者にとっては1つのチケットですべての公共交通が利用でき、とても利便性が高い。

運賃／2.8ユーロ　乗車券／普通乗車券、1～7日券、シーズン券等　旅客案内／フィンランド語、スウェーデン語及び英語　その他／抜き打ちで検札が行われており、無賃乗車には80ユーロと1回乗車券分の罰金が科される　＜川端剛弘＞

人口	62万 (2015)
時差	ー7 (S.T ー6)
為替	1ユーロ=122.93円

開通年	1982年8月
営業キロ	35.0km
路線数	1
駅数	25
運行時間	4:54～24:00
運賃制度	均一制
輸送人員	21万人/日 (2019)
軌間	1524mm
電気方式	直流750V
集電方式	第三軌条
運転保安	自動閉塞式
最小運転間隔	2分
列車運転線路	右側
導入車両	Bombardier、CAF

Kalasatama/Fiskehamnen 駅を発車する CAF 製 M300型車両。駅名・行先名もフィンランド語とスウェーデン語の2言語で表示　提供／秋山芳弘

Helsingin Kaupungin Liikennelaitos (HKL)
Helsingfors Stads Trafikverk (HST)
https://www.hel.fi/hkl/fi

地下鉄線 (M1・2)
(建設中)
フィンランド鉄道
W 世界遺産

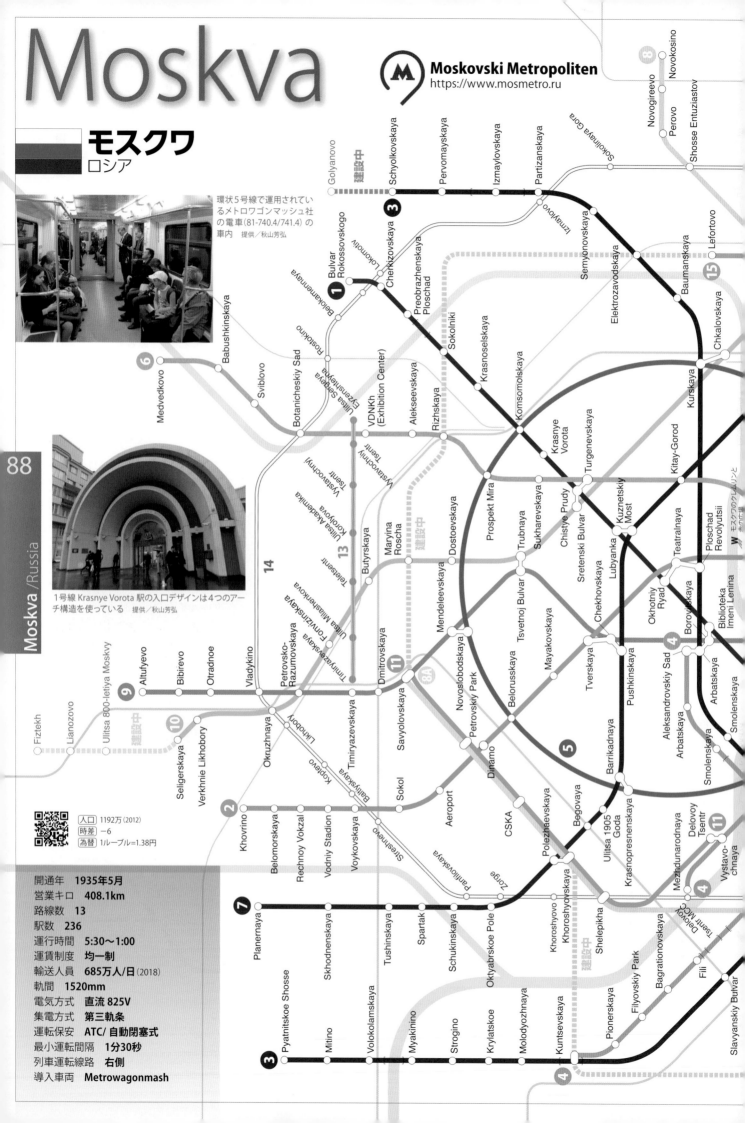

Moskva

Moskovski Metropoliten
https://www.mosmetro.ru

モスクワ
ロシア

環状5号線で運用されているメトロワゴンマッシュ社の電車(81-740.4/741.4)の車内　提供/秋山芳弘

1号線 Krasnye Vorota 駅の入口デザインは4つのアーチ構造を使っている　提供/秋山芳弘

人口　1192万 (2012)
時差　−6
為替　1ルーブル=1.38円

開通年	1935年5月
営業キロ	408.1km
路線数	13
駅数	236
運行時間	5:30〜1:00
運賃制度	均一制
輸送人員	685万人/日 (2018)
軌間	1520mm
電気方式	直流 825V
集電方式	第三軌条
運転保安	ATC/ 自動閉塞式
最小運転間隔	1分30秒
列車運転線路	右側
導入車両	Metrowagonmash

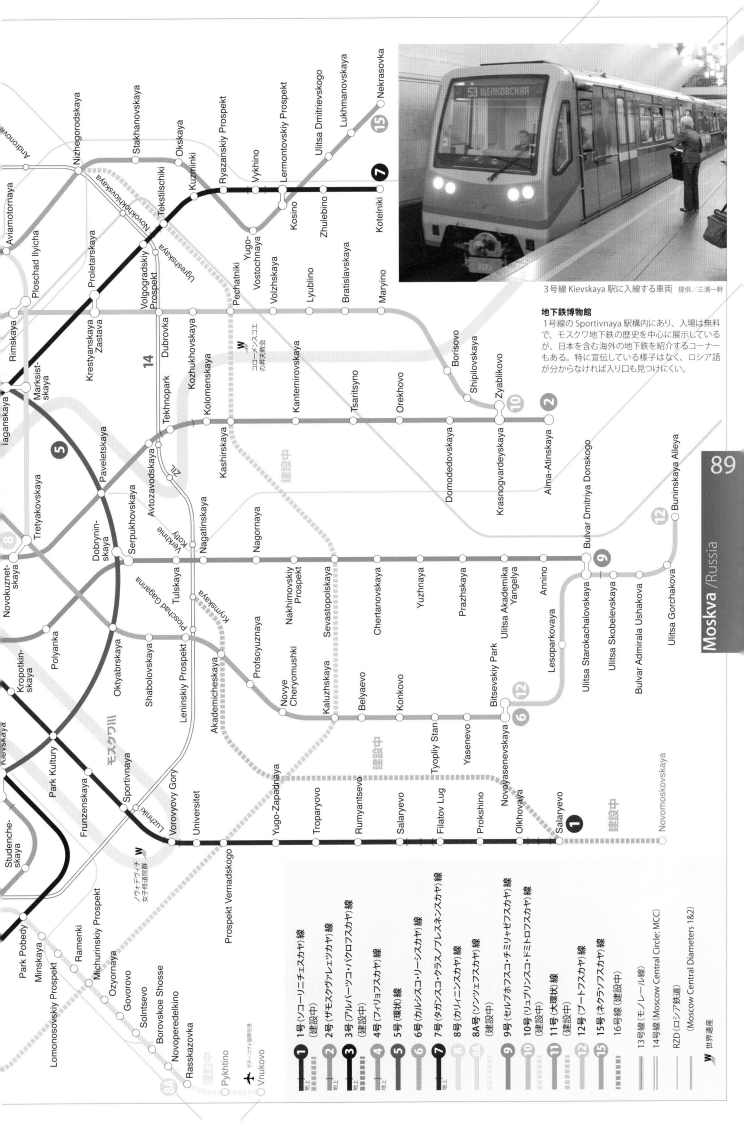

3号線 Kievskaya 駅に入線する車両　提供／三浦一幹

地下鉄博物館
1号線の Sportivnaya 駅構内にあり、入場は無料で、モスクワ地下鉄の歴史を中心に展示しているが、日本を含む海外の地下鉄を紹介するコーナーもある。特に宣伝している様子はなく、ロシア語が分からなければ入り口も見つけにくい。

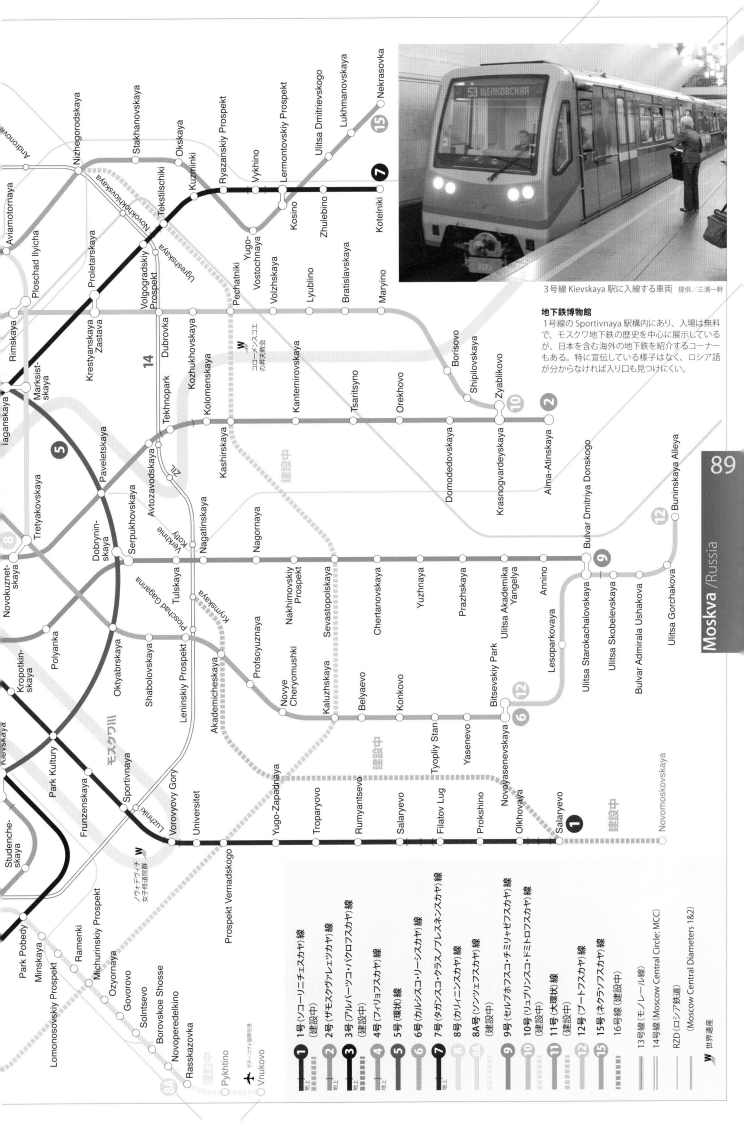

89

Moskva /Russia

凡例

- ❶ 1号 (ソコーリニチェスカヤ)線（建設中）
- ❷ 2号 (ザモスクヴァレツカヤ)線
- ❸ 3号 (アルバーツコ・パクロフスカヤ)線（建設中）
- ❹ 4号 (フィリョフスカヤ)線
- 5号 (環状)線
- 6号 (カルーシスコ・リーシスカヤ)線
- ❼ 7号 (タガンスコ・クラスノプレスネンスカヤ)線（建設中）
- 8号 (カリィニンスカヤ)線
- 8A号 (ソルンツェフスカヤ)線（建設中）
- 9号 (セルプホフスコ・チミリャゼフスカヤ)線
- 10号 (リュブリンスコ・ドミトロフスカヤ)線（建設中）
- 11号 (大環状)線（建設中）
- 12号 (ブートフスカヤ)線
- ⓯ 15号 (ネクランスカヤ)線
- 16号線（建設中）
- 13号線（モノレール線）
- 14号線 (Moscow Central Circle: MCC)
- RZD (ロシア鉄道) (Moscow Central Diameters 1&2)
- W 世界遺産

豪華な駅の建築・装飾
モスクワ地下鉄は駅の建築と装飾の豪華さが有名で、観光客向けにツアーが組まれているほどである。Kievskaya、Komsomolskaya、Novoslobodskaya、Mayakovskaya駅などが代表的だが、近年建設された駅はシンプルで現代的なデザインとなっている。

"地下宮殿"とも呼ばれる豪華な装飾のKievskaya駅　提供／三浦一幹

地下鉄駅は豪華な"地下宮殿"

現在13路線で運行しているモスクワ地下鉄は、旧ソ連時代の「国家5ヵ年計画」により建設が進められ、運営はモスクワ市地下鉄公社が担当している。最初の建設計画は1931年に決定され、1932年に着工された。最初の開通は1935年5月、1号線Sokolniki～Park Kultury間9.5km及びその分岐線（3号線）Kaliniskaya（現Arbatskaya）～Smolenskaya間2.1kmの合計11.6kmであった。

計画にあたっては、ロンドン、ニューヨーク、パリ、ベルリンの各地下鉄からの技術支援を得たが、設計と建設は旧ソ連の技術者により行われた。環状路線と放射路線によって路線網が形成されている。環状路線である5号線はモスクワ市の中心を取り囲む直径約5km、全長19.3kmの路線である。当初、環状線の計画はなかったが、2号線と3号線の開業に伴い、市中心部の乗換駅での混雑が顕在化したため建設されたものである。モスクワ市とロシア各都市を結ぶロシア鉄道の多くの路線が5号線の駅と連絡しており、11号線、12号線、15号線を除く全ての地下鉄路線と接続している。

地下鉄建設は第2次大戦中も続行された。北西線及び北東線の放射線は1948年に完成、環状線は1950年から順次開通し1954年に完成した。建設にあたっては、シールド工法（シールドの直径6.1m）が採用された。1990年代までは資金不足のため建設はあまり進まなかったが、近年になって連邦政府の建設資金補助が増加されるなど、地下鉄建設に積極的になってきており、2011年以降、モスクワ市政府は新線建設・延伸に注力している。

新線建設は、11号線（大環状線）の第1区間（Savyolovskaya～Delovoy Tsentr間）が2018年2月、15号線のKosino～Nekrasovka間が2019年6月に新規開業した。延伸では、1号線Salaryevo～Kommunarka間が2019年6月、2号線Rechnoy Vokzal～Khovrino間が2017年12月、7号線Zhulebino～Kotelniki間が2015年9月、8号線Novogireevo～Novokosino間（東区間）が2012年8月、Ramenki～Rasskazovka間（西区間）が2018年8月、10号線Petrovsko Razumovskaya～Seligerskaya間が2018年3月、15号線Kosino～Lefortovo間が2020年3月にそれぞれ延伸され、地下鉄網の拡大が進んでいる。

今後は1・3・8・10・11号線の延伸、16号線の建設が計画されており、11号線は5号線に次ぐ将来の第2モスクワ環状地下鉄路線となる計画である。

車両は2種類のタイプが採用されており、標準タイプの車両は長さ19m、4ドア、新型車両は長さ27m、4ドアである。4号線と12号線を除くすべての駅のホーム長は162mであり、標準タイプ車両で8両編成運転が可能な構造となっている。

モスクワ地下鉄の軌間はロシア標準規格の1520mmで、集電は第三軌条方式である。駅間の平均距離が1800mと長く、最長区間は3号線のKrylatskoe～Strogino間で6.6kmもある。したがって列車の平均速度（駅停車時間含む）も41km/hと速い。また、世界でも有数の高頻度運行を実施しており、ピーク時の運行間隔は90秒（40本/時間）で運行している。

信号システムは、自動閉塞方式ATCを導入しており、CTCによる制御方式を採用している。また、一部の路線ではATOによる運転が実施されている。

豪奢な駅の建築・装飾で知られるモスクワ地下鉄であるが、地下深くに建設された駅が多いため、エスカレーターは毎分60mと日本の約2倍の速度がある。同じホームで乗り換えができるのは、6・7号線のKitay-Gorod駅、2・11号線のKashirskaya駅、6・8号線のTretyakovskaya駅、3・4号線のKuntsevskaya駅、3・8号線のPark Pobedy駅の5駅のみで、その他の乗換駅は、各線独立した駅名やホームがあり、地下通路でつながっている。

車内放送は、郊外から市中心部に向かう列車は男性の声で、市の中心部から郊外に向かう列車は女性の声（環状線では右回りが男性の声、左回りが女性の声）でアナウンスされる。

運賃／36ルーブル均一（ICカード「トロイカ」を用いた場合）　**乗車券**／1回券、回数券等　**旅客案内**／ロシア語　**その他**／①エスカレーターでいったん出口に向かうと、改札を出て改めて乗車券を購入しない限りホームに戻れない　②運転間隔を短くするために、列車の加減速度が大きい

＜左近嘉正＞

Cherkizovskaya駅に停車中の1号線車両　提供／三浦一幹

Sankt Peterburg

世界初のホームドア設置

サンクトペテルブルグ地下鉄は、現在5路線(72駅124.8km)で運行されており、1日約250万人の乗客に利用されている。軌間はロシアの鉄道では標準的な1520mmである。

最初の開通は1955年11月、1号線のAvtovo～Ploschad' Vosstaniya間8駅10.8kmである。続いて1961年4月に2号線、1967年11月に3号線、1985年12月に4号線が開通した。

1990年代に着工された5号線は、資金不足等により工事が遅れ、2008年12月にVolkovskaya～Zvenigorodskaya間が完成した。翌2009年3月には4号線のSadovaya ～ Komendantskiy Prospekt間が5号線に編入され、4号線の残りの区間に終端駅としてSpasskaya駅が新設された。

ネバ川河口の湿地帯を干拓して建設されたサンクトペテルブルク市は地下水が多く、また地下に空洞があるという地質的な特徴を有する。このため地下鉄建設が難しく、この影響を受けた1号線のPloschad' Muzhestva ～ Lesnaya間のトンネルが1995年に崩壊し、運行不能となった。同区間は長らくバスによる振替輸送が行われていたが、2004年6月に新しいトンネルが完成し、9年ぶりに直通運転が再開された。

こうした地質条件もあって路線は総じて地下深くを走っており、駅の多くも深部にある。駅の平均深度は約50mあり、最も深い駅は5号線のAdmiralteyskaya駅で、深さ86mに達している。

サンクトペテルブルクの地下鉄は、寒気の侵入と安全対策のために世界で初めてホームドアが設置された地下鉄であり、現在も9つの駅で見られるホームドアは、壁と見まごうばかりの重厚で分厚い構造となっている。駅は多くの装飾、視覚芸術で彩られており、世界的にも魅力的で優雅な地下鉄と言われている。また、大晦日、正教会クリスマス、イースター等の祝日時には、24時間運転が行われている。

現在、4号線が西方のGornyi Institut まで延伸工事中のほか、6号線の第1期区間(6駅)の建設がすすめられている。

運賃／55ルーブル均一　乗車券／トークン、ICカード、回数券等　旅客案内／ロシア語及び英語　その他／①エスカレーターでいったん出口へ向かうと、改札を出て改めて乗車券を購入しない限りホームへは戻れない　②運転間隔を短くするため、列車の加減速度が大きい
<左近嘉正>

5号線を走行するソ連製81-717/714型電車(Sadovaya駅)　提供／藤森啓江

深い地下駅(Admiralteyskaya駅)に設置されている長いエスカレーター。照明の位置はソ連時代の地下鉄に共通である　提供／藤森啓江

人口	499万(2012)
時差	-6
為替	1ルーブル=1.38円

開通年	1955年11月
営業キロ	124.8km
路線数	5
駅数	72
運行時間	5:45～0:00
運賃制度	均一制
輸送人員	200万人/日 (2017)
軌間	1520mm
電気方式	直流825V
集電方式	第三軌条
運転保安	ATS/自動閉塞式
最小運転間隔	2分
列車運転線路	右側
導入車両	Metrowagonmash

St. Petersburg Metropoliten
http://www.metro.spb.ru

Cairo

カイロ
エジプト

Egyptian Co. for Metro Management & Operation
（Cairo Metro）
https://cairometro.gov.eg/ar

アフリカ大陸初の地下鉄

　現在3路線で営業しているカイロ地下鉄は、アフリカ大陸で最初に開通した地下鉄である。最初に開業した1号線は南北方向に都心部を貫いて走る。2号線は北部から都心に入り、1号線のAl Shohadaa駅とSadat駅において2度交差したのち、ナイル川の下を通って南部のギザ地区に至る。また、3号線は西部から北東部のヘリオポリス地区を結び、さらにカイロ国際空港に至る路線である。地下鉄の運営を行っているThe Egyptian Co. for Metro Management & Operation (ECM)は、エジプト国鉄（Egyptian National Railways: ENR）傘下の地下鉄保守・運行会社である。

　1号線は都心部にトンネルを新設し、市の北部と南部にあったENRの近郊線を結んだ路線である。1982年に着工され、南部のHelwan～Mubarak（現 Al Shohadaa）間28.5kmが1987年9月に開通した。北部のMubarak（現 Al Shohadaa）～El Marg間14.5kmは1989年4月に開業し、さらに1999年には、カイロ環状道路に接するNew El-Marg駅まで延伸された。もともとENRの近↙

郊線を改良したため、平均駅間距離が1.5kmある。また、ENRの南部区間が架空線方式（直流1500V）で電化されていたため、非電化だった北部も同一方式で電化された。ホーム長は200mあり、9両編成（3ユニット）で運行している。

　2号線は1993年に建設が開始され、1996年10月にShubra～Mubarak（現 Al Shohadaa）間8kmが開業したのに続き、1999年4月にはナイル川を横断してCairo University駅まで延伸された。ナイル川の下を通る初めての路線で、泥水シールド工法で掘削された。さらに、2000年10月にピラミッドやスフィンクスの最寄り駅となるOmm el Masryeen駅まで、2005年1月にはEl Monib駅まで延伸開業した。2号線は第三軌条方式を採用し、8両編成の電車が運行している。

　3号線は2007年に建設が開始され、2012年2月にAttaba～Abbasia間4.3kmが開業、2014年5月にはAl Ahram駅、2019年10月にはEl-Shams Club駅まで延伸開業した。今後、カイロ国際空港まで延伸される計画である。全線開業時には39駅47kmとなる計画であり、中東地域で最大規模となる車両基地も建設中である。

　なお、トラム車両の供給やメンテナンスサービスにおいて現地の信頼を得ていた日本は、三菱商事・東芝・近畿車輌のグループが1号線の3次車から地下鉄車両の受注を獲得した。この実績が、その後の2・3号線車両の受注にもつながることとなった。

　今後整備される路線として、4号線（42km）のカイロ中心部からピラミッド地区を結ぶ第1期区間16駅19kmは日本の有償資金協力事業として建設準備が進められている。また、5号線（Nasr City～Elsahei間）、6号線（El Khosous～New Maadi間）の整備も計画されている。

運賃／距離制（1・2号線：3～7エジプト・ポンド、3号線：5～10エジプト・ポンド）　**乗車券**／普通乗車券、定期券等　**旅客案内**／駅構内表示はアラビア語と英語で表記　**その他**／①地下鉄駅は、エジプトの文化や歴史に関連した壁画で装飾されている　②宗教上の理由から女性専用車両がある　＜左近嘉正＞

人口　725万 (2010)
時差　−7
為替　1エジプト・ポンド＝6.65円

開通年	1987年9月
営業キロ	83.5km
路線数	3
駅数	65
運行時間	5:00～1:00
運賃制度	距離制
輸送人員	360万人/日 (2015)
軌間	1435mm
電気方式	直流1500V（1号線）直流750V（2・3号線）
集電方式	架空線（1号線）第三軌条（2・3号線）
運転保安	ATC（1号線）ATP/ATO（2・3号線）
最小運転間隔	1分30秒
列車運転線路	左側
導入車両	近畿車輌、Hyundai Rotem

路線図

1号線 New El-Marg / El-Marg / Ezbet El-Nakhl / Ain Shams / El-Matareyya / Helmiet El-Zaitoun / Hadayeq El-Zaitoun / Saray El-Qobba / Hammamat El-Qobba / Kobri El-Qobba / Manshiet El-Sadr / El-Demerdash / Ghamra / Al Shohadaa / Attaba / Nasser / Sadat / Saad Zaghloul / Sayyeda Zeinab / El-Malek El-Saleh / Mar Girgis / El-Zahraa / Dar El-Salam / Hadayeq El-Maadi / Maadi / Sakanat El-Maadi / Tora El-Balad / Kozzika / TOra El-Asmant / El-Maasara / Hadayeq Helwan / Wadi Hof / Helwan University / Ain Helwan / Helwan

2号線 Shubra / Koleyet El Zeraat / El Mazallat / El Khalafawi / St.Teresa / Rod El Farag / Massara / Orabi / Al Shohadaa / Attaba / M.Naguib / Gezira (Opera) / Sadat / Dokki / El Bohoos / Cairo University / Faysal / Giza / Omm el-Masryeen / Sakiat Mekki / El Monib

3号線 El Shams Club / Alf Masken / Heliopolis Square / Haroun el Rashied / Al Ahram / Kolleyet El Banat / Cairo Stadium / Cairo Fairgrounds / El Abassia / Abdou Pasha / El Geish / Bab El Shaaria / Attaba / Nasser

Airport カイロ国際空港（建設中）

ナイル川　計画線

凡例：
■ 1号線（地上）
■ 2号線（地上）
■ 3号線
▭▭ 3号線（建設中）
▫▫▫ （計画線）
▪▪▪ 4号線（計画線）
── ENR（エジプト国鉄）
Ⓦ 世界遺産

Ⓦ カイロ歴史地区
Ⓦ メンフィスとその墓地遺跡

Shubra El Kheima 駅の引上げ線に並ぶ2号線車両とラッピング編成　提供／三浦一幹

Topics **6** 集電方式の異なる区間を直通できる地下鉄

以下にあげる都市では、第三軌条と架空電車線のいずれも走行できる車両が走っている。我が国では、数多くの路線で地下鉄と近郊鉄道との相互直通運転が実施され、非常に利便性の高い都市交通ネットワークを形成しているが、いずれも同じ集電方式の路線同士であり、集電方式の異なる路線での直通運転の事例はない。もしも我が国でこの方式の導入が可能となれば、直通運転をさらに拡大できる余地がある。

アテネ国際空港へアクセスする郊外線乗り入れ用の交直両用車
提供／青山弘和

アムステルダム（オランダ）
集電方式は、地下区間が第三軌条、地上区間が架空電車線となっており、車両は両方式に対応可能な構造になっている。

オスロ（ノルウェー）
1995年から5路線全部が第三軌条方式である都心部の同一地下区間を走行するようになったため、第三軌条と架空電車線の双方に対応できる新型車両が投入され、旧型車両の改造も行われた。

アテネ（ギリシャ）
3号線の集電方式は第三軌条だが、架空電車線方式の郊外線に乗り入れ、アテネ空港まで直通運転を行っている。このため、一部の列車は、郊外線も走れるよう第三軌条と架空電車線の双方に対応できるものとし、直流750Vと交流25kVの両方対応の駆動装置を装備している。

地上区間（Wood Island 駅）をパンタグラフを上げて走行するボストンのブルーライン 提供／矢崎康雄

ボストン（アメリカ合衆国）
ブルーラインでは、地下では第三軌条、地上では架空電車線を使用しており、Airport 駅停車中に切り替えを行っている。

ミラノ（イタリア）
ミラノ地下鉄では、M1号線が架空電車線方式、M2・M3・M5号線が第三軌条方式である。車両基地がM1号線にあり、車両整備のために、回送用に架空電車線・第三軌条両方が走行できる構造となっている。

広州（中国）
広州4号線は、直流1500V第三軌条式であるが、車両基地内での感電予防のため、本線と車両基地間に切換区間を設け、車両基地内では架空電車線からパンタグラフで集電している。

＜磯部栄介＞

Topics **7** 剛体電車線

剛体電車線は、トロリー線をアルミ合金製のＴ形材に固定し、支持碍子で吊る構造となっている。電車への給電は明かり区間では主に架空電車線が使用されているが、地下鉄は建設費を抑えるために隧道断面が小さいことから、架空電車線方式では絶縁距離が確保できない場合が多く、また維持管理の観点からも、主に剛体電車線が使用されている。

最近では、維持管理の軽減のために軽量剛体電車線を明かり区間にも連続して採用している例が海外で見られる。　＜磯部栄介＞

軽量剛体電車線（ローマ地下鉄 C線）　提供／ATAC

国内の剛体電車線の例（福岡市地下鉄七隈線）　提供／磯部栄介

North & South

南北アメリカ

Americas

2号線 Du Collège 駅〈提供／ STM〉／ **Montréal**

New York

MTA MTA New York City Transit (NYCT)
https://new.mta.info/

A 8 Avenue Express　地上
(A) 8 Avenue Express（混雑時運転）
B 6 Avenue Express　地上
(B) 6 Avenue Express（混雑時運転）
C 8 Avenue Local　地上
D 6 Avenue Express
E 8 Avenue Local
F 6 Avenue Express
G Brooklyn-Queens Crosstown Local
J Nassau Street Express
L 14 Street-Canarsie Local　地上
M 6 Av Local　地上
N Broadway Express　地上
Q Broadway Express　地上
R Broadway Local　地上
S Franklin Avenue Shuttle
S 42 Street Shuttle
S Rockaway Park Shuttle　全線地上
W Broadway Local
Z Nassau Street Express　地上

1 Broadway-7 Avenue Local　地上
2 Seventh Avenue Express
3 Seventh Avenue Express
4 Lexington Avenue Express
5 Lexington Avenue Express
(5) （混雑時運転）
6 Lexington Avenue Local Pelham Local / Express（平日午後と午後で方向別運転）
7 Flushing Local
(7) Flushing Express（平日午前と午後で方向別運転）

2nd Avenue Subway（建設中）
2nd Avenue Subway（計画線）
全列車停車（Local及びExpress）
Local Service のみ
接続駅（相互乗り換え自由）
PATH
Airtrain JFK
その他の鉄道路線（Long Island Railroad/Metro North/ NJ Transit/AMTRAK）
Ⓦ 世界遺産

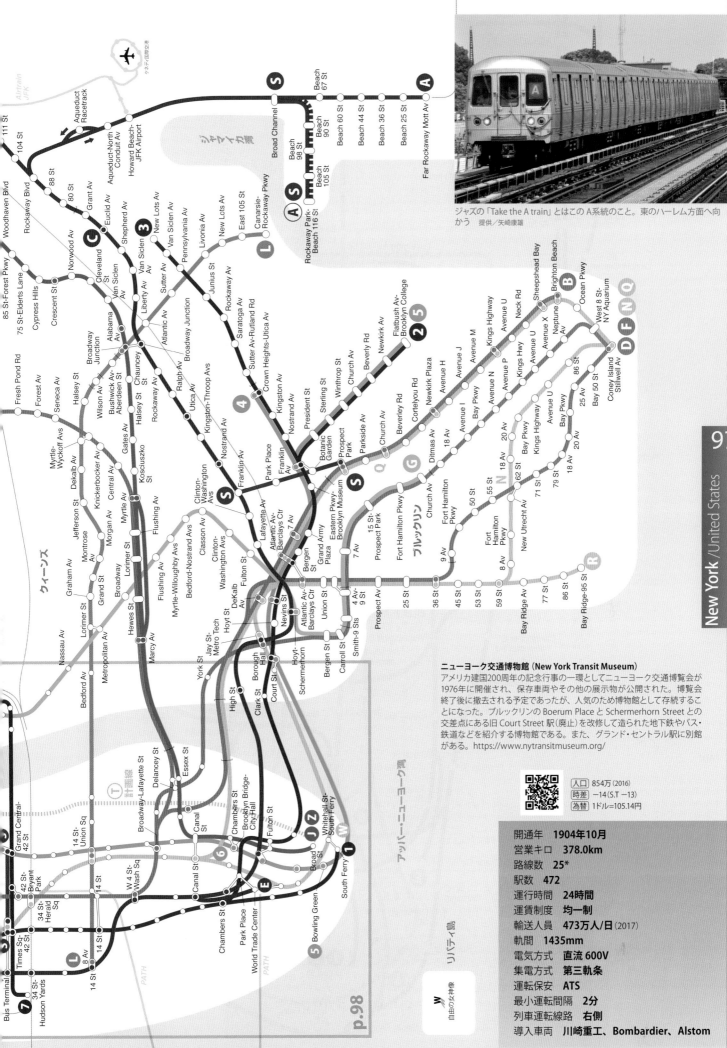

ジャズの「Take the A train」とはこの A 系統のこと。東のハーレム方面へ向かう　提供／矢崎康雄

ニューヨーク交通博物館（New York Transit Museum）
アメリカ建国200周年の記念行事の一環としてニューヨーク交通博覧会が1976年に開催され、保存車両やその他の展示物が公開された。博覧会終了後に撤去される予定であったが、人気のため博物館として存続することになった。ブルックリンの Boerum Place と Schermerhorn Street との交差点にある旧 Court Street 駅（廃止）を改修して造られた地下鉄やバス・鉄道などを紹介する博物館である。また、グランド・セントラル駅に別館がある。https://www.nytransitmuseum.org/

人口　854万 (2016)
時差　−14 (S.T −13)
為替　1ドル＝105.14円

開通年	1904年10月
営業キロ	378.0km
路線数	25*
駅数	472
運行時間	24時間
運賃制度	均一制
輸送人員	473万人/日 (2017)
軌間	1435mm
電気方式	直流600V
集電方式	第三軌条
運転保安	ATS
最小運転間隔	2分
列車運転線路	右側
導入車両	川崎重工、Bombardier、Alstom

＊ うち3路線はシャトル

p.98

PATH
ニューヨーク・ニュージャージー港湾局 (PANYNJ) が保有する港湾局トランスハドソン公社 (PATH = Port Authority Trans-Hudson Corporation) は 1962年に設立され、ニューヨークとニュージャージーを結ぶ鉄道 (4路線、延長22.2km、13駅) を運営している。平日には約22万人 (2019年) が利用する。軌間は標準軌、第三軌条集電 (直流600V) で、ハドソン川の下に100年以上前に建設されたトンネル (鋳鉄製セグメント) を抜けて運行している。

ハドソン川をくぐり対岸のニュージャージーとの間を結ぶ PATH のシャトル 提供／矢崎康雄

最も路線数が多い地下鉄

路線延長や輸送人員・保有車両数などで世界有数の規模を誇るニューヨーク地下鉄は、もともとは3つの鉄道会社に分かれていた。最初の地下鉄として IRT (Interborough Rapid Transit) の City Hall ～ 145th Street 間が1904年10月27日に開業した。1913年以降、ニューヨーク市が建設した路線は IRT と BRT (Brooklyn Rapid Transit：1923年に倒産し BMT=Brooklyn-Manhattan Transit Corporation と改称) にリースし、両社を競わせた。さらに1932年にはニューヨーク市直営の IND (Independent Subway System) の路線が開業し、地下鉄はこの3社により整備・運営された。IRT の路線 (Division A) では車体長15mの小型車両、BMT と IND の路線 (Division B) では車体長19m以上の大型車両が運行した。

1940年にニューヨーク市は IRT と BMT の路線を IND に統合し、さらに1953年にはニューヨーク市交通局 (NYCTA＝New York City Transit Authority) が設立され、地下鉄と路面電車・バスを一元的に運営することになった。その後、1968年にニューヨーク州都市交通局 (MTA=Metropolitan Transportation Authority) の管理下に NYCT (New York City Transit) として組み込まれ、Long Island鉄道や Metro-North鉄道などの郊外鉄道も含めた公共交通機関を運営している。

1970年代以降、落書きや犯罪、施設の老朽化などのマイナス面が問題となっ

たが、1982年に開始された MTA の投資計画により車両の更新や的確な保守、警備体制の強化などによって、近年は飛躍的な改善が図られている。

主要運行系統として、IRT路線 (数字) は 1・2・3・4・5・6・7、IND路線 (ラテン文字) は A・B・C・D・E・F・G・M、BMT路線 (ラテン文字) は J・L・N・Q・R・W・Z、折り返し運転をするシャトル3路線は S と名付けられている。運行系統は、色つきの丸 (6と7系統の急行のみ菱形) の中にラテン文字または数字が書かれている。BMT路線と IND路線を走行する大型車両は、小型車両用の IRT路線に入ることはできない。各系統は停車駅や運転区間によって急行 (Express) と各駅停車 (Local)・シャトル (Shuttle) の3種類に分かれており、急行運転区間は全区間が複々線 (4線) または3線になっている。24時間運行をしており、ラッシュアワー (6:30～9:30 と 15:30～20:00) は2分間隔、零時以降は20分間隔で運行する。

駅数は472あり、内訳は高架153駅、地平または半地下38駅、地下281駅である。一番深い駅は1・9線の191 St 駅で地下60mにある。電車は8～11両編成 (シャトルのみ2両編成)、列車長は46～183mとなっている。車両型式は「R188」のように、最初に R がつき、数字は契約番号になっている。2000年以降に納入された車両は川崎重工と Bombardier製が多い。

近年開業した路線として、7線の Times Square-42 St から 34 St-Hudson

7号線を走る川崎重工製 R188型電車の車内　提供／矢崎康雄

Yards までの2.4kmが2015年9月に開業した。また、Second Avenue Subway (マンハッタンの東側を南北に縦断する 125 St ～ Hanover Square 間16駅13.7kmの路線) の新設プロジェクトがあり、その第1期区間 (57 St ～ 96 St) の工事が2007年4月に開始され、2017年1月に開業し、現在第2期工事が行なわれている。

運賃／2.75ドル均一　乗車券／Metro Card 等　旅客案内／英語。ホームには駅名表示が多く便利である　利便施設／約80駅は車椅子での利用が可能　その他／①各駅の改札口付近には、駅員やTVカメラが常時監視している Off-Hour Waiting Area がある　②路線により急行 (Express) と各駅停車 (Local) があるので、車両前面と側面に表示されている運行系統表示やホーム先端の行先表示に注意が必要　<秋山芳弘>

7号線 46 St - Bliss St 駅付近の高架線を走る川崎重工製 R188 形車両　提供／三浦一幹

Washington

中心部の駅はドーム型のデザイン（Gallery Place 駅）
提供／矢崎康雄

🇺🇸 ## ワシントン
アメリカ合衆国

Washington /United States

地図凡例：
- **R** レッドライン（地上）
- **O** オレンジライン（地上）（建設中）
- **B** ブルーライン（地上）
- **G** グリーンライン（地上）
- **Y** イエローライン（地上）
- **S** シルバーライン（地上）（建設中）
- パープルライン（LRT建設中）
- その他の鉄道

路線図の駅名：
Shady Grove, Rockville, Twinbrook, White Flint, Grosvenor-Strathmore, Medical Center, Bethesda, Friendship Heights, Tenleytown-AU, Van Ness-UDC, Cleveland Park, Woodley Park Zoo/Adams Morgan, Dupont Circle, Takoma, Georgia Ave-Petworth, Columbia Heights, Glenmont, Wheaton, Forest Glen, Silver Spring, Greenbelt, College Park-U of Md, Prince George's Plaza, West Hyattsville, Fort Totten, Brookland-CUA, Rhode Island Ave Brentwood, New Carrollton, Landover, Cheverly, Deanwood, Minnesota Ave, Stadium-Armory, Largo Town Center, Morgan Boulevard, Addison Road Seat Pleasant, Capitol Heights, Benning Road, Eastern Market, Potomac Ave, Federal Center SW, Capitol South, Judiciary Sq, Union Station, NoMa-Gallaudet U, Mt Vernon Sq 7th St-Convention Center, Gallery Place Chinatown, Shaw-Howard Univ, U Street African-American Civil War Memorial/Cardozo, Farragut North, McPherson Sq, Metro Center, Federal Triangle, Smithsonian National Mall, Archives Navy Memorial/Penn Quarter, L'Enfant Plaza, Waterfront, Navy Yard-Ballpark, Anacostia, Congress Heights, Southern Ave, Naylor Road, Suitland, Branch Ave, Foggy Bottom GWU Kennedy Center, Farragut West, Rosslyn, Arlington Cemetery, Pentagon, Pentagon City, Crystal City, Ronald Reagan Washington National Airport, Braddock Road, King Street-Old Town, Eisenhower Ave, Van Dorn Street, Franconia-Springfield, Huntington, East Falls Church, Ballston-MU, Virginia Sq-GMU, Clarendon, Court House, West Falls Church VT/UVA, Dunn Loring Merrifield, Vienna Fairfax-GMU, Centreville, McLean, Tysons Corner, Greensboro, Spring Hill, Wiehle-Reston East, Reston Town Center, Herndon, Innovation Center, Dulles Airport ダレス国際空港, Loudoun Gateway, Ashburn

建設中

ポトマック川, アナコスティア川

ロナルドレーガンワシントン国際空港

バージニア州に乗り入れているイエローライン 3000型（Eisenhower Avenue 駅）
提供／矢崎康雄

M metro
Washington Metropolitan Area Transit Authority (WMATA)
https://www.wmata.com/

駅はまるで地下シェルター

　ワシントンの最初の地下鉄は、1969年にレッドラインの Farragut～Rhode Island Ave間6.8kmで建設を開始し、1976年3月に開通した。その後ブルーライン（1977年）、オレンジライン（1978年）、イエローライン（1983年）、グリーンライン（1991年）と開業を重ね、↙

ワシントン地下鉄の駅建築
　ワシントンの地下駅はいずれも巨大な駅空間を有しており、その全体を覆う格子模様の壁面とアーチ型の丸天井、さらに、壁面または上・下線の軌道の間の空間（相対式ホームの場合）から天井に投射されるサーチライト式の間接照明で有名である。これらの駅構築物は、アメリカ建築家協会による「アメリカの人気建造物」のリストにも掲載されている。

2014年7月にシルバーラインを開業した。その結果今日では6路線の路線網を有し、アメリカ合衆国ではシカゴと肩を並べる利用者数の多い地下鉄へと発展を遂げた。

　各路線は、いずれも郊外から出て都心を貫通し、反対側の郊外に達しており、都心部の各政府機関や郊外のワシントン国際空港等、首都機能に必要な施設や地域を効果的につないでいる。また、路線網はワシントンD.C.だけでなく、隣接のメリーランド州、バージニア州の一部地域もカバーしている。

　レッドラインを除く5路線は、都心区間では他の路線と同一の軌道を走行する形態となっているため、乗り換えが少なくてすむ。また、ピーク時割増運賃制を導入している。地下鉄のホームのデザインはどれも地下シェルターのようなすばらしさである。

　なお、シルバーラインの延長工事が進められており、ダレス国際空港を経てAshburnまでの間が2021年春に開業予定である。

　地下鉄を運行しているWMATAは、連邦政府、ワシントンD.C.、メリーランド州、バージニア州が設立した合資会社であり、このエリア内で、地下鉄とバスを運行している。

　また、2015年には川崎重工業の車両（7000シリーズ）がシルバーラインに導入され、稼働している。

運賃／オンピーク時 2.25 ～ 6.00 ドル、オフピーク時 2.00～3.85 ドル。1 日券

州、バージニア州の一部地域もカバーしている。

人口 68万 (2016)
時差 -14 (S.T -13)
為替 1ドル=105.14円

開通年	1976年3月
営業キロ	189.9km
路線数	6
駅数	91
運行時間	5:30～0:00
運賃制度	距離制
輸送人員	63万人/日 (2019)
軌間	1435mm
電気方式	直流 750V
集電方式	第三軌条
運転保安	ATO/ATP/ATC/ATS
最小運転間隔	4分
列車運転線路	右側
導入車両	川崎重工、Alstom、AnsaidoBreda (Hitachi Rail)

アメリカ合衆国議会地下鉄
Congressional Subway（アメリカ合衆国議会地下鉄）は、首都ワシントンD.C.にある連邦議会議事堂と上下両院の議員会館とを結ぶ地下鉄。この地下鉄の利用者は、議員・議会関係者・職員などに限られ、料金は無料。議事堂と上院議員会館を結ぶ2つの路線と、議事堂と下院議員会館を結ぶ路線の3路線がある。最新の路線は鉄車輪式リニアモーターカーで自動運転。

14.5ドル　**乗車券**／スマートリップカード (ICカード) 等　**旅客案内**／英語　**その他**／①車両と地下駅の双方に空調設備を導入したのは、ワシントン地下鉄が世界初であるといわれている　②レッドラインのWheaton駅に設置されているエスカレーターは、世界の地下鉄で最も長い（約70m）ものの一つとされている　　＜阿部脩・石島徹＞

Boston

ⓣ Massachusetts Bay Transportation Authority（MBTA）
https://www.mbta.com/

ボストン
アメリカ合衆国

ブルーライン 700型。架線集電区間の終端駅（Wonderland 駅） 提供／矢崎康雄

世界で最初の地下トラム

　ボストンは、世界で初めて地下をトラムが走った都市と言われている。当時からすでに電気運転のトラムがあったが、1897年9月、都心部の Park Street ～ Public Garden（現在は廃止）間に、トレモント・ストリート地下鉄（Treamont Street Subway）として地下トラムが開通し、アメリカ大陸初の地下駅も設けられた。現在の LRT グリーンラインの前身である。

　1901年6月には、ボストン・ハーバーの下を通りダウンタウンと CBD（Central Business District）を結ぶ地下トラムも開通した。同線は1924年に大断面トンネルに変更され、現在のオレンジラインとなっている。その後も高架鉄道や高床式のトラム、ケンブリッジ地区と下町を結ぶ地下鉄の開設など、市街地の拡張に伴い路線の移築や延伸を行い、現在の4系統からなる路線網を完成させた。

　路線ごとに車両のタイプや集電方式が異なり、LRT区間を除くレッドラインは大型の、オレンジラインとブルーラインは中間サイズの、グリーンラインは LRT 車両（2車体連接）が運行している。レッドラインとオレンジラインは第三軌条方式、ブルーラインは、地下では第三軌条、地上では架空線を使用し、Airport 駅停車中に切り替えを行っている。

　現在、2021年の完成を目指して、グリーンラインを北にメドフォードまで延伸する工事が進められている。また、ブルーラインを延伸し、レッドラインと結ぶ計画も立てられている。

運賃／Charlie Ticket は 2.90ドル均一、Charlie Card は2.40ドル均一　乗車券／Charlie Ticket、Charlie Card 等　旅客案内／英語　その他／①地下鉄は、Tram に由来する「T」の愛称で呼ばれ、駅の入り口に「T」の標識がある　②グリーンラインは南西部で4方向に分岐するので注意が必要　③シルバーラインはバスだが、一部地下の専用トンネルを走るので現地では地下鉄として表示

＜阿部脩・石島徹＞

LRTのグリーンライン 3800型。地下でも低いホーム（Park Street駅）
提供／矢崎康雄

凡例（路線図）

Ⓡ レッドライン	Ⓖ グリーンライン（建設中）	シルバーライン（SL1～5）
〃（LRT区間）	B トレインB（LRT）	その他の鉄道
Ⓑ ブルーライン（計画線）	C トレインC（LRT）	
Ⓞ オレンジライン	E トレインE（LRT）	

人口 67万（2016）
時差 －14（S.T －13）
為替 1ドル＝105.14円

開通年	1897年9月
営業キロ	105.1km
路線数	4
駅数	71
運行時間	4:56～2:30
運賃制度	均一制
輸送人員	67万人／日（2019）
軌間	1435mm
電気方式	直流600V
集電方式	第三軌条（レッド・オレンジ）、第三軌条と架空線併用（ブルー）、架空線（グリーン）
運転保安	ATO/ATP/ATC/ATS
最小運転間隔	5分
列車運転線路	右側
導入車両	Siemens、CRRC、近畿車輌

Chicago

シカゴ
アメリカ合衆国

Chicago Transit Authority
（CTA）
https://www.transitchicago.com/

シカゴの空の玄関オヘア空港のターミナル（O'Hare 駅）　提供／矢崎康雄

「ループ」はシカゴ名物

　シカゴの都市鉄道は、1892年に蒸気運転による高架鉄道として、South Side Line（現在のグリーンラインの分岐線）が開業したことに始まる。1895年に都市交通としては世界初の電気運転が、1898年には同じく世界初の電動列車（総括制御式電車）が採用された。この方式による電車運転は1903年にニューヨークのマンハッタン鉄道で採用され、翌1904年に開通したニューヨーク地下鉄にも適用された。↙

ループを時計回りに南下中のグリーンライン 5000型　提供／矢崎康雄

　シカゴの高架鉄道は、その後も民営各社による発展を続け、1943年には、レッドラインの一部に初めて地下区間が開通した。1945年には、シカゴ交通局（CTA）に統合されて今日に至っている。
　この CAT が管理・運営している高架鉄道と地下鉄の総称が「CTA トレイン」で、市内に乗り入れてくる7路線のうち、5路線の都心部が鉄骨橋梁形高架線（elevated）であることから通称「シカゴ L（エル）」と呼ばれている。このうちレッドとブルーの2路線には地下区間があるが、その他の線は全線地上走行で、ほぼ市域をカバーしている。
　ダウンタウンの中心部を環状線で結んだ地区は、通称「ループ」と呼ばれており、高架線上の5路線が平面交差するようすは、シカゴのランドスケープを代表する光景としてとりわけ有名である。
　ブルーラインはオヘア国際空港にも直接乗り入れ、空港から市内への移動手段として重宝されており、24時間運転されているのもニューヨークと同様で、大変便利である。

運賃／2.5ドル均一、1日券10ドル　**乗車券**／普通乗車券、Ventra Card（ICカード）等　**旅客案内**／英語　**その他**／①24時間運行を行っているのはレッドライン、ブルーラインのみ　②列車が詰まると場所を選ばず、突然急行運転に変わる場合が頻繁にあるので要注意

＜阿部脩・石島徹＞

人口	270万 (2016)	
時差	−15 (S.T −14)	
為替	1ドル=105.14円	

開通年	**1943年10月**
営業キロ	**165.4km**
路線数	**8**
駅数	**145**
運行時間	**24時間（ブルーライン・レッドラインのみ）**
運賃制度	**均一制**
輸送人員	**62万人/日** (2018)
軌間	**1435mm**
電気方式	**直流 600V**
集電方式	**第三軌条**
運転保安	**ATC/ATO**
最小運転間隔	**3分**
列車運転線路	**右側**
導入車両	**Bombardier、Budd**

路線記号
P	パープルライン（混雑時のみ運転）
R	レッドライン
B	ブルーライン
O	オレンジライン
B	ブラウンライン
G	グリーンライン
Y	イエローライン
P	ピンクライン
	METRAライン

ミシガン湖

サウスシカゴ川

San Francisco

サンフランシスコ
アメリカ合衆国

San Francisco Bay Area Rapid Transit District (BART)
https://www.bart.gov/

第2海底トンネル計画も

最初の開通は1972年9月のFremont～MacArthur間であった。

通称BART（Bay Area Rapid Transit）と呼ばれているサンフランシスコの地下鉄は、サンフランシスコ湾に架かるオークランドベイブリッジの渋滞対策を契機として建設が計画された。

BARTの建設にあたっては、車社会のアメリカにおいて乗客を鉄道に呼び寄せるため、高速走行、居住性に優れた車両、中央運転制御方式、ストアードフェア方式の乗車券など、最先端のさまざまな工夫が取り入れられ、その先進性でアメリカのみならず、世界的に大きな影響↙

を与えたといえる。

開業後も延伸を重ね、現在は5路線6系統が運行しており、このうち4系統がサンフランシスコ湾の海底を横断して対岸のオークランドを結んでいる。高架で湾岸を走るため、強風による転覆対策として、現存鉄道では最大の軌間（1676mm）が採用された。

BARTは、湾岸を囲む9つの郡（カウンティ）が、委員会を1951年に設立したのが始まりであり、域内にはサンフランシスコをはじめ、オークランド、バークレー、リッチモンドなど約30都市が含まれている。

2018年にイエローラインのPittsburg/Bay PointからAntiochまでの延伸が行われたが、この間は非電化・標準軌で作られたため延伸といいながら乗り換えが必要であり、eBARTと呼ばれている。また、2019年2月にサンフランシスコ国

際空港とMillbraeを結ぶ1駅間の路線も開業した。さらに、サンノゼ方面への延伸も進められており、2020年6月にBerryessa/North San Joséまでの間が開業し、将来はサンタクララまでの到達が計画されている。

また、広域での経済発展による将来の需要に対応するため、サンフランシスコ湾を横断する第2海底トンネルの建設も計画されている。

運賃／2.10～14.85ドル　**乗車券**／普通乗車券、クリッパーカード（ICカード）等　**旅客案内**／英語　**その他**／先頭車両及び混雑時を除き自転車の持ち込みが可能である

<阿部脩・石島徹>

人口	87万 (2016)
時差	−17（S.T −16）
為替	1ドル=105.14円

開通年	1972年9月
営業キロ	196.4km
路線数	6
駅数	48
運行時間	4:20～0:02
運賃制度	距離制
輸送人員	41万人/日 (2018)
軌間	1676mm
電気方式	直流1000V
集電方式	第三軌条
運転保安	ATO
最小運転間隔	2分30秒
列車運転線路	右側
導入車両	Bombardier

Castro Valley付近でハイウェイと並走するブルーライン　提供／BART

Muni Metro

サンフランシスコにはBARTのほかにMuni Metroという地下鉄トラムがある。市交通局が運営するトラムとLRTで、都心部では一部地下を走行する。都心部のマーケットストリートでは、地上をトラムが、地下1階をMuni MetroのLRTが、地下2階をBARTが走っている

2018年導入のボンバルディア製新型車両　提供／BART

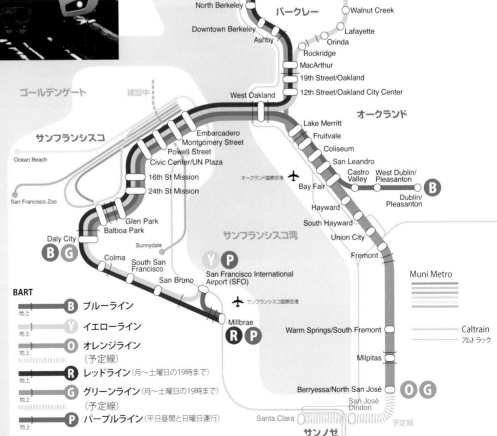

サンパブロ湾

Richmond　リッチモンド

Pittsburg/Bay Point
North Concord/Martinez
Concord
Pittsburg Center
Antioch

El Cerrito del Norte
El Cerrito Plaza
North Berkeley
バークレー
Downtown Berkeley
Ashby
Pleasant Hill/Contra Costa Centre
Walnut Creek
Lafayette
Orinda
Rockridge
MacArthur
19th Street/Oakland
12th Street/Oakland City Center

West Oakland
Lake Merritt
オークランド
Fruitvale
Coliseum
San Leandro
Bay Fair
Castro Valley
West Dublin/Pleasanton
Dublin/Pleasanton
Hayward
South Hayward
Union City
Fremont
Warm Springs/South Fremont

ゴールデンゲート
建設中
サンフランシスコ
Ocean Beach
Embarcadero
Montgomery Street
Powell Street
Civic Center/UN Plaza
16th St Mission
24th St Mission
San Francisco Zoo
Glen Park
Balboa Park
Daly City
Sunnydale
Colma
South San Francisco
San Bruno
Millbrae
オークランド国際空港
San Francisco International Airport (SFO)
サンフランシスコ湾
サンフランシスコ国際空港

BART

🔵 B　ブルーライン
🟡 Y　イエローライン
🟠 O　オレンジライン（予定線）
🔴 R　レッドライン（月～土曜日の19時まで）
🟢 G　グリーンライン（月～土曜日の19時まで）（予定線）
🟣 P　パープルライン（平日昼間と日曜日運行）

Milpitas
Berryessa/North San José
San José Diridon
Santa Clara
サンノゼ

Muni Metro
Caltrain
アムトラック

Los Angeles

近畿車輛製の P3010型車両はロサンゼルスのライトレール
全路線に導入 提供／近畿車輛株式会社

ロサンゼルス
アメリカ合衆国

B North Hollywood
Universal City/Studio City
Wilshire/La Cienega
Hollywood/Highland
Hollywood/Vine
Hollywood/Western
Wilshire/Fairfax
Wilshire/La Brea
Vermont/Sunset
Vermont/Santa Monica
Vermont/Beverly
Wilshire/Western
Wilshire/Normandie
Vermont/Vermont
Wilshire/MacArthur Park
Westlake/MacArthur Park
2nd/Hope
7th St/Metro Center

計画線
Westwood/VA Hospital
Westwood/UCLA
Century City/Constellation
Wilshire/Rodeo
建設中

E Downtown Santa Monica
17th St/Santa Monica College
26th St/Bergamot
Expo/Bundy
Expo/Sepulveda
Westwood/Rancho Park
Palms
Culver City
La Cienega/Jefferson
Expo/La Brea
Farmdale
Expo/Crenshaw
Expo/Western
Expo/Vermont
Expo Park/USC
D Pico
LATTC/Ortho Institute
Jefferson/USC
Grand/LATTC
San Pedro St
Pershing Square
2nd/Broadway
1st/Central
Pico/Aliso
Mariachi Plaza
Soto

Crenshaw/MLK
Crenshaw/Vernon
Crenshaw/Slauson
Florence/West
Florence/La Brea
Florence/Hindry
Aviation/LAX
ロサンゼルス国際空港 ✈
建設中
103rd St/Watts Towers
Washington
Vernon
Slauson
Florence
Firestone

Aviation/Century
Mariposa
El Segundo
Douglas
Redondo Beach
C

サンタモニカ湾

Hawthorne/Lennox
Crenshaw
Vermont/Athens
Harbor Fwy
Avalon
Willowbrook/Rosa Parks
Compton
Artesia

Long Beach Bl
Lakewood Bl
Norwalk
C

Del Amo
Wardlow
Willow St
Pacific Coast Hwy
Anaheim St
Pacific Av
5th St
1st St
Downtown Long Beach

Lake
Memorial Park
Del Mar
Fillmore
Allen
Sierra Madre Villa
Arcadia
Monrovia
Duarte/City of Hope
Irwindale
Azusa Downtown
APU/Citrus College
建設中
Glendora
San Dimas
La Verne
Pomona
Claremont
Montclair

South Pasadena
Highland Park
Southwest Museum
Heritage Sq
B
Lincoln/Cypress
D
Chinatown
Union Station
Little Tokyo/Arts District
Civic Center/Grand Park

Indiana
Maravilla
East L.A. Civic Center
Atlantic
L

凡例

- B メトロ B ライン
- D メトロ D ライン
- (建設中)
- (計画線)
- A メトロ A ライン (LRT)
- C メトロ C ライン (LRT)
- L メトロ L ライン (LRT)
- E メトロ E ライン (LRT)
- Crenshaw/Lax ライン (LRT) (建設中)
- Metrolink (コミュータレール)

M Los Angeles County Metropolitan Transportation Authority (Metro)
https://www.metro.net/

人口	398万 (2016)
時差	-17 (S.T -16)
為替	1ドル=105.14円

開通年	1993年2月
営業キロ	36.7km
路線数	2
駅数	16
運行時間	4:33〜0:54
運賃制度	均一制
輸送人員	14万人/日 (2018)
軌間	1435mm
電気方式	直流750V
集電方式	第三軌条
運転保安	ATC/ATO
最小運転間隔	5分
列車運転線路	右側
導入車両	AnsaldoBreda (Hitachi Rail)、近畿車輛、Siemens、日本車両

路線名は「色」から「アルファベット」へ

1920年代から60年代にかけて地域の足として1700kmのネットワークを誇ったパシフィック・エレクトリック鉄道が、買収された自動車会社等によって路線を次々と撤去された結果、ロサンゼルスは、世界有数のモータリゼーション王国となった。

渋滞と排気ガスに悩まされることになった市は、すでに1940年代半ばから都市高速鉄道を復活しようと努めていたが、1980年になってようやく、開発利益の還元策として駅周辺地域から徴収した賦課金と売上税を財源の一部に充当することで、地下鉄の建設が是認されることとなった。工事は1986年11月に着工され、1993年2月に Union Station 〜 Westlake/MacArthur Park 間7.1kmが開業した。

ロサンゼルスの都市鉄道は、地下鉄の2路線とライトレールによって構成されており、これまで各路線は基本的に「レッドライン」、「パープルライン」等の色名で呼ばれてきたが、2019年秋からその呼び方を「Aライン」「Bライン」等アルファベットの名称へ変更するプロジェクトが実施されている。地下鉄のレッドラインは「Bライン」に、パープルラインは「Dライン」となった。

地下鉄 Dラインでは、西の方に向けた延伸工事が、Wilshire/La Cienega までの間は2023年、ビバリーヒルズの Century City/Constellation までの間は2025年完成を目指して進められている。

また、ライトレールでは、Crenshaw/Lax ラインが2021年に開業予定のほか、Lラインと Aライン・Eラインを繋ぐ「リージョナル・コネクタ・プロジェクト」も2022年の完成を目指して工事が進められている。

Bラインの Breda製 A650型車両 (Union Station 駅) 提供／LA Metro

運賃／1.75ドル均一 乗車券／普通乗車券、TAPカード (ICカード) 等 旅客案内／英語 ＜阿部脩・石島徹＞

Montréal

 stm **Société de Transport de Montréal**
(STM)
http://www.stm.info/fr

モントリオール
カナダ

フランス式ゴムタイヤを採用

　モントリオールの地下鉄建設の計画は、1910年と早かったが、実際に建設が始まったのは半世紀後の1967年開催の万国博覧会が決まってからである。これに間に合うよう1962年5月に建設が始まり、1966年10月に1号線の Atwater ～ Papineau 間と2号線 Henri-Bourassa ～ Place-d'Armes 間が同時に開業した。翌1967年3月には、4号線の Berri-de-⤶

のため外気が直接駅舎に入らないようにするなど、様々な工夫が施されている。

運賃／3.50カナダ・ドル均一　乗車券／普通乗車券、OPUS（ICカード）等　旅客案内／フランス語のみ　その他／ブレーキシューの過熱や摩耗を減らす目的でピーナッツ・オイルが使われているため、駅や車内でピーナッツの香りがする
＜阿部脩・石島徹＞

人口	176万 (2016)
時差	−14 (S.T −13)
為替	1カナダ・ドル=78.99円

開通年	1966年10月
営業キロ	71.0km
路線数	4
駅数	68
運行時間	5:30〜1:30
運賃制度	均一制
輸送人員	137万人/日 (2018)
軌間	1435mm
電気方式	直流750V
集電方式	第三軌条
運転保安	ATC/ATO
最小運転間隔	3分
列車運転線路	右側
導入車両	Bombardier、Alstom、Canadian Vickers

2号線の新型車両 MPM-10形。側面塗装のグラデーションが海や空をイメージさせるので、愛称は Azur（群青）　提供／STM

駅に進入する MR-73形。パリの車両と走行システムは同じだが、車体はかなり大きい
提供／高橋八州男

　Montigny（現在の Berri-UQAM）～ Longueuil（現在の Longueuil-Université-de-Sherbrooke）間が開業し、万国博覧会 EXPO'67 のオープンに合わせて、途中駅の Île-Sainte-Hélène（現在の Jean-Drapeau）が同年4月に開設された。その後1986年6月に5号線の De Castelnau ～ Saint-Michel 間が開業した。

　建設にあたってはフランスの地下鉄技術が全面的に導入され、パリ地下鉄と同様のゴムタイヤ方式が採用されており、起伏の多い地形にあって、急勾配区間に威力を発揮している。また、駅出発後に下り勾配、到着前に上り勾配をつけた重力勾配が採用され、省エネルギー化が図られている。

　地下鉄は全線地下を走行している。各駅舎は別々の建築家により設計されているため同じデザインのものが無く、ステンドグラスや彫刻、壁画をとり入れるなど芸術性が重視されており、駅の写真集も出されているほどである。また、浅い駅では外光を採り入れたり、寒冷地

1	1号線（Ligne verte）
2	2号線（Ligne orange）
4	4号線（Ligne jaune）
5	5号線（Ligne bleue）
	Trains de Banlieue

Mexico City

メキシコシティ
メキシコ

運賃／5メキシコ・ペソ均一　乗車券／1回券、ICカード等　旅客案内／スペイン語。路線図、各駅の入口、ホームには駅の所在地等にちなんだシンボルが表示されている　その他／標高2240mの世界一の高地を走る地下鉄である　<秋山芳弘>

人口　892万 (2015)
時差　−15 (S.T −14)
為替　1メキシコ・ペソ＝4.82円

開通年	1969年9月
営業キロ	226.5km
路線数	12
駅数	195
運行時間	5:00〜0:00
運賃制度	均一制
輸送人員	439万人/日 (2016)
軌間	1435mm
電気方式	直流750V
集電方式	第三軌条、架空線(A号線・12号線)
運転保安	ATO
最小運転間隔	1分55秒
列車運転線路	右側
導入車両	Alstom、CAF、Bombardier

世界一標高の高い地下鉄

標高2240mのメキシコ市は、四方を山に囲まれた盆地で空気が薄い。人口の急激な増加が始まった1950年代から自動車交通の増加による激しい大気汚染等の交通問題が発生し、従来の路面電車やバスに代わる新しい大量輸送機関の導入の検討が開始された。

メキシコオリンピックの開催を翌年に控えた1967年6月、フランスの援助を受けて3路線の地下鉄の建設が開始され、1969年9月に市内を東西に結ぶ1号線のZaragoza〜Chapultepec間12.7km（16駅）が最初に開通した。

翌1970年には、2号線19.4km（11駅）、3号線5.4km（7駅）が開業、その後も着実に建設が進められ、2012年10月の12号線 Mixcoac〜Tláhuac 間24.5km（20駅）の開業により、12路線195駅、226.5kmの現状の路線網が形成された。2035年を目標年としたマスタープランがあり、既存路線の延伸や更なる新規路線の整備が計画されている。

メキシコ市の地下鉄は、建設当初フランスの援助を受けたため、基本的にパリ地下鉄のシステムを導入しており、全12路線中A号線と12号線を除く10路線でゴムタイヤ方式の車両を採用している。A号線は、Pantitlán駅以外では他の地下鉄路線と結節しておらず、また、路線の大半が路面上の専用軌道をライトレール型の車両が走行するため、建設費抑制の意味もあって、鉄車輪方式の車両、架空線からの集電方式が採用された。次に開業したB号線は他路線同様のゴムタイヤ方式に戻ったが、12号線では再び鉄車輪方式となった。

メキシコ市の地下鉄の運賃は、2013年12月に値上げされたものの5メキシコ・ペソ均一と、極めて安いことで有名である。これは、自動車社会からの転換による交通事情や住環境の改善、圧倒的に多い低所得者への対策を踏まえた市・州政府の政策によるものであり、実際のコストとの差額は、政府の補助で賄われている。

鉄車輪方式の A号線を走る Bombardier社の電車（La Paz 駅）提供／秋山芳弘

Sistema de Transporte Colectivo de la Ciudad de México,Metro (STC Metro)
https://www.metro.cdmx.gob.mx/

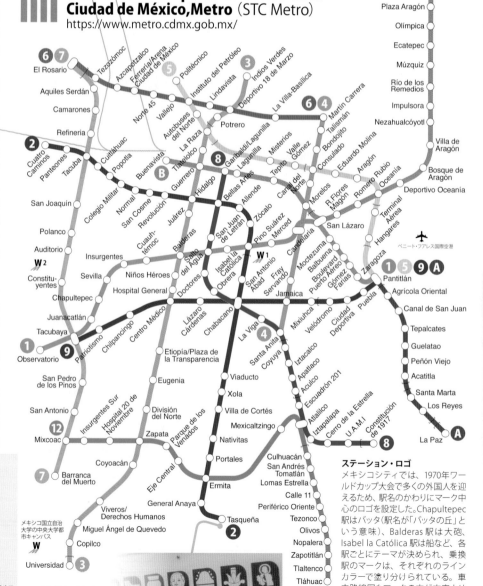

1	1号線
2	2号線
3	3号線
4	4号線
5	5号線
6	6号線
7	7号線
8	8号線
9	9号線
A	A号線
B	B号線
12	12号線

TREN LIGERO (LRT)
その他の鉄道

W 世界遺産　1 メキシコ市歴史地区とソチミルコ　2 ルイス・バラガン邸と仕事場

A号線のステーション・ロゴ
提供／秋山芳弘

ステーション・ロゴ

メキシコシティでは、1970年ワールドカップ大会で多くの外国人を迎えるため、駅名のかわりにマーク中心のロゴを設定した。Chapultepec駅はバッタ（駅名が「バッタの丘」という意味）、Balderas 駅は大砲、Isabel la Católica 駅は船など、各駅ごとにテーマが決められ、乗換駅のマークは、それぞれのラインカラーで塗り分けられている。車内路線図もマークの方が文字より大きく表示されている。

Rio de Janeiro

Metrô Rio-Opportrans Concessão Metroviária S.A.
https://www.metrorio.com.br/

リオデジャネイロ
ブラジル

オリンピックを契機に路線を拡大

　リオデジャネイロの地下鉄（軌間1600mm）は、最初の区間である1号線のGlória ～ Praça Onze 間5kmで1979年3月に開業した。1号線（19km）は、市西部のUruguai 駅から2号線との接続駅であるCentral 駅を経て、市南部Copacabana 地区のGeneral Osório 駅を結ぶ全線地下の路線である。

　2号線（24km）は、当初 Estácio 駅から既設の郊外鉄道路線に併設するライトレール路線として整備され、1983年3月にIrajá 駅まで開通した。その後、北西方面へ順次延伸され、1998年8月にPavuna 駅に到達した。同時に、全線の地下鉄規格への改良工事（架線式から第三軌条に変更する等）も完成し、B型と称される車両が導入された。さらに、São Cristóvão ～ Central 間の新線が2009年に開業したため、Central が1号線との接続駅となった。なお、2号線は、Central から西では大部分が高架、一部が地下となっている。

　4号線（13.5km）は、Ipanema 地区と近郊の人口急増地帯を結ぶ路線として、リオデジャネイロ・オリンピック開催にあわせて2016年8月に開業し、9月まではオリンピック参加者だけが利用することができた。

　これらの3路線に6両編成の電車を投入してMetrô Rio 社が運営している。グァナバーラ湾の下をトンネルで抜けて対岸のNiteroi 地区に至る3号線22kmが計画されているほか、市中心部とアントニオ・カルロス・ジョビン国際空港を結ぶ新線などの構想もある。

貫通式車両はステンレス製のロングシートを採用（1号線）　提供／秋山芳弘

運賃／4.6レアル均一（バス・郊外鉄道等との乗り換えは6.05～8.55レアル。ただし最大120分）　**乗車券**／普通乗車券、MetrôRioカード等　**旅客案内**／ポルトガル語　**その他**／①日曜日と祝日は全線で営業時間が短縮される　②ほとんどの駅の入口に警備員が常駐し、治安面や衛生面の監視にあたっている

＜秋山芳弘＞

人口　650万（2016）
時差　－12（S.T －11）
為替　1レアル＝19.21円

開通年	1979年3月
営業キロ	54.4km
路線数	3
駅数	41
運行時間	5:00～0:00
運賃制度	均一制
輸送人員	67万人/日（2017）
軌間	1600mm
電気方式	直流750V
集電方式	第三軌条
運転保安	ATC/ATP
最小運転間隔	4分35秒
列車運転線路	右側
導入車両	Mafersa、Alstom、CRRC

- ① 1号線
- ② 2号線（地上）
- ④ 2号線（地上）
- 3号線（計画線）
- 郊外鉄道線（SuperVIA）
- Ⓦ 世界遺産

路線図

② Pavuna
Engenheiro Rubens Paiva
Acari / Fazenda Botafogo
Coelho Neto
Colégio
Irajá
Vicente de Carvalho
Thomaz Coelho
Engenho da Rainha
Inhaúma
Nova América / Del Castilho
Maria da Graça
Triagem
Maracanã
São Cristóvão
São Francisco Xavier
Saens Peña
Uruguai ①

Cidade Nova
Presidente Vargas
Central
Praça Onze
Estácio
Afonso Pena

Uruguaiana
Carioca
Cinelândia
Glória
Catete
Largo do Machado
Flamengo
Botafogo ②
Cardeal Arcoverde
Siqueira Campos
Cantagalo
General Osório
Nossa Senhora da Paz
Jardim de Alah

アントニオ・カルロス
ジョビン国際空港

グァナバーラ湾

計画線

Ⓦ
リオデジャネイロ：山と海の間のカリオカの景観

④①

④ Jardim Oceânico　　São Conrado　　Antero de Quental

大量に投入されている中国 CRRC 社製の電車（Botafogo 駅）　提供／藤森啓江

São Paulo

サンパウロ
ブラジル

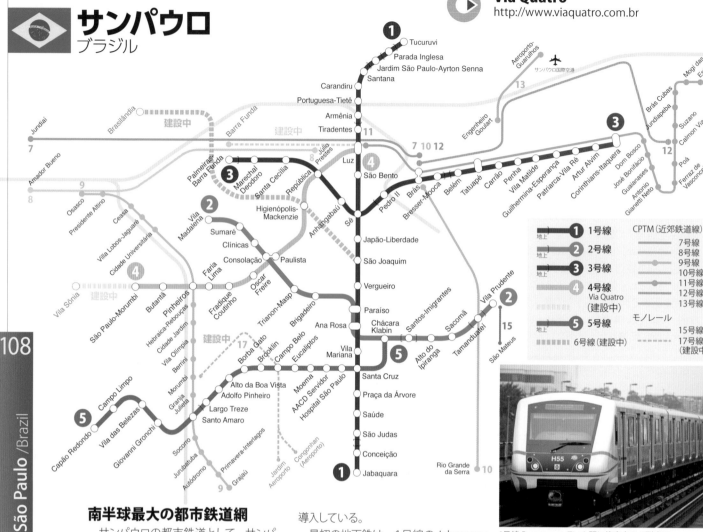

凡例

		CPTM（近郊鉄道線）	
①地上	1号線		7号線
②地上	2号線		8号線
③地上	3号線		9号線
④	4号線 Via Quatro（建設中）		10号線
			11号線
			12号線
⑤地上	5号線		13号線
	6号線（建設中）	モノレール	
			15号線
			17号線（建設中）

1号線 Portuguesa-Tietê 駅に停車中の H型車両
提供／与野正樹

南半球最大の都市鉄道網

　サンパウロの都市鉄道として、サンパウロ地下鉄公社（CMSP）が運営する4路線（1・2・3・5号線）、民間事業会社 Via Quatro が運営する1路線（4号線）の計5路線89.4kmの地下鉄のほか、Companhia Paulista de Trens Metropolitanos（CPTM）が運営する近郊鉄道7路線（7～13号線）合計306km がある。このように多くの路線網を持つサンパウロの都市鉄道網は南半球で最大であり、また世界的にも最新の都市鉄道システムを導入している。

　最初の地下鉄は、1号線の Jabaquara ～ Vila Mariana 間で1974年9月に開業した。サンパウロの地下鉄は、サンフランシスコの BART を手本に建設されたといわれており、1～3号線の車両の中には、軌間1600mm、第三軌条集電と BART にそっくりなのがある。しかし、4号線（完全自動運転）と5号線は標準軌・架線集電で建設された。

　近郊鉄道のうち11号線は2000年、9号線は2001年に地下鉄路線と同規格に改良された。11号線は、混雑の激しい3号線と並行する路線で急行運転を実施しており、バイパス路線として重要な機能を果たしている。

　現在、4号線の延伸と6号線の新設（資金問題のために中断）、11号線の西への延伸工事が行なわれている。なお、モノレールは15号線が営業運転をしており、17号線が建設中である。

運賃／4.3 レアル均一　乗車券／普通乗車券、ICカード

等　旅客案内／ポルトガル語　その他／車両間の貫通路がない車両が多い
<秋山芳弘>

人口	1204万 (2016)
時差	−12 (S.T −11)
為替	1レアル=19.21円

開通年	1974年9月
営業キロ	89.4km*
路線数	5
駅数	75
運行時間	4:00～0:35
運賃制度	均一制
輸送人員	300万人/日 (2017)
軌間	1435mm（4・5号線） 1600mm（上記以外）
電気方式	直流 1500V（4・5号線） 直流 750V（上記以外）
集電方式	架空線（4・5号線） 第三軌条（上記以外）
運転保安	ATC
最小運転間隔	1分44秒
列車運転線路	右側
導入車両	Mafersa、Alstom、CAF、Hyundai Rotem

* 1～5号線

4号線を走る韓国の現代ロテム社製電車　提供／藤森啓江

Buenos Aires

ブエノスアイレス
アルゼンチン

Metrovías SA
https://www.metrovias.com.ar/

A線を走行するFab Militares社製の電車（Lima 駅）　提供／藤森啓江

地下鉄は「Subte」

ブエノスアイレスの地下鉄は、スペイン語の地下鉄 =Subterraneo の最初の5文字をとりスブテ（Subte）と呼ばれる。地下鉄の入口やパンフレットの表紙も「Subte」と表示されている。

人口	307万（2018）
時差	−12
為替	1アルゼンチン・ペソ=1.39円

開通年	1913年12月
営業キロ	56.9km
路線数	6
駅数	88
運行時間	5:00〜22:45
運賃制度	均一制
輸送人員	87万人/日（2017）
軌間	1435mm
電気方式	直流600V（B線）　直流1100V（A線） 直流1500V（C・D・E・H線）
集電方式	第三軌条（B線）　架空線（B線以外）
運転保安	ATP/ATS
最小運転間隔	3分
列車運転線路	左側
導入車両	La Brugeoise、Siemens、Baseler、 Fab Militares、CRRC

世界最南端にある南米初の地下鉄

　ブエノスアイレスの地下鉄は、都心から西方向に放射状に広がる A・B・D・E 線の4路線、都心を南北に結ぶ C・H線 2路線の合計6路線で運行している。これら6路線の電気方式は異なるものの、軌間は、アルゼンチンの幹線鉄道の1676mmとは異なる標準軌1435mmを採用している。

　南米最初の地下鉄として、Anglo Argentine 市街電鉄が A 線を建設し、Plaza de Mayo 〜 Primera Junta間7km（14駅）が1913年12月に開業し、同社が運営した。その後、Anglo Argentine 市街電鉄のライバルである Lacroze 社が B 線を建設し、1930年10月に開業した。続いてスペインの Chadopyf 社が C 線と D 線・E 線3路線の建設認可を得て、C 線を1934年、D 線を1937年、E 線を1944年に開通させた。

　1963年には A 〜 E 線の全5路線が公的機関のブエノスアイレス地下鉄（Subterraneos de Buenos Aires）に統合された。だが、1980年代に輸送人員が激減したため民営化されることになり、民間の Metrovías 社が運営権を1994年に取得し、現在に至っている。なお、インフラはブエノスアイレス地下鉄が保有している。

　Metrovías 社は駅の改良と車両の更新を進めており、その一環として1994年〜1996年に東京メトロ（現在）地下鉄丸ノ内線で使用されていた車両131両を購入して B 線に投入した。さらに1999年〜2000年には名古屋市営地下鉄東山線と名城線の車両を架空線方式に改造して C・D線に投入した。また、Metrovías 社

は、E線の開業後63年ぶりの新線となる H線の Once 〜Caseros 間3.5kmを2007年10月に開業させた。

　なお、Metrovías 社は地下鉄芸術に力を注いでおり、駅ごとに違った題材の壁画が描かれたり、モニュメントが設置されたりしている。

　現在、H線の両端駅からの延伸工事が行なわれており、さらに F線（8.6km）・G線（7.3km）・I 線（6.6km） の3路線の建設が計画されている。

運賃／19 アルゼンチン・ペソ均一（1か月の乗車回数により低減。41回以上なら11.4アルゼンチン・ペソ）　**乗車券**／普通乗車券、ICカード（SUBE Card）等　**旅客案内**／スペイン語　＜秋山芳弘＞

塗色もそのまま B線に投入された丸ノ内線の電車
（Carlos Pellegrini 駅）　提供／秋山芳弘

路線図

D線：Congreso de Tucuman／Juramento／José Hernández／Ciudad Universitaria／Olleros／Ministro Carranza／Palermo／Plaza Italia／Scalabrini Ortiz／Bulnes／Agüero／Pueyrredón／Facultad de Medicina／Callao／Tribunales／9 de Julio／Catedral

B線：Juan Manuel de Rosas／Echeverría／De los Incas Parque Chas／Tronador Villa Ortuzar／Federico Lacroze／Dorrego／Malabia Osvaldo Pugliese／Angel Gallardo／Medrano／Carlos Gardel／Pueyrredón／Pasteur AMIA／Callao／Uruguay／Carlos Pellegrini／Florida／Leandro N. Alem

A線：San Pedrito／San José de Flores／Carabobo／Puan／Primera Junta／Acoyte／Río de Janeiro／Castro Barros／Loria／Plaza Miserere／Alberti／Pasco／Congreso／Sáenz Peña／Lima／Piedras／Perú／Plaza de Mayo

E線：Plaza de los Virreyes Eva Perón／Varela／Medalla Milagrosa／Emilio Mitre／José María Moreno／Avenida La Plata／Boedo／General Urquiza／Jujuy／Humberto 1°／Venezuela／Belgrano／Independencia／San José／Entre Ríos Rodolfo Walsh／Pichincha／San Juan／Constitución

H線：Facultad de Derecho／Las Heras／Santa Fe／Córdoba／Corrientes／Once-30 de Diciembre／Venezuela／Humberto 1°／Inclán／Caseros／Parque Patricios／Hospitales

C線：Retiro／General San Martín／Lavalle／Diagonal Norte／9 de Julio／Avenida de Mayo／Moreno／Independencia／San Juan／Constitución

プレメトロ（E線南方）：Intendente Saguier／Balbastro／Somellera／Ana María Janer／Mariano Acosta (BO. R. Carrillo)／Ntra. Sra. de Fátima／Ana Díaz／Centro Cívico Lugano／Pte. Illia (Lacarra)／Parque de la Ciudad／Escalada／Pola／Larrazábal／Nicolás Descalzi／Gabino Ezeiza (Av. Cnel. Roca)／General Savío

乗換駅：
1 Carlos Pellegrini
2 Catedral
3 Once-30 de Diciembre
4 Córdoba
5 Santa Fe
6 Las Heras

Barracas

Saenz（建設中）

ラプラタ川

計画線

建設中

A線	H線（建設中）
B線	F線（計画線）
C線	G線（計画線）
D線	I 線（計画線）
E線	プレメトロ その他の鉄道

Topics 8 無線信号システム

　従来の信号システムは、2本のレールに信号電流を流し、車両の車輪軸でこのレールを短絡して車両の位置を検知し、後続の車両の信号現示を制御する方式である。この車両検知区間を閉塞区間という。

　無線信号システムとは、この車両の位置検知を、車両の無線アンテナと、地上に一定区間毎に設置した地上無線アンテナ間の無線信号で行うものである。その一例の概略図を示すが、これ以外にも地上側の信号アンテナに漏洩同軸ケーブル(LCX)を用いて無線信号の交信を行う方式もある。従来の信号システムでは、閉塞区間毎に信号電流を流す装置や区間毎に信号電流を区分するインピーダンスボンド、地上ケーブル及び信号機など多くの機器が必要であったが、無線信号システムでは基地局と地上無線機に機器が集約され、その維持管理も大幅に簡略化される特徴がある。

　この無線信号システムを利用した列車運行制御システムは、CBTC(Communication Based Train Control)として知られ、海外の地下鉄では既に導入が進んでおり、日本の地下鉄でも早期の導入に向けて整備が進められている。<磯部栄介>

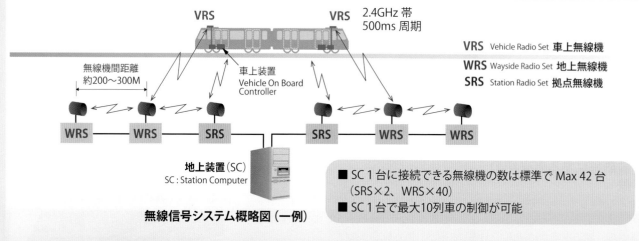

VRS	Vehicle Radio Set	車上無線機
WRS	Wayside Radio Set	地上無線機
SRS	Station Radio Set	拠点無線機

2.4GHz帯
500ms周期

無線機間距離
約200〜300M

車上装置
Vehicle On Board Controller

地上装置(SC)
SC : Station Computer

■ SC1台に接続できる無線機の数は標準でMax 42台
（SRS×2、WRS×40）
■ SC1台で最大10列車の制御が可能

無線信号システム概略図（一例）

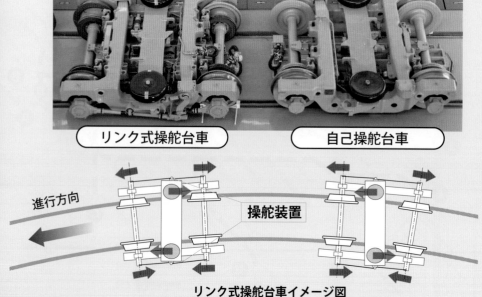

Topics 9 操舵台車

　「台車」は、車輪・輪軸・台車枠で構成され、線路に沿って車両を誘導し、車体を支える重要な車両機器である。地下鉄は、主に都市の道路下に敷設されることが多く、急曲線での走行が必然となる。

　急曲線走行では、レールに波状摩耗等が形成され、振動・騒音の発生源の一つになっているが、この振動・騒音と走行抵抗を低減するために、自己操舵台車やリンク式操舵台車などが考案され、一部の地下鉄車両に使われている。自己操舵台車は、柔らかい前後剛性の軸箱支持を使い、車輪踏面形状から車輪の左右輪径差の違いにより曲線に沿って操舵できる台車であり、リンク式操舵台車は、前後車軸と車体をリンクで接続し、車体と台車の変位で操舵できる台車である。

　リニアメトロは、モータを車軸に接続する機構がないため、すべての台車に自己操舵台車が使われており、リンク式操舵台車も、2015年12月に開業した仙台市地下鉄東西線に採用されている。

　また、東京メトロの銀座線1000系、丸の内線2000系、日比谷線16000系には1台車のモータ取付車軸を固定した片軸リンク式操舵台車が採用されている。<磯部栄介>

リンク式操舵台車

自己操舵台車

進行方向

操舵装置

リンク式操舵台車イメージ図

アジア & オセアニア

城南 Seongnam 韓国

Neo Trans
http://neotrans.kr/index.jsp

開通年	2011年10月
営業キロ	30.0km
路線数	1
駅数	19
運賃制度	距離制
輸送人員	26万人/日
軌間	1435mm
電気方式	交流 25kV
集電方式	架空線
列車運転線路	右側

大邱 Daegu 韓国

Daegu Metropolitan Subway Corporation
http://www.dtro.or.kr

開通年	1997年11月
営業キロ	60.0km
路線数	2
駅数	58
運賃制度	距離制
輸送人員	37万人/日 (2017)
軌間	1435mm
電気方式	直流 1500V
集電方式	架空線
列車運転線路	右側

光州 Gwangju 韓国

Gwangju Metropolitan Rapid Transit Corporation (GRTC)
http://www.grtc.co.kr/subway/main/main.do?rbsIdx=1

開通年	2004年4月
営業キロ	20.0km*
路線数	1
駅数	20*
運賃制度	均一制
輸送人員	8万人/日 (2015)
軌間	1435mm
電気方式	直流 1500V
集電方式	架空線
列車運転線路	右側

* 所台〜鹿洞間を除く

大田 Daejeon 韓国

Daejeon Express Transit Corporation
http://www.djet.co.kr/kor/index.do

開通年	2006年3月
営業キロ	23.0km
路線数	1
駅数	22
運賃制度	距離制
輸送人員	11万人/日 (2019)
軌間	1435mm
電気方式	直流 1500V
集電方式	架空線
列車運転線路	右側

ピョンヤン 北朝鮮

Pyongyang Transport Authority

開通年	1973年9月
営業キロ	22.5km
路線数	2
駅数	17
運賃制度	均一制
輸送人員	10万人/日 (2009)
軌間	1435mm
電気方式	直流 825V
集電方式	第三軌条
列車運転線路	右側

天津 Tianjin 中国

Tianjin Rail Transit Group Co.,Ltd. (TRT)
http://www.tjgdjt.com/index.htm

開通年	1984年12月
営業キロ	166.0km
路線数	5
駅数	135
運賃制度	距離制
輸送人員	112万人/日 (2018)
軌間	1435mm
電気方式	直流 750/1500V
集電方式	第三軌条 / 架空線
列車運転線路	右側

深圳 Shenzhen 中国

Shenzhen Metro Co., Ltd. (SZMC)
http://www.mtrsz.com.cn/chi/

開通年	2004年12月
営業キロ	303.4km
路線数	8
駅数	215
運賃制度	距離制
輸送人員	515万人/日 (2018)
軌間	1435mm
電気方式	直流 750/1500V
集電方式	第三軌条 / 架空線
列車運転線路	右側

Shenzhen

南京 Nanjing 中国

Nanjing Metro Company Ltd.
http://www.njmetro.com.cn/njdtweb/home/go-dtmain.do

開通年	2005年9月
営業キロ	177.0km
路線数	5
駅数	105
運賃制度	距離制
輸送人員	244万人/日 (2017)
軌間	1435mm
電気方式	直流 1500V
集電方式	架空線
列車運転線路	右側

成都 Chengdu 中国

Chengdu Metro
http://www.chengdurail.com/index.html

開通年	2010年5月
営業キロ	196.0km
路線数	5
駅数	131
運賃制度	距離制
輸送人員	317万人/日 (2018)
軌間	1435mm
電気方式	直流 1500V
集電方式	架空線
列車運転線路	右側

瀋陽 Shenyang 中国

Shenyang Metro Co., Ltd.
http://symtc.com

開通年	2010年9月
営業キロ	115.9km
路線数	4
駅数	91
運賃制度	距離制
輸送人員	93万人/日 (2018)
軌間	1435mm
電気方式	直流 750V
集電方式	第三軌条
列車運転線路	右側

 L 一部にライトメトロ　 V バル (VAL) システム　 F フニクラ (ケーブルカー)　データ欄の --- は不明

仏山 Foshan 中国

Foshan Metro
http://www.fmetro.net

開通年　2010年11月
営業キロ　39.6km
路線数　1
駅数　25
運賃制度　距離制
輸送人員　30万人/日 (2017)
軌間　1435mm
電気方式　直流 1500V
集電方式　架空線
列車運転線路　右側

西安 Xi'an 中国

Xi'an Metro
https://www.xianrail.com/#/index

開通年　2011年9月
営業キロ　91.0km
路線数　3
駅数　63
運賃制度　距離制
輸送人員　204万人/日 (2018)
軌間　1435mm
電気方式　直流 1500V
集電方式　架空線
列車運転線路　右側

蘇州 Suzhou 中国

Suzhou Rail Transit (SRT)
http://www.sz-mtr.com

開通年　2012年4月
営業キロ　119.0km
路線数　3
駅数　92
運賃制度　距離制
輸送人員　68万人/日 (2017)
軌間　1435mm
電気方式　直流 1500V
集電方式　架空線
列車運転線路　右側

昆明 Kunming 中国

Kunming Rail Transit Group Co., Ltd.
http://www.kmgdgs.com

開通年　2012年6月
営業キロ　90.0km
路線数　3
駅数　59
運賃制度　距離制
輸送人員　59万人/日 (2019)
軌間　1435mm
電気方式　直流 750V
集電方式　第三軌条
列車運転線路　右側

杭州 Hangzhou 中国

Hangzhou Metro
http://www.hzmetro.com

開通年　2012年11月
営業キロ　116.0km
路線数　4
駅数　79
運賃制度　距離制
輸送人員　93万人/日 (2017)
軌間　1435mm
電気方式　直流 1500V
集電方式　架空線
列車運転線路　右側

Hangzhou

武漢 Wuhan 中国

Wuhan Metro Co., Ltd.

開通年　2012年12月
営業キロ　296.5km
路線数　8
駅数　169
運賃制度　距離制
輸送人員　254万人/日* (2017)
軌間　1435mm
電気方式　直流 750V / 直流 1500
集電方式　第三軌条 / 架空線
列車運転線路　右側

* LRT、トラムを含む

哈爾浜 Harbin 中国

Harbin Metro
http://www.harbin-metro.com/indexs.html

開通年　2013年9月
営業キロ　23.0km
路線数　2
駅数　22
運賃制度　距離制
輸送人員　29万人/日 (2019)
軌間　1435mm
電気方式　直流 1500V
集電方式　架空線
列車運転線路　右側

鄭州 Zhengzhou 中国

Zhengzhou Metro
http://www.zzmetro.com

開通年　2013年12月
営業キロ　94.0km
路線数　3
駅数　59
運賃制度　距離制
輸送人員　123万人/日 (2019)
軌間　1435mm
電気方式　直流 1500V
集電方式　架空線
列車運転線路　右側

長沙 Changsha 中国

Changsha Metro
http://www.hncsmtr.com

開通年　2014年4月
営業キロ　50.0km
路線数　2
駅数　43
運賃制度　距離制
輸送人員　64万人/日 (2017)
軌間　1435mm
電気方式　直流 1500V
集電方式　架空線
列車運転線路　右側

寧波 Ningbo 中国

Ningbo Rail Transit
http://www.nbmetro.com

開通年　2014年5月
営業キロ　75.0km
路線数　2
駅数　50
運賃制度　距離制
輸送人員　46万人/日 (2019)
軌間　1435mm
電気方式　直流 1500V
集電方式　架空線
列車運転線路　右側

無錫 Wuxi 中国

Wuxi Metro
http://www.wxmetro.net

開通年　2014年7月
営業キロ　56.1km
路線数　2
駅数　45
運賃制度　距離制
輸送人員　28万人/日 (2018)
軌間　1435mm
電気方式　直流 1500V
集電方式　架空線
列車運転線路　右側

大連 Dalian 中国

Dalian Rapid Transit
http://www.dlmetro.com/portal/indexShow.do

開通年　2015年5月
営業キロ　45.0km
路線数　2
駅数　42
運賃制度　距離制
輸送人員　43万人/日 (2017)
軌間　1435mm
電気方式　直流 1500V
集電方式　架空線
列車運転線路　右側

南昌 Nanchang 中国

Nanchang Rail Transit Co., Ltd.
http://www.ncmtr.com

開通年　2015年12月
営業キロ　48.3km
路線数　2
駅数　40
運賃制度　距離制
輸送人員　48万人/日 (2019)
軌間　1435mm
電気方式　直流 1500V
集電方式　架空線
列車運転線路　右側

青島 Qingdao 中国

Qingdao Metro Co., Ltd.
http://www.qd-metro.com

開通年　2015年12月
営業キロ　102.0km
路線数　3
駅数　59
運賃制度　距離制
輸送人員　51万人/日 (2019)
軌間　1435mm
電気方式　直流 1500V
集電方式　第三軌条
列車運転線路　右側

東莞 Dongguan 中国

Dongguan Rail Transit
http://www.dggdjt.com

開通年　2016年5月
営業キロ　37.8km
路線数　1
駅数　15
運賃制度　距離制
輸送人員　15万人/日 (2019)
軌間　1435mm
電気方式　直流 1500V
集電方式　架空線
列車運転線路　右側

福州 Fuzhou 中国

Fuzhou Metro
http://www.fzmtr.com

開通年　2016年5月
営業キロ　25.1km
路線数　2
駅数　21
運賃制度　距離制
輸送人員　29万人/日 (2019)
軌間　1435mm
電気方式　直流 1500V
集電方式　架空線
列車運転線路　右側

南寧 Nanning 中国

Nanning Rail Transit Group Co., Ltd
http://www.nngdjt.com

開通年　2016年6月
営業キロ　53.0km
路線数　2
駅数　42
運賃制度　距離制
輸送人員　75万人/日 (2019)
軌間　1435mm
電気方式　直流 1500V
集電方式　架空線
列車運転線路　右側

合肥 Hefei 中国

Hefei Metro
http://www.hfgdjt.com

開通年　2016年12月
営業キロ　52.4km
路線数　2
駅数　46
運賃制度　距離制
輸送人員　49万人/日 (2019)
軌間　1435mm
電気方式　直流 1500V
集電方式　架空線
列車運転線路　右側

長春 Changchun 中国

Changchun Rail Transit Corp.

開通年　2017年6月
営業キロ　39.0km
路線数　2
駅数　33
運賃制度　距離制
輸送人員　36万人/日 (2018)
軌間　1435mm
電気方式　直流 1500V
集電方式　架空線
列車運転線路　右側

石家荘 Shijiazhuang 中国

Shijiazhuang Metro
http://www.sjzmetro.cn/cyportal2.3/template/

開通年　2017年6月
営業キロ　28.9km
路線数　2
駅数　26
運賃制度　距離制
輸送人員　27万人/日 (2019)
軌間　1435mm
電気方式　直流 1500V
集電方式　架空線
列車運転線路　右側

貴陽 Guiyang 中国

Guiyang Urban Rail Transit
http://www.gyurt.com

開通年　2017年12月
営業キロ　33.1km
路線数　2
駅数　23
運賃制度　距離制
輸送人員　2万人/日 (2018)
軌間　1435mm
電気方式　直流 1500V
集電方式　架空線
列車運転線路　右側

厦門 Xiamen 中国

Xiamen Rail Transit
https://www.xmgdjt.com.cn

開通年　2017年12月
営業キロ　30.3km
路線数　1
駅数　24
運賃制度　距離制
輸送人員　11万人/日 (2018)
軌間　1435mm
電気方式　直流 1500V
集電方式　架空線
列車運転線路　右側

烏魯木斉 Urumqi 中国

Ürümqi City Rail Group Co., Ltd.
https://www.urumqimtr.com/

開通年　2018年1月
営業キロ　27.6km
路線数　1
駅数　29
運賃制度　距離制
輸送人員　0.7万人/日 (2018)
軌間　1435mm
電気方式　直流 1500V
集電方式　架空線
列車運転線路　右側

 一部にライトメトロ　　 バル（VAL）システム　　 フニクラ（ケーブルカー）　　データ欄の --- は不明

温州 Wenzhou 中国

Wenzhou Mass Transit Railway
https://www.wzmtr.com

開通年	2019年1月
営業キロ	53.5km
路線数	1
駅数	18
運賃制度	距離制
輸送人員	---
軌間	1435mm
電気方式	交流 25kV
集電方式	架空線
列車運転線路	---

済南 Jinan 中国

Jinan Rail Transit Lines

開通年	2019年4月
営業キロ	47.9km
路線数	2
駅数	23
運賃制度	距離制
輸送人員	---
軌間	1435mm
電気方式	---
集電方式	架空線
列車運転線路	---

蘭州 Lanzhou 中国

Lanzhou Metro
https://www.lzgdjt.com/lzgd/

開通年	2019年6月
営業キロ	26.8km
路線数	1
駅数	20
運賃制度	距離制
輸送人員	---
軌間	1435mm
電気方式	---
集電方式	架空線
列車運転線路	---

徐州 Xuzhou 中国

Xuzhou Metro
https://www.xzgdjt.com/index.html

開通年	2019年9月
営業キロ	22.0km
路線数	1
駅数	18
運賃制度	距離制
輸送人員	---
軌間	1435mm
電気方式	直流 1500V
集電方式	架空線
列車運転線路	右側

常州 Changzhou 中国

Changzhou Metro
http://www.czmetro.net.cn/Html/index.html

開通年	2019年9月
営業キロ	32.2km
路線数	1
駅数	28
運賃制度	距離制
輸送人員	3万人/日 (2019)
軌間	1435mm
電気方式	---
集電方式	架空線
列車運転線路	右側

フフホト Hohhot 中国

HOHHOT METRO
http://www.hhhtmetro.com/org/platform

開通年	2019年12月
営業キロ	21.7km
路線数	1
駅数	20
運賃制度	距離制
輸送人員	---
軌間	1435mm
電気方式	直流 1500V
集電方式	架空線
列車運転線路	---

桃園 Taoyuan 台湾

Taoyuan Mass Rapid Transit System
https://www.tymetro.com.tw/tymetro-new/en/index.php

開通年	2017年3月
営業キロ	51.0km
路線数	1
駅数	21
運賃制度	距離制
輸送人員	8万人/日 (2019)
軌間	1435mm
電気方式	直流 750V
集電方式	第三軌条
列車運転線路	右側

コルカタ インド

Kolkata Metro

開通年	1984年10月
営業キロ	25.0km
路線数	1
駅数	24
運賃制度	距離制
輸送人員	66万人/日 (2018-2019)
軌間	1676mm
電気方式	直流 750V
集電方式	第三軌条
列車運転線路	左側

ベンガルール インド

Bangalore Metro Rail Corporation Ltd.（BMRC)
https://kannada.bmrc.co.in

開通年	2011年10月
営業キロ	42.3km
路線数	2
駅数	40
運賃制度	距離制
輸送人員	45万人/日 (2019)
軌間	1435mm
電気方式	直流 750V
集電方式	第三軌条
列車運転線路	左側

チェンナイ Chennai インド

Chennai Metro Rail Ltd.
https://chennaimetrorail.org/

開通年	2015年6月
営業キロ	45.1km
路線数	2
駅数	32
運賃制度	距離制
輸送人員	12万人/日 (2019)
軌間	1435mm
電気方式	交流 25kV
集電方式	架空線
列車運転線路	左側

ジャイプール インド

Jaypur Metro Rail Corporation
https://web.archive.org/web/20141220001021/
https://jaipurmetrorail.in/

開通年	2015年6月
営業キロ	9.6km
路線数	1
駅数	9
運賃制度	距離制
輸送人員	2万人/日 (2017)
軌間	1435mm
電気方式	交流 25kV
集電方式	架空線
列車運転線路	左側

コーチン インド

Kochi Metro Rail Ltd.
https://kochimetro.org/

開通年	2017年6月
営業キロ	18.0km
路線数	1
駅数	16
運賃制度	距離制
輸送人員	---
軌間	1435mm
電気方式	直流 750V
集電方式	第三軌条
列車運転線路	左側

ラックノウ　インド

Lucknow Metro Rail Corporation
https://lmrcl.com/

開通年　2017年9月
営業キロ　8.5km
路線数　1
駅数　8
運賃制度　距離制
輸送人員　6万人/日 (2019)
軌間　1435mm
電気方式　交流 25kV
集電方式　架空線
列車運転線路　左側

ハイデラバード　インド

L&T Metro Rail (Hyderabad)
https://hmrl.co.in/

開通年　2017年11月
営業キロ　47.0km
路線数　2
駅数　39
運賃制度　距離制
輸送人員　49万人/日 (2020)
軌間　1435mm
電気方式　交流 25kV
集電方式　架空線
列車運転線路　左側

テヘラン　イラン

Tehran Urban & Suburban Railway Co., (TUSRC)

開通年　2000年2月
営業キロ　149.1km
路線数　6
駅数　117
運賃制度　均一制
輸送人員　225万人/日* (2018)
軌間　1435mm
電気方式　直流 750V
集電方式　第三軌条
列車運転線路　右側

＊ 郊外線を含む

アンカラ　トルコ　Ⓛ

Elektrik, Gaz ve Otobus Isletmesi Genel Müdürlüğü
https://www.ego.gov.tr

開通年　1997年12月
営業キロ　56.0km
路線数　4
駅数　44
運賃制度　均一制
輸送人員　29万人/日 (2014)
軌間　1435mm
電気方式　直流 750V
集電方式　第三軌条
列車運転線路　右側

ハイファ　イスラエル　Ⓕ

Carmelit Haifa Ltd.
http://www.carmelithaifa.com

開通年　1959年
営業キロ　1.8km
路線数　1
駅数　6
運賃制度　均一制
輸送人員　0.2万人/日 (2012)
軌間　1400mm
電気方式　直流 1000V
集電方式　第三軌条
列車運転線路　右側

ヨーロッパ
＆アフリカ

グラスゴー　イギリス

Strathclyde Partnership for Transport (SPT)
http://www.spt.co.uk

開通年　1896年12月
営業キロ　10.4km
路線数　1
駅数　15
運賃制度　均一制
輸送人員　4万人/日 (2015)
軌間　1220mm
電気方式　直流 600V
集電方式　第三軌条
列車運転線路　左側

ニューカスル　イギリス

Tyne & Wear Passenger Transport Executive (Nexus)
http://www.nexus.org.uk

開通年　1980年8月
営業キロ　78.0km
路線数　2
駅数　60
運賃制度　ゾーン制
輸送人員　10万人/日 (2018-2019)
軌間　1435mm
電気方式　直流 1500V
集電方式　架空線
列車運転線路　左側

Newcastle

リヨン　フランス

Transports en Commun à Lyon (TCL)
https://www.tcl.fr

開通年　1978年5月
営業キロ　32.1km
路線数　4
駅数　40
運賃制度　均一制
輸送人員　58万人/日 (2018)
軌間　1435mm
電気方式　直流 750V
集電方式　架空線 (C線) 第三軌条 (C線以外)
列車運転線路　右側

マルセイユ　フランス

Régie des Transports Métropolitains (RTM)
http://www.rtm.fr

開通年　1977年
営業キロ　22.3km
路線数　2
駅数　29
運賃制度　均一制
輸送人員　21万人/日 (2016)
軌間　1435mm
電気方式　直流 750V
集電方式　第三軌条
列車運転線路　右側

Ⓛ 一部にライトメトロ　　Ⓥ バル (VAL) システム　　Ⓕ フニクラ (ケーブルカー)　　データ欄の --- は不明

Marseille

リール <small>フランス</small>

TRANSPOLE
https://www.lillemetropole.fr

開通年	1983年4月
営業キロ	45.2km
路線数	2
駅数	60
運賃制度	均一制
輸送人員	31万人/日 (2016)
軌間	2060mm
電気方式	直流 750V
集電方式	案内軌条式
列車運転線路	右側

トゥールーズ <small>フランス</small>

Tisséo Réseau Urbain
https://www.tisseo.fr

開通年	1993年6月
営業キロ	27.3km
路線数	2
駅数	37
運賃制度	均一制
輸送人員	30万人/日 (2016)
軌間	2060mm
電気方式	直流 750V
集電方式	案内軌条式
列車運転線路	右側

レンヌ <small>フランス</small>

Keolis Rennes
https://www.keolis-rennes.com/fr/notre-offrenotre-offre-de-transport/métro

開通年	2002年3月
営業キロ	8.6km
路線数	1
駅数	15
運賃制度	均一制
輸送人員	9万人/日 (2016)
軌間	1620mm
電気方式	直流 750V
集電方式	案内軌条式
列車運転線路	右側

ニュルンベルク <small>ドイツ</small>

Verkehrs-Aktiengesellschaft Nürnberg (VAG)
https://www.vag.de

開通年	1972年3月
営業キロ	36.0km
路線数	3
駅数	48
運賃制度	ゾーン制
輸送人員	29万人/日 (2018)
軌間	1435mm
電気方式	直流 750V
集電方式	第三軌条
列車運転線路	右側

バレンシア <small>スペイン</small>

Ferrocarrils de la Generalitat Valenciana (FGV)
https://www.metrovalencia.es/page.php

開通年	1988年10月
営業キロ	156.0km
路線数	6
駅数	95
運賃制度	ゾーン制
輸送人員	19万人/日 (2019)
軌間	1000mm
電気方式	直流 1500V
集電方式	架空線
列車運転線路	右側

ビルバオ <small>スペイン</small>

Metro Bilbao
https://www.metrobilbao.eus

開通年	1995年11月
営業キロ	49.0km
路線数	3
駅数	45
運賃制度	ゾーン制
輸送人員	24万人/日 (2016)
軌間	1000mm
電気方式	直流 1500V
集電方式	架空線
列車運転線路	右側

Bilbao

パルマ・デ・マヨルカ <small>スペイン</small>

Servicios Ferroviarios de Mallorca (SFM)
http://www.trensfm.com

開通年	2007年9月
営業キロ	15.6km
路線数	2
駅数	16
運賃制度	ゾーン制
輸送人員	3万人/日 (2016)
軌間	1000mm
電気方式	直流 1500V
集電方式	架空線
列車運転線路	右側

セビーリャ <small>スペイン</small>

Metro de Sevilla
https://www.metro-sevilla.es

開通年	2009年4月
営業キロ	18.0km
路線数	1
駅数	22
運賃制度	ゾーン制
輸送人員	5万人/日 (2018)
軌間	1435mm
電気方式	直流 750V
集電方式	架空線
列車運転線路	右側

マラガ <small>スペイン</small>

Metro de Málaga S.A.
https://metromalaga.es

開通年	2014年7月
営業キロ	11.3km
路線数	2
駅数	17
運賃制度	均一制
輸送人員	2万人/日 (2018)
軌間	1435mm
電気方式	直流 750V
集電方式	架空線
列車運転線路	右側

ナポリ <small>イタリア</small>

Azienda Napoletana Mobilità S.p.A.
http://www.anm.it

開通年	1993年3月
営業キロ	23.5km
路線数	2
駅数	25
運賃制度	均一制
輸送人員	12万人/日 (2017)
軌間	1435mm
電気方式	直流 750/1500V
集電方式	架空線
列車運転線路	右側

ジェノバ　イタリア

Azienda Mobilità e Trasporti Genova S.p.A. (AMT)
https://amt.portaletrasparenza.net/

開通年　1990年6月
営業キロ　7.1km
路線数　1
駅数　8
運賃制度　均一制
輸送人員　4万人/日 (2019)
軌間　1435mm
電気方式　直流 750V
集電方式　架空線
列車運転線路　右側

Genova

カターニア　イタリア

Ferrovia Circumetnea (FCE)
https://www.circumetnea.it

開通年　1999年6月
営業キロ　13.8km
路線数　1
駅数　16
運賃制度　均一制
輸送人員　2万人/日 (2018)
軌間　1435mm
電気方式　直流 3000V
集電方式　架空線
列車運転線路　左側

トリノ　イタリア　Ⓥ

Gruppo Torinese Trasporti S.p.A. (GTT)
http://www.gtt.to.it/cms/

開通年　2006年2月
営業キロ　13.2km
路線数　1
駅数　21
運賃制度　均一制
輸送人員　12万人/日 (2018)
軌間　1435mm
電気方式　直流 750V
集電方式　案内軌条式
列車運転線路　右側

ブレシア　イタリア

Brescia Mobilità S.p.A.
https://www.bresciamobilita.it

開通年　2013年3月
営業キロ　13.7km
路線数　1
駅数　17
運賃制度　ゾーン制
輸送人員　5万人/日 (2018)
軌間　1435mm
電気方式　直流 750V
集電方式　第三軌条
列車運転線路　右側

ロッテルダム　オランダ

RET Public Transport (RET)
https://www.ret.nl

開通年　1968年2月
営業キロ　103.0km
路線数　5
駅数　59
運賃制度　距離制
輸送人員　26万人/日 (2017)
軌間　1435mm
電気方式　直流 750V
集電方式　架空線/第三軌条
列車運転線路　右側

ローザンヌ　スイス　Ⓥ

Transports publics de la région Lausannoise sa. (tl)
http://www.t-l.ch

開通年　2008年10月　データはm2号線のみ
営業キロ　5.9km
路線数　1
駅数　15
運賃制度　ゾーン制
輸送人員　9万人/日 (2018)
軌間　1435mm
電気方式　直流 750V
集電方式　第三軌条
列車運転線路　右側

ブカレスト　ルーマニア

Societatea Comerciala de Transport cu Metroul Bucaresti-METROREX S.A.
http://www.metrorex.ro/prima_pagina_p1352-1

開通年　1979年11月
営業キロ　71.3km
路線数　4
駅数　48
運賃制度　均一制
輸送人員　49万人/日 (2017)
軌間　1432mm
電気方式　直流 750V
集電方式　第三軌条
列車運転線路　右側

Bucharest

ソフィア　ブルガリア

Metropoliten EAD - Municipal Company
https://www.metropolitan.bg

開通年　1998年1月
営業キロ　40.1km
路線数　2
駅数　35
運賃制度　均一制
輸送人員　35万人/日 (2019)
軌間　1435mm
電気方式　直流 825V
集電方式　第三軌条
列車運転線路　右側

ノヴォシビルスク　ロシア

Novosibirsk Metro
http://www.nsk-metro.ru

開通年　1985年12月
営業キロ　15.9km
路線数　2
駅数　12
運賃制度　均一制
輸送人員　22万人/日 (2017)
軌間　1520mm
電気方式　直流 825V
集電方式　第三軌条
列車運転線路　右側

エカテリンブルク　ロシア

Ekaterinburg Metro
http://metro-ektb.ru

開通年　1991年3月
営業キロ　12.7km
路線数　1
駅数　9
運賃制度　均一制
輸送人員　14万人/日 (2017)
軌間　1524mm
電気方式　直流 800V
集電方式　第三軌条
列車運転線路　右側

Ⓛ 一部にライトメトロ　　Ⓥ バル (VAL) システム　　Ⓕ フニクラ (ケーブルカー)　　データ欄の --- は不明

サマーラ ロシア

Samara Metro
http://metrosamara.ru

開通年	1987年12月
営業キロ	11.6km
路線数	1
駅数	10
運賃制度	均一制
輸送人員	4万人/日 (2017)
軌間	1524mm
電気方式	直流 825V
集電方式	第三軌条
列車運転線路	右側

ニジニノブゴロド ロシア

Nizhny Novogorod Metro
http://metronn.ru

開通年	1985年11月
営業キロ	18.9km
路線数	2
駅数	15
運賃制度	均一制
輸送人員	8万人/日 (2017)
軌間	1524mm
電気方式	直流 825V
集電方式	第三軌条
列車運転線路	右側

カザン ロシア

Metroelektrotrans

開通年	2005年8月
営業キロ	17.0km
路線数	1
駅数	11
運賃制度	均一制
輸送人員	7万人/日 (2017)
軌間	1524mm
電気方式	直流 825V
集電方式	第三軌条
列車運転線路	右側

キエフ ウクライナ

Kyivs'kyi Metropoliten
http://www.metro.kiev.ua

開通年	1960年11月
営業キロ	68.6km
路線数	3
駅数	52
運賃制度	均一制
輸送人員	137万人/日 (2017)
軌間	1520mm
電気方式	直流 825V
集電方式	第三軌条
列車運転線路	右側

Kiev

ハリコフ ウクライナ

Municipal Enterprise Kharkivsky Metropoliten
https://www.metro.kharkov.ua

開通年	1975年8月
営業キロ	38.7km
路線数	3
駅数	30
運賃制度	均一制
輸送人員	61万人/日 (2018)
軌間	1524mm
電気方式	直流 750V
集電方式	第三軌条
列車運転線路	右側

ドニエプロペトロフスク ウクライナ

Dniprovskyi metropoliten
https://metro.dp.ua

開通年	1995年12月
営業キロ	7.1km
路線数	1
駅数	6
運賃制度	均一制
輸送人員	2万人/日 (2017)
軌間	1520mm
電気方式	直流 825V
集電方式	第三軌条
列車運転線路	右側

ミンスク ベラルーシ

Minsk Metropolitena
http://metropoliten.by

開通年	1984年6月
営業キロ	37.3km
路線数	2
駅数	29
運賃制度	均一制
輸送人員	78万人/日 (2017)
軌間	1524mm
電気方式	直流 825V
集電方式	第三軌条
列車運転線路	右側

アルマティ カザフスタン

KGP Metro Almaty
http://www.metroalmaty.kz

開通年	2011年12月
営業キロ	11.2km
路線数	1
駅数	9
運賃制度	均一制
輸送人員	4万人/日 (2019)
軌間	1520mm
電気方式	直流 750V
集電方式	第三軌条
列車運転線路	右側

タシュケント ウズベキスタン

Tashkent Metropoliten
https://tashmetro.uz

開通年	1977年11月
営業キロ	36.2km
路線数	3
駅数	23
運賃制度	均一制
輸送人員	17万人/日 (2017)
軌間	1524mm
電気方式	直流 825V
集電方式	第三軌条
列車運転線路	右側

バクー アゼルバイジャン

Baku Metropoliten
http://www.metro.gov.az

開通年	1967年11月
営業キロ	36.6km
路線数	3
駅数	24
運賃制度	均一制
輸送人員	63万人/日 (2017)
軌間	1520mm
電気方式	直流 825V
集電方式	第三軌条
列車運転線路	右側

エレバン アルメニア

Karen Demirchyan Yerevan Subway CJSC
http://www.yermetro.am

開通年	1981年3月
営業キロ	13.4km
路線数	1
駅数	10
運賃制度	均一制
輸送人員	4万人/日 (2017)
軌間	1524mm
電気方式	直流 825V
集電方式	第三軌条
列車運転線路	右側

トビリシ ジョージア

Tbilisi Transport Company
http://ttc.com.ge

開通年	1966年1月
営業キロ	27.3km
路線数	2
駅数	23
運賃制度	均一制
輸送人員	38万人/日 (2019)
軌間	1524mm
電気方式	直流 825V
集電方式	第三軌条
列車運転線路	右側

アルジェ アルジェリア

Entreprise Métro d'Alger（EMA）
http://www.metroalger-dz.com

開通年	2011年11月
営業キロ	18.2km
路線数	1
駅数	19
運賃制度	均一制
輸送人員	11万人/日 (2018)
軌間	1435mm
電気方式	直流 750V
集電方式	第三軌条
列車運転線路	右側

南北アメリカ

ニューアーク アメリカ L

The Port Authority Trans-Hudson Corporation（PATH）
https://www.panynj.gov/path/en/index.html

開通年	1908年2月
営業キロ	22.2km
路線数	4
駅数	13
運賃制度	均一制
輸送人員	22万人/日 (2018)
軌間	1435mm
電気方式	直流 600V
集電方式	第三軌条
列車運転線路	右側

フィラデルフィア アメリカ

Southeastern Pennsylvania Transportation Authority（SEPTA）
http://www.septa.org

開通年	1907年3月
列車運転線路	右側
営業キロ	62.0km
路線数	3
駅数	73
運賃制度	均一制
輸送人員	25万人/日 (2017)
軌間	1581mm (Market-Frankford線のみ)
	1435mm
電気方式	直流 600V
集電方式	第三軌条

Philadelphia

ボルティモア アメリカ

Maryland Transit Administration（MTA Maryland）
https://www.mta.maryland.gov

開通年	1983年11月
営業キロ	24.0km
路線数	1
駅数	14
運賃制度	均一制
輸送人員	3万人/日 (2017)
軌間	1435mm
電気方式	直流 700V
集電方式	第三軌条
列車運転線路	右側

クリーヴランド アメリカ L

Greater Cleveland Regional Transit Authority（RTA）
http://www.riderta.com

開通年	1955年3月
営業キロ	31.0km
路線数	1
駅数	18
運賃制度	均一制
輸送人員	2万人/日 (2017)
軌間	1435mm
電気方式	直流 600V
集電方式	架空線
列車運転線路	右側

データはレッドラインのみ

アトランタ アメリカ

Metropolitan Atlanta Rapid Transit Authority（MARTA）
https://www.itsmarta.com

開通年	1979年6月
営業キロ	68.0km
路線数	4
駅数	38
運賃制度	均一制
輸送人員	19万人/日 (2017)
軌間	1435mm
電気方式	直流 750V
集電方式	第三軌条
列車運転線路	右側

サンファン プエルトリコ

Tren Urbano（Alternativa de Transporte Integrado :ATI）

開通年	2005年6月
営業キロ	18.0km
路線数	1
駅数	16
運賃制度	均一制
輸送人員	1万人/日 (2017)
軌間	1435mm
電気方式	直流 750V
集電方式	第三軌条
列車運転線路	右側

サントドミンゴ ドミニカ共和国

Oficina Para el Reordenamiento del Transporte（OPRET）

開通年	2009年1月
営業キロ	31.0km
路線数	2
駅数	33
運賃制度	均一制
輸送人員	21万人/日 (2017)
軌間	1435mm
電気方式	直流 1500V
集電方式	架空線
列車運転線路	右側

トロント カナダ
Toronto Transit Commission (TTC)
http://www.ttc.ca

開通年　1954年3月
営業キロ　71.0km
路線数　4
駅数　75
運賃制度　均一制
輸送人員　79万人/日 (2017)
軌間　1435mm/1495mm
　　　（スカボロ線）
電気方式　直流600V
集電方式　第三軌条
列車運転線路　右側

バンクーバー カナダ
B.C.Rapid Transit Co. Ltd.
（BCRTC-TransLink）
https://www.translink.ca

開通年　1986年1月
営業キロ　82.0km
路線数　3
駅数　53
運賃制度　ゾーン制
輸送人員　42万人/日 (2017)
軌間　1435mm
電気方式　直流600V
集電方式　第三、第四軌条
列車運転線路　右側

Vancouver

パナマシティ パナマ
Metro de Panamá, S.A.
https://www.elmetrodepanama.com

開通年　2014年4月
営業キロ　14.0km
路線数　1
駅数　13
運賃制度　均一制
輸送人員　22万人/日 (2017)
軌間　1435mm
電気方式　直流1500V
集電方式　架空線
列車運転線路　右側

カラカス ベネズエラ
Compania Anonima Metro de Caracas

開通年　1983年1月
営業キロ　56.0km
路線数　5
駅数　50
運賃制度　均一制
輸送人員　98万人/日 (2017)
軌間　1435mm
電気方式　直流750V
集電方式　第三軌条
列車運転線路　右側

営業キロ・路線数・駅数はロステケス線を含む

バレンシア ベネズエラ
C.A. Metro de Valencia

開通年　2007年11月
営業キロ　8.0km
路線数　1
駅数　9
運賃制度　均一制
輸送人員　6万人/日 (2011)
軌間　1435mm
電気方式　直流750V
集電方式　架空線
列車運転線路　右側

マラカイボ ベネズエラ
Empresa Socialista Metro de Maracaibo, C.A.

開通年　2006年11月
営業キロ　7.0km
路線数　1
駅数　6
運賃制度　均一制
輸送人員　3万人/日 (2011)
軌間　1435mm
電気方式　直流750V
集電方式　架空線
列車運転線路　右側

ブラジリア ブラジル
Companhia do Metropolitano do Distrito Federal (Metrô-DF)
http://www.metro.df.gov.br

開通年　2001年9月
営業キロ　42.0km
路線数　2
駅数　24
運賃制度　均一制
輸送人員　10万人/日 (2017)
軌間　1600mm
電気方式　直流750V
集電方式　第三軌条
列車運転線路　右側

サンティアゴ チリ
Empresa de Transporte de Pasajeros Metro S.A.
https://www.metro.cl/

開通年　1975年9月
営業キロ　119.0km
路線数　6
駅数　120
運賃制度　均一制
輸送人員　188万人/日 (2017)
軌間　1435mm
電気方式　直流750V
集電方式　第三軌条
列車運転線路　右側

Santiago

バルパライソ チリ
Metro Valparaiso (GrupoEFE)
https://www.efe.cl

開通年　2005年11月
営業キロ　43.0km
路線数　1
駅数　20
運賃制度　ゾーン制
輸送人員　5万人/日 (2016)
軌間　1676mm
電気方式　直流3000V
集電方式　架空線
列車運転線路　右側

国	都市	営業主体	種別	乗務員	開通年	営業キロ (km)
日本	**東京**	東京地下鉄株式会社（東京メトロ）	M	D	1927.12	195.0
		東京都交通局（都営地下鉄）	M	D	1960.12	109.0
		埼玉高速鉄道株式会社	M	D	2001.3	14.6
		東葉高速鉄道株式会社	M	D	1996.4	16.2
	大阪	大阪市高速電気軌道株式会社（Osaka Metro）	M	D	1933.5	137.8
	名古屋	名古屋市交通局	M	D	1957.11	93.3
	札幌	札幌市交通局	M	D	1971.12	48.0
	横浜	横浜市交通局	M	D	1972.12	53.4
		横浜高速鉄道株式会社	M	D	2004.2	4.1
	神戸	神戸市交通局	M	D	1977.3	38.1
	京都	京都市交通局	M	D	1981.5	31.2
	福岡	福岡市交通局	M	D	1981.7	29.8
	仙台	仙台市交通局	M	D	1987.7	28.7
	広島	広島高速交通株式会社	L	D	1994.8	18.4
韓国	**ソウル**	Seoul Metro Metro9（9号線）を含む	M		1974.8	340.7
	仁川	Incheon Transit Corporation	M	D	1999.10	58.5
	城南	Neo Trans	M	Less	2011.10	30.0
	釜山	Busan Transportation Corporation	M	D & Less	1985.7	114.5
	大邱	Daegu Metropolitan Subway Corporation	M	D	1997.11	60.0
	光州	Gwangju Metropolitan Rapid Transit Corporation（GRTC）	M	D	2004.4	20.0 所台〜鹿洞間を除く
	大田	Daejeon Express Transit Corporation	M	D	2006.3	23.0
北朝鮮	ピョンヤン	Pyongyang Transport Authority	M	D	1973.9	22.5
中国	**北京**	Beijing Mass Transit Railway Operation Co.,Ltd.（BMTRC）	M	D	1969.10	746.7
	天津	Tianjin Rail Transit Group Co.,Ltd.（TRT）	M	D	1984.12	166.0
	上海	Shanghai Shentong Metro Group Co.,Ltd.（SMC）	M	D	1993.4	674.7
	重慶	Chongqing Rail Transit (Group) Co.,Ltd.（CRTC）	M/Mo	D	2011.7	228.4 モノレールを除く
	広州	Guangzhou Metro Corporation（GMC）	M	D	1997.6	513 APMを含む
	香港	Mass Transit Railway Corporation Limited（MTRCL）	M	D & Less	1979.10	271.3
	深圳	Shenzhen Metro Co., Ltd.（SZMC）	M	D	2004.12	303.4
	南京	Nanjing Metro Company Ltd.	M	D	2005.9	177.0
	成都	Chengdu Metro	M	D	2010.5	196.0
	瀋陽	Shenyang Metro Co., Ltd.	M	D	2010.9	115.9
	仏山	Foshan Metro	M	D	2010.11	39.6
	西安	Xi'an Metro	M	D	2011.9	91.0
	蘇州	Suzhou Rail Transit（SRT）	M	D	2012.4	119.0
	昆明	Kunming Rail Transit Group Co., Ltd.	M	D	2012.6	90.0

Tokyo　　Sendai　　Busan

種別：**M** = 一般的な地下鉄　**L** =LRT　**V** =VAL システム　**F** = ケーブルカー　**Mo**= モノレール　　乗務員：**D** = 運転士　**Less** = 無人(自動)運転

路線数	駅数	運賃制度	1日輸送人員 (人/日)	軌間 (mm)	電気方式	集電方式	列車運転線路	掲載ページ
9	180	対キロ区間制	7,555,000 2019	1067/1435	直流600/1500V	第三軌条 / 架空線	左側	6
4	106	対キロ区間制	2,832,000 2019	1067/1372/1435	直流1500V	架空線	左側	6
1	8	対キロ区間制	122,000 2019	1067	直流1500V	架空線	左側	6
1	9	対キロ区間制	157,000 2019	1067	直流1500V	架空線	左側	6
9	133	対キロ区間制	2,540,000 2019	1435	直流750/1500V	第三軌条 / 架空線	左側	10
6	100	対キロ区間制	1,332,000 2019	1067/1435	直流600/1500V	第三軌条 / 架空線	左側	12
3	49	対キロ区間制	620,000 2019	2150 走行路中心間	直流750/1500V	第三軌条 / 架空線	左側	14
2	40	対キロ区間制	664,000 2019	1435	直流750/1500V	第三軌条 / 架空線	左側	15
1	6	対キロ区間制	220,000 2019	1067	直流1500V	架空線	左側	15
3	27	対キロ区間制	312,000 2019	1435	直流1500V	架空線	左側	16
2	32	対キロ区間制	400,000 2019	1435	直流1500V	架空線	左側	17
3	35	対キロ区間制	473,000 2019	1067/1435	直流1500V	架空線	左側	18
2	30	対キロ区間制	251,000 2019	1067/1435	直流1500V	架空線	左側	19
1	22	対キロ区間制	66,000 2019	1700 走行車輪中心間	直流750V	剛体複線式	左側	20
9	301	距離制	7,470,000 2019	1435	直流1500V/交流25kV	架空線	左/右側	22
2	55	距離制	1,090,000 2017	1435	直流750/1500V	架空線	右側	22
1	19	距離制	262,000	1435	交流25kV	架空線	右側	112
4	108	距離制	940,000 2019	1435	直流750/1500V	第三軌条 / 架空線	右側	25
2	58	距離制	373,500 2017	1435	直流1500V	架空線	右側	112
1	20	均一制	76,000 2015	1435	直流1500V	架空線	右側	112
1	22	距離制	110,000 2019	1435	直流1500V	架空線	右側	112
2	17	均一制	100,000 2009	1435	直流825V	第三軌条	右側	112
23	351	距離制 機場線は均一制	10,544,000 2018	1435	直流750V	第三軌条 / 架空線	右側	26
5	135	距離制	1,119,000 2018	1435	直流750/1500V	第三軌条 / 架空線	右側	112
16 浦江線を含む	345 浦江線を含む	距離制	10,167,000 モノレールを除く 2018	1435	直流1500V 浦江線は直流700V	第三軌条 / 架空線	右側	30
6 モノレールを除く	118 モノレールを除く	距離制	1,160,000 モノレールを除く 2017	1435 モノレールを除く	直流1500V	架空線	右側	33
14 APMを含む	237 APMを含む	距離制	8,290,000 2018	1435 APMを除く	直流1500V APMを除く	第三軌条 / 架空線	右側	34
12	95	距離制	4,962,000 2018	1432/1435	直流1500V/交流25kV	架空線	左側	36
8	215	距離制	5,145,000 2018	1435	直流750/1500V	第三軌条 / 架空線	右側	112
5	105	距離制	2,442,000 2017	1435	直流1500V	架空線	右側	112
5	131	距離制	3,171,300 2018	1435	直流1500V	架空線	右側	112
4	91	距離制	930,000 2018	1435	直流750V	第三軌条	右側	112
1	25	距離制	301,000 2017	1435	直流1500V	架空線	右側	113
3	63	距離制	2,037,000 2018	1435	直流1500V	架空線	右側	113
3	92	距離制	680,000 2017	1435	直流1500V	架空線	右側	113
3	59	距離制	586,000 2019	1435	直流750V	第三軌条	右側	113

地下鉄データ一覧

Beijing
Shanghai
Hong Kong

国	都市	営業主体	種別	乗務員	開通年	営業キロ (km)
中国	杭州	Hangzhou Metro	M	D	2012.11	116.0
	武漢	Wuhan Metro Co., Ltd.	M	D	2012.12	296.5
	哈爾浜	Harbin Metro	M	D	2013.9	23.0
	鄭州	Zhengzhou Metro	M	D	2013.12	94.0
	長沙	Changsha Metro	M	D	2014.4	50.0
	寧波	Ningbo Rail Transit	M	D	2014.5	75.0
	無錫	Wuxi Metro	M	D	2014.7	56.1
	大連	Dalian Rapid Transit	M	D	2015.5	45.0
	南昌	Nanchang Rail Transit Co., Ltd.	M	D	2015.12	48.3
	青島	Qingdao Metro Co., Ltd.	M	D	2015.12	102.0
	東莞	Dongguan Rail Transit	M	D	2016.5	37.8
	福州	Fuzhou Metro	M	D	2016.5	25.1
	南寧	Nanning Rail Transit Group Co., Ltd.	M	D	2016.6	53.0
	合肥	Hefei Metro	M	D	2016.12	52.4
	長春	Changchun Rail Transit Corp.	M	D	2017.6	39.0
	石家荘	Shijiazhuang Metro	M	D	2017.6	28.9
	貴陽	Guiyang Urban Rail Transit	M	D	2017.12	33.1
	厦門	Xiamen Rail Transit	M	D	2017.12	30.3
	烏魯木斉	Ürümqi City Rail Group Co., Ltd.	M	D	2018.1	27.6
	温州	Wenzhou Mass Transit Railway	M	D	2019.1	53.5
	済南	Jinan Rail Transit Lines	M	D	2019.4	47.9
	蘭州	Lanzhou Metro	M	D	2019.6	26.8
	徐州	Xuzhou Metro	M	D	2019.9	22.0
	常州	Changzhou Metro	M	D	2019.9	32.2
	フフホト	HOHHOT METRO	M	D	2019.12	21.7
台湾	**台北**	Taipei Rapid Transit Corporation (TRTC)	M	D & Less	1996.3	146.2
	台中	Taichung Mass Rapid Transit (TMRT)	M	Less	2020 (予定)	16.7
	高雄	Kaohsiung Rapid Transit Corporatiom (KRTC)	M	D	2008.3	42.7
	桃園	Taoyuan Mass Rapid Transit System	M	D	2017.3	51.0
タイ	**バンコク**	Bangkok Expressway And Metro Public Company Limited (BEM)	M	D	2004.7	70.6
マレーシア	**クアラルンプール**	Rangkaian Pengangkutan Integrasi Deras Sdn Bhd (RAPID KL)	M/L	D & Less	1998.9	97.4
シンガポール	**シンガポール**	Singapore Mass Rapid Transit Corporation Ltd. (SMRT)	M	D & Less	1987.11	139.3
		SBS Transit	M	Less	2003.6	61.9
インドネシア	**ジャカルタ**	PT MRT Jakarta	M	D	2019.3	15.7
インド	コルカタ	Kolkata Metro	M	D	1984.10	25.0
	デリー	Delhi Metro Rail Corporation Ltd. (DMRC)	M	D	2002.12	391.4

124

地下鉄データ一覧

Hangzhou　Taipei　Kaohsiung

路線数	駅数	運賃制度	1日輸送人員（人/日）	軌間（mm）	電気方式	集電方式	列車運転線路	掲載ページ
4	79	距離制	931,000 2017	1435	直流1500V	架空線	右側	113
8	169	距離制	2,539,000 LRT・トラムを含む 2017	1435	直流750/1500V	第三軌条 / 架空線	右側	113
2	22	距離制	285,000 2019	1435	直流1500V	架空線	右側	113
3	59	距離制	1,226,500 2019	1435	直流1500V	架空線	右側	113
2	43	距離制	639,000 2017	1435	直流1500V	架空線	右側	113
2	50	距離制	457,000 2019	1435	直流1500V	架空線	右側	113
2	45	距離制	282,000 2018	1435	直流1500V	架空線	右側	113
2	42	距離制	431,000 2017	1435	直流1500V	架空線	右側	114
2	40	距離制	479,000 2019	1435	直流1500V	架空線	右側	114
3	59	距離制	510,000 2019	1435	直流1500V	第三軌条	右側	114
1	15	距離制	147,000 2019	1435	直流1500V	架空線	右側	114
2	21	距離制	294,000 2019	1435	直流1500V	架空線	右側	114
2	42	距離制	749,000 2019	1435	直流1500V	架空線	右側	114
2	46	距離制	493,000 2019	1435	直流1500V	架空線	右側	114
2	33	距離制	355,000 2018	1435	直流1500V	架空線	右側	114
2	26	距離制	273,000 2019	1435	直流1500V	架空線	右側	114
2	23	距離制	20,000 2018	1435	直流1500V	架空線	右側	114
1	24	距離制	114,000 2018	1435	直流1500V	架空線	右側	114
1	29	距離制	6,600 2018	1435	直流1500V	架空線	右側	114
1	18	距離制	---	1435	交流25kV	架空線		115
2	23	距離制	---	1435	---	架空線	---	115
1	20	距離制	---	1435	---	架空線		115
1	18	距離制	---	1435	直流1500V	架空線	右側	115
1	28	距離制	28,000 2019	1435	---	架空線	右側	115
1	20	距離制	---	1435	直流1500V	架空線	---	115
6	119	距離制	2,050,000 2017	1435	直流750V	第三軌条	右側	38
1	18			1435	直流750V	第三軌条	右側	40
2	37	距離制	170,000 2016	1435	直流750V	第三軌条	右側	41
1	21	距離制	76,600 2019	1435	直流750V	第三軌条	右側	115
2	53	距離制	470,000 2019	1435	直流750V	第三軌条	左側	42
2	67	距離制	450,000 2019	1435	直流600/750V	第三軌条 / 第三、第四軌条	左側	43
4	85	距離制	2,100,000 2017	1435	直流750V	第三軌条	左側	44
2	49	距離制	1,100,000 2018	1435	直流1500V	第三軌条 / 架空線	左側	44
1	13	距離制	95,000 2019	1067	直流1500V	架空線	右側	45
1	24	距離制	660,000 2018-2019	1676	直流750V	第三軌条	左側	115
9	285	ゾーン制	3,010,000 2016	1435/1676	交流25kV	架空線	左側	46

Taoyuan　　Bangkok　　Singapore

国	都市	営業主体	種別	乗務員	開通年	営業キロ (km)
インド	**ムンバイ**	Mumbai Metropolitan Region Development Authority（MMRDA）	M	D	2014.6	11.4
	ベンガルール	Bangalore Metro Rail Corporation Ltd.（BMRC）	M	D	2011.10	42.3
	チェンナイ	Chennai Metro Rail Ltd.	M	D	2015.6	45.1
	ジャイプール	Jaypur Metro Rail Corporation	M	D	2015.6	9.6
	コーチン	Kochi Metro Rail Ltd.	M	D	2017.6	18.0
	ラックノウ	Lucknow Metro Rail Corporation	M	D	2017.9	8.5
	ハイデラバード	L&T Metro Rail (Hyderabad)	M	D	2017.11	47.0
イラン	テヘラン	Tehran Urban & Suburban Railway Co.,（TUSRC）	M	D	2000.2	149.1
トルコ	アンカラ	Elektrik, Gaz ve Otobus Isletmesi Genel Müdürlüğü	M/L	D & Less	1997.12	56.0
	イスタンブール	Metro Istanbul	M	D	1989.9	115.7
		Municipality of Istanbul Electricity, Tramway & Tunnel Administration（IETT）	F	D	1875.1	0.573
イスラエル	ハイファ	Carmelit Haifa Ltd.	F	D	1959	1.8
アラブ首長国連邦	**ドバイ**	Roads & Transport Authority（RTA）	M	Less	2009.9	89.6
カタール	**ドーハ**	Qatar Rail	M	Less	2019.5 Preview Service	76
オーストラリア	**シドニー**	Sydney Metro	M	Less	2019.5	36
イギリス	**ロンドン**	Transport for London	M	D	1863.1	408.0
	グラスゴー	Strathclyde Partnership for Transport（SPT）	M	D	1896.12	10.4
	ニューカスル	Tyne & Wear Passenger Transport Executive（Nexus）	M	D	1980.8	78.0
フランス	**パリ**	Régie Autonome des Transports Parisiens（RATP）	M	D & Less	1900.7	215.9
	リヨン	Transports en Commun à Lyon（TCL）	M	D & Less	1978.5	32.1
	マルセイユ	Régie des Transports Métropolitains（RTM）	M	D	1977	22.3
	リール	TRANSPOLE	V	Less	1983.4	45.2
	トゥールーズ	Tisséo Réseau Urbain	V	Less	1993.6	27.3
	レンヌ	Keolis Rennes	V	Less	2002.3	8.6
ドイツ	**ベルリン**	Berliner Verkehrsbetriebe（BVG）	M	D	1902.8	146.0
	ハンブルク	Hamburger Hochbahn AG（HHA）	M	D	1912.3	105.8
	ミュンヘン	Münchner Verkehrsgesellschaft mbH（MVG）	M	D	1971.10	94.2
	フランクフルト	Stadtwerke Verkehrsgesellschaft Frankfurt am Main mbH（VGF）	M/L	D	1968.10	64.9
	ニュルンベルク	Verkehrs-Aktiengesellschaft Nürnberg（VAG）	M	D & Less	1972.3	36.0
スペイン	**マドリード**	Metro de Madrid S.A.	M	D	1919.10	294
	バルセロナ	Transports Metropolitans de Barcelona（TMB）	M	D & Less	1924.12	166
	バレンシア	Ferrocarrils de la Generalitat Valenciana（FGV）	M/L	D	1988.10	156.0
	ビルバオ	Metro Bilbao	M	D	1995.11	49.0
	パルマ・デ・マヨルカ	Servicios Ferroviarios de Mallorca（SFM）	M	D	2007.9	15.6
	セビーリャ	Metro de Sevilla	M	Less	2009.4	18.0

126

地下鉄データ一覧

Istanbul　Dubai　London

路線数	駅数	運賃制度	1日輸送人員（人/日）	軌間（mm）	電気方式	集電方式	列車運転線路	掲載ページ
1	12	距離制	450,000 2018-2019	1435	交流25kV	架空線	左側	48
2	40	距離制	450,000 2019	1435	直流750V	第三軌条	左側	115
2	32	距離制	121,000 2019	1435	交流25kV	架空線	左側	115
1	9	距離制	17,600 2017	1435	交流25kV	架空線	左側	115
1	16	距離制	---	1435	直流750V	第三軌条	左側	115
1	8	距離制	60,000 2019	1435	交流25kV	架空線	左側	116
2	39	距離制	490,000 2020	1435	交流25kV	架空線	左側	116
6	117	均一制	2,247,000 郊外線を含む 2018	1435	直流750V	第三軌条	右側	116
4	44	均一制	289,155 2014	1435	直流750V	第三軌条	右側	116
6	86	均一制	1,357,000 2019	1435	直流750V	第三軌条 / 架空線	右側	49
1	2	均一制	30,000 2014	1510	直流440V	架空線（アプト式）	右側	49
1	6	均一制	2,000 2012	1400	直流1000V	第三軌条	右側	116
2	53	ゾーン制	560,000 2018	1435	直流750V	第三軌条	右側	50
3	37	均一制	650,000 2021 見込み	1435	直流750V	第三軌条	右側	51
1	13	ゾーン制	60,000 2019	1435	直流1500V	架空線	左側	52
11	270	ゾーン制	3,792,000 2019	1435	直流630V	第三、第四軌条	左側	56
1	15	均一制	35,600 2015	1220	直流600V	第三軌条	左側	116
2	60	ゾーン制	99,700 2018-2019	1435	直流1500V	架空線	左側	116
16	302	ゾーン制	4,220,000 2017	1435	直流750V	第三軌条	右側	60
4	40	均一制	580,000 2018	1435	直流750V	第三軌条 / 架空線	右側	116
2	29	均一制	208,000 2016	1435	直流750V	第三軌条	右側	116
2	60	均一制	306,000 2016	2060	直流750V	案内軌条式	右側	117
2	37	均一制	304,000 2016	2060	直流750V	案内軌条式	右側	117
1	15	均一制	94,000 2016	1620	直流750V	案内軌条式	右側	117
10	173	ゾーン制	1,630,000 2019	1435	直流750V	第三軌条	右側	64
4	93	ゾーン制	690,000 2018	1435	直流750V	第三軌条	右側	67
6	96	ゾーン制	1,130,000 2018	1435	直流750V	第三軌条	右側	68
9 3路線9ルート	84	ゾーン制	390,000 2018	1435	直流600V	架空線	右側	69
3	48	ゾーン制	287,000 2018	1435	直流750V	第三軌条	右側	117
13 1～12線	242	ゾーン制	1,860,000 2019	1445	直流600/1500V	架空線	左側	70
12	154	ゾーン制	1,120,000 2018	1674/1435/1000	直流1200/1500V	架空線	右側	73
6	95	ゾーン制	190,000 2019	1000	直流1500V	架空線	右側	117
3	45	ゾーン制	239,000 2016	1000	直流1500V	架空線	右側	117
2	16	ゾーン制	33,000 2016	1000	直流1500V	架空線	右側	117
1	22	ゾーン制	45,000 2018	1435	直流750V	架空線	右側	117

Paris　Berlin　Madrid

国	都市	営業主体	種別	乗務員	開通年	営業キロ (km)
スペイン	マラガ	Metro de Málaga S.A.	M	D	2014.7	11.3
ポルトガル	**リスボン**	Metropolitano de Lisboa, E.P.E.（ML）	M	D	1959.12	44.5
イタリア	**ローマ**	Azienda per i Transporti Autoferrotranviari del Comune di Roma（ATAC）	M	D & Less	1955.2	60.4
	ミラノ	Azienda Trasporti Milanesi S.p.A.（ATM）	M	D & Less	1964.11	98.7
	ナポリ	Azienda Napoletana Mobilità S.p.A.	M	D	1993.3	23.5
	ジェノバ	Azienda Mobilità e Trasporti Genova S.p.A.（AMT）	M	D	1990.6	7.1
	カターニア	Ferrovia Circumetnea（FCE）	M	D	1999.6	13.8
	トリノ	Gruppo Torinese Trasporti S.p.A.（GTT）	V	Less	2006.2	13.2
	ブレシア	Brescia Mobilità S.p.A.	M	Less	2013.3	13.7
オランダ	**アムステルダム**	Gemeenteverierbedrijf（GVB）	M	D	1977.10	42.7
	ロッテルダム	RET Public Transport（RET）	M	D	1968.2	103.0
ベルギー	**ブリュッセル**	Société des Transports Intercommunaux de Bruxelles（STIB）/ Maatschappij voor het Intercommunaal Vervoer te Brussel（MIVB）	M/L	D	1976.9	55.7 プレメトロ区間含む
オーストリア	**ウィーン**	Wiener Linien GmbH & Co. KG	M	D	1978.2	83.1
スイス	ローザンヌ	Transports publics de la région Lausannoise sa.（tl） データは m2号線のみ	V	Less	2008.10	5.9
ギリシャ	**アテネ**	Urban Rail Transport S.A.（Statheres Sygkoinonies S.A.）（STASY）	M	D	1904.9	64.3
ポーランド	**ワルシャワ**	Metro Warszawskie Sp. zo. o.	M	D	1995.4	35.2
チェコ	**プラハ**	Dopravní podnik hlavního města Prahy（Prague Public Transport Plc.）	M	D	1974.5	65.2
ハンガリー	**ブダペスト**	Budapest Transport Closely Held Corporation（BKV Zrt）	M	D & Less	1896.5	39.7
ルーマニア	ブカレスト	Societatea Comerciala de Transport cu Metroul Bucaresti - METROREX S.A.	M	D	1979.11	71.3
ブルガリア	ソフィア	Metropoliten EAD - Municipal Company	M	D	1998.1	40.1
ノルウェー	**オスロ**	Sporveien Oslo AS	M	D	1966.5	118.7
スウェーデン	**ストックホルム**	Storstockholms Lokaltrafik（SL）（Stockholm Public Transport）	M	D	1950.10	106.1
デンマーク	**コペンハーゲン**	Metroselskabet	M	D & Less	2002.10	38.7
フィンランド	**ヘルシンキ**	Helsingin Kaupungin Liikennelaitos（HKL）Helsingfors Stads Trafikverk（HST）	M	D	1982.8	35.0
ロシア	**モスクワ**	Moskovski Metropoliten	M	D	1935.5	408.1
	サンクトペテルブルク	St. Petersburg Metropoliten	M	D	1955.11	124.8
	ノヴォシビルスク	Novosibirsk Metro	M	D	1985.12	15.9
	エカテリンブルク	Ekaterinburg Metro	M	D	1991.3	12.7
	サマーラ	Samara Metro	M	D	1987.12	11.6
	ニジニノブゴロド	Nizhny Novogorod Metro	M	D	1985.11	18.9
	カザン	Metroelektrotrans	M	D	2005.8	17.0
ウクライナ	キエフ	Kyivs'kyi Metropoliten	M	D	1960.11	68.6
	ハリコフ	Municipal Enterprise Kharkivsky Metropoliten	M	D	1975.8	38.7
	ドニエプロペトロフスク	Dniprovskyi metropoliten	M	D	1995.12	7.1
ベラルーシ	ミンスク	Minsk Metropolitena	M	D	1984.6	37.3
カザフスタン	アルマティ	KGP Metro Almaty	M	D	2011.12	11.2

Roma　Warszawa　Budapest

種別：**M** = 一般的な地下鉄　**L**=LRT　**V**=VAL システム　**F**= ケーブルカー　**Mo**= モノレール　　乗務員：**D**= 運転士　**Less** = 無人（自動）運転

路線数	駅数	運賃制度	1日輸送人員（人/日）	軌間（mm）	電気方式	集電方式	列車運転線路	掲載ページ
2	17	均一制	17,000 2018	1435	直流750V	架空線	右側	117
4	56	ゾーン制	419,000 2016	1435	直流750V	第三軌条	右側	74
3	74	均一制	3,200,000 2018	1435	直流1500V	架空線 / 軽量剛体電車線	左側	75
4	108	ゾーン制	1,096,000 2017	1435	直流750/1500V	架空線 / 第三、第四軌条 / 第三軌条	右側	76
2	25	均一制	116,000 2017	1435	直流750/1500V	架空線	右側	117
1	8	均一制	41,000 2019	1435	直流750V	架空線	右側	118
1	16	均一制	15,500 2018	1435	直流3000V	架空線	左側	118
1	21	均一制	116,000 2018	1435	直流750V	案内軌条式	右側	118
1	17	ゾーン制	51,300 2018	1435	直流750V	第三軌条	右側	118
5	39	距離制	305,000 2019	1435	直流750V	第三軌条	右側	77
5	59	距離制	255,000 2017	1435	直流750V	第三軌条 / 架空線	右側	118
4	69	均一制	403,000 2018	1435	直流900V プレメトロ区間は直流750V	第三軌条	右側	78
5	98	均一制	1,270,000 2018	1435	直流750V	第三軌条 / 架空線	右側	79
1	15	ゾーン制	86,300 2018	1435	直流750V	第三軌条	右側	118
3	60	均一制	1,350,000 2014	1435	直流750V	第三軌条	右側	80
2	33	均一制	510,000 2016	1435	直流750V	第三軌条	右側	81
3	58	均一制	1,190,000 2017	1435	直流750V	第三軌条	右側	82
4	48	均一制	1,120,000 2017	1435	直流600/825V	第三軌条 / 架空線	右側	83
4	48	均一制	491,000 2017	1432	直流750V	第三軌条	右側	118
2	35	均一制	350,000 2019	1435	直流825V	第三軌条	右側	118
5	101	均一制	326,000 2019	1435	直流750V	第三軌条 1・3号線一部区間に架空線	右側	84
3	100	ゾーン制	1,210,000 2018	1435	直流650/750V	第三軌条	左側	85
4	40	ゾーン制	216,000 2019	1435	直流750V	第三軌条	右側	86
1	25	均一制	210,000 2019	1524	直流750V	第三軌条	左側	87
13	236	均一制	6,850,000 2018	1520	直流825V	第三軌条	右側	88
5	72	均一制	2,000,000 2017	1520	直流825V	第三軌条	右側	91
2	12	均一制	220,000 2017	1520	直流825V	第三軌条	右側	118
1	9	均一制	135,000 2017	1524	直流800V	第三軌条	右側	118
1	10	均一制	38,600 2017	1524	直流825V	第三軌条	右側	119
2	15	均一制	75,600 2017	1524	直流825V	第三軌条	右側	119
1	11	均一制	74,500 2017	1524	直流825V	第三軌条	右側	119
3	52	均一制	1,366,000 2017	1520	直流825V	第三軌条	右側	119
3	30	均一制	611,000 2018	1524	直流750V	第三軌条	右側	119
1	6	均一制	20,500 2017	1520	直流825V	第三軌条	右側	119
2	29	均一制	778,000 2017	1524	直流825V	第三軌条	右側	119
1	9	均一制	44,700 2019	1520	直流750V	第三軌条	右側	119

Stockholm　Helsinki

Sankt Peterburg

国	都市	営業主体	種別	乗務員	開通年	営業キロ (km)
ウズベキスタン	タシュケント	Tashkent Metropoliten	M	D	1977.11	36.2
アゼルバイジャン	バクー	Baku Metropoliten	M	D	1967.11	36.6
アルメニア	エレバン	Karen Demirchyan Yerevan Subway CJSC	M	D	1981.3	13.4
ジョージア	トビリシ	Tbilisi Transport Company	M	D	1966.1	27.3
エジプト	**カイロ**	Egyptian Co. for Metro Management & Operation（Cairo Metro）	M	D	1987.9	83.5
アルジェリア	アルジェ	Entreprise Métro d'Alger（EMA）	M	D	2011.11	18.2
アメリカ合衆国	**ニューヨーク**	MTA New York City Transit（NYCT）	M	D	1904.10	378.0
	ニューアーク	The Port Authority Trans-Hudson Corporation（PATH）	M/L	D	1908.2	22.2
	ワシントン	Washington Metropolitan Area Transit Authority（WMATA）	M	D	1976.3	189.9
	ボストン	Massachusetts Bay Transportation Authority（MBTA）	M/L	D	1897.9	105.1
	フィラデルフィア	Southeastern Pennsylvania Transportation Authority（SEPTA）	M	D	1907.3	62.0
	ボルティモア	Maryland Transit Administration（MTA Maryland）	M	D	1983.11	24.0
	シカゴ	Chicago Transit Authority（CTA）	M	D	1943.10	165.4
	クリーヴランド	Greater Cleveland Regional Transit Authority（RTA）データはレッドラインのみ	M(L)	D	1955.3	31.0
	アトランタ	Metropolitan Atlanta Rapid Transit Authority（MARTA）	M	D	1979.6	68.0
	サンフランシスコ	San Francisco Bay Area Rapid Transit District（BART）	M	D	1972.9	196.4
	ロサンゼルス	Los Angeles County Metropolitan Transportation Authority（Metro）	M	D	1993.2	36.7
プエルトリコ	サンファン	Tren Urbano（Alternativa de Transporte Integrado :ATI）	M	Less	2005.6	18.0
ドミニカ共和国	サントドミンゴ	Oficina Para el Reordenamiento del Transporte（OPRET）	M	D	2009.1	31.0
カナダ	**モントリオール**	Société de Transport de Montréal（STM）	M	D	1966.10	71.0
	トロント	Toronto Transit Commission（TTC）	M	D	1954.3	71.0
	バンクーバー	B.C.Rapid Transit Co. Ltd.（BCRTC-TransLink）	V	Less	1986.1	82.0
メキシコ	**メキシコシティ**	Sistema de Transporte Colectivo de la Ciudad de México,Metro（STC Metro）	M	D	1969.9	226.5
パナマ	パナマシティ	Metro de Panamá, S.A.	M	D	2014.4	14.0
ベネズエラ	カラカス	Compania Anonima Metro de Caracas 営業キロ・路線数・駅数はロステケス線を含む	M	D	1983.1	56.0
	バレンシア	C.A. Metro de Valencia	M	D	2007.11	8.0
	マラカイボ	Empresa Socialista Metro de Maracaibo, C.A.	M	D	2006.11	7.0
ブラジル	**リオデジャネイロ**	Metrô Rio-Opportrans Concessão Metroviária S.A.	M	D	1979.3	54.4
	サンパウロ	Companhia do Metropolitano de São Paulo-Metrô Via Quatro 運営線（4号線）を含む	M	D & Less	1974.9	89.4
	ブラジリア	Companhia do Metropolitano do Distrito Federal（Metrô-DF）	M	D	2001.9	42.0
アルゼンチン	**ブエノスアイレス**	Metrovías SA	M	D	1913.12	56.9
チリ	サンティアゴ	Empresa de Transporte de Pasajeros Metro S.A.	M	D & Less	1975.9	119.0
	バルパライソ	Metro Valparaiso (GrupoEFE)	M	D	2005.11	43.0

130

地下鉄データ一覧

Chicago　　San Francisco　　Los Angeles

種別：**M** = 一般的な地下鉄　**L** =LRT　**V** =VAL システム　**F** = ケーブルカー　**Mo**= モノレール　　乗務員：**D** = 運転士　**Less** = 無人(自動)運転

路線数	駅数	運賃制度	1日輸送人員 (人/日)	軌間 (mm)	電気方式	集電方式	列車運転線路	掲載ページ
3	23	均一制	169,000 2017	1524	直流825V	第三軌条	右側	119
3	24	均一制	627,000 2017	1520	直流825V	第三軌条	右側	119
1	10	均一制	44,400 2017	1524	直流825V	第三軌条	右側	119
2	23	均一制	380,000 2019	1524	直流825V	第三軌条	右側	120
3	65	距離制	3,600,000 2015	1435	直流750/1500V	第三軌条 / 架空線	左側	92
1	19	均一制	106,000 2018	1435	直流750V	第三軌条	右側	120
25 うち3路線はシャトル	472	均一制	4,730,000 2017	1435	直流600V	第三軌条	右側	96
4	13	均一制	224,000 2018	1435	直流600V	第三軌条	右側	120
6	91	距離制	630,000 2019	1435	直流750V	第三軌条	右側	100
4	71	均一制	670,000 2019	1435	直流600V	第三軌条 / 架空線　第三軌条・架空線併用	右側	101
3	73	均一制	251,000 2017	1435/1581	直流600V	第三軌条	右側	120
1	14	均一制	30,000 2017	1435	直流700V	第三軌条	右側	120
8	145	均一制	620,000 2018	1435	直流600V	第三軌条	右側	102
1	18	均一制	16,000 2017	1435	直流600V	架空線	右側	120
4	38	均一制	185,000 2017	1435	直流750V	第三軌条	右側	120
6	48	距離制	410,000 2018	1676	直流1000V	第三軌条	右側	103
2	16	均一制	140,000 2018	1435	直流750V	第三軌条	右側	104
1	16	均一制	13,000 2017	1435	直流750V	第三軌条	右側	120
2	33	均一制	210,000 2017	1435	直流1500V	架空線	右側	120
4	68	均一制	1,370,000 2018	1435	直流750V	第三軌条	右側	105
4	75	均一制	794,000 2017	1435/1495	直流600V	第三軌条	右側	121
3	53	ゾーン制	415,000 2017	1435	直流600V	第三、第四軌条	右側	121
12	195	均一制	4,390,000 2016	1435	直流750V	第三軌条 / 架空線	右側	106
1	13	均一制	223,000 2017	1435	直流1500V	架空線	右側	121
5	50	均一制	981,000 2017	1435	直流750V	第三軌条	右側	121
1	9	均一制	62,000 2011	1435	直流750V	架空線	右側	121
1	6	均一制	25,000 2011	1435	直流750V	架空線	右側	121
3	41	均一制	670,000 2017	1600	直流750V	第三軌条	右側	107
5	75	均一制	3,000,000 2017	1435/1600	直流750/1500V	第三軌条 / 架空線	右側	108
2	24	均一制	100,000 2017	1600	直流750V	第三軌条	右側	121
6	88	均一制	870,000 2017	1435	直流600/1100/1500V	第三軌条 / 架空線	左側	109
6	120	均一制	1,877,000 2017	1435	直流750V	第三軌条	右側	121
1	20	ゾーン制	54,000 2016	1676	直流3000V	架空線	右側	121

São Paulo　Buenos Aires　Santiago

Metros
of the World
INDEX

「完全版 世界の地下鉄」
編集委員会委員名簿

委員長　秋山芳弘
　　　　日本コンサルタンツ㈱ 技術本部 副本部長

委　員　阿佐見俊介
　　　　日本コンサルタンツ㈱ 技術本部 主任

委　員　阿部 脩
　　　　元㈱日立製作所

委　員　阿部 豊
　　　　日本コンサルタンツ㈱ 技術本部

委　員　石島 徹
　　　　(一社)日本地下鉄協会 業務部長

委　員　磯部栄介
　　　　(一社)日本地下鉄協会 リニアメトロ推進本部 担当部長

委　員　河野祥雄
　　　　㈱ぎょうせい 出版企画部企画課 参事

委　員　川端剛弘
　　　　(独)国際協力機構(JICA) 南アジア部 インド高速鉄道室

委　員　川村廣栄
　　　　(一社)日本地下鉄協会 事務局長

委　員　左近嘉正
　　　　中央復建コンサルタンツ㈱ 鉄道系部門東京鉄道グループ

委　員　波多野肇
　　　　(一社)日本地下鉄協会 専務理事

委　員　藤森啓江
　　　　日本コンサルタンツ㈱ 企画営業本部 係長

委　員　三浦一幹
　　　　(有)ケイエム・プランニング トラン・デュ・モンド代表

委　員　吉田裕紀
　　　　日本鉄道システム輸出組合 業務部長

<編集協力>
胡井則章　大島正規　佐藤隆弘　杉本恭一　野口信之　高橋八州男
川崎重工業株式会社
近畿車輛株式会社
日本車輌製造株式会社
丸紅株式会社
三井物産株式会社
三菱商事マシナリ株式会社

<写真提供者>
P2　ロンドン・イスタンブール・ブエノスアイレス=秋山芳弘　モスクワ・アテネ=三浦一幹　高雄=藤森啓江　パリ=磯部栄介　モントリオール=STM　シドニー=丸紅株式会社　ローマ=ATAC
P3　ドバイ=磯部栄介　サンクトペテルブルク・ワルシャワ・リオデジャネイロ=藤森啓江　サンパウロ・ソウル・マドリード=秋山芳弘　ロサンゼルス=LA Metro　ブリュッセル=阿部豊
北京=左近嘉正
P112　深圳=荻原俊夫
P113　杭州=矢崎康雄
P116　ニューカスル=与野正樹
P117　マルセイユ=後藤文男　ビルバオ=高橋八州男
P118　ジェノバ=与野正樹　ブカレスト=矢崎康雄
P119　キエフ=藤森啓江
P120　フィラデルフィア=矢崎康雄
P121　バンクーバー=左近嘉正　サンティアゴ=藤森啓江
P122　東京=東京メトロ　仙台=仙台市交通局　釜山=Busan Transportation Corporation
P123　北京=左近嘉正　上海=矢崎康雄　香港=秋山芳弘
P124　杭州=矢崎康雄　台北=藤森啓江　高雄=秋山芳弘
P125　桃園=矢崎康雄　バンコク=松本陽　シンガポール=秋山芳弘
P126　イスタンブール・ドバイ・ロンドン=秋山芳弘
P127　パリ=荻原俊夫　ベルリン=矢崎康雄　マドリード=秋山芳弘
P128　ローマ=ATAC　ワルシャワ=秋山芳弘　ブダペスト=松本陽
P129　ストックホルム・サンクトペテルブルク=秋山芳弘　ヘルシンキ=松本陽
P130　シカゴ=矢崎康雄　サンフランシスコ=BART　ロサンゼルス=近畿車輛株式会社
P131　サンパウロ=秋山芳弘　ブエノスアイレス・サンティアゴ=藤森啓江
P132　パリ=磯部栄介
P133　重慶=磯部栄介

一般社団法人 日本地下鉄協会
〒101-0047　東京都千代田区内神田2-10-12
内神田すいすいビル9階
電話　03-5577-5182 (代表)
FAX　03-5577-5187
e-mail　subway@jametro.or.jp
URL　http://www.jametro.or.jp

完全版 世界の地下鉄
令和2年10月14日　第1刷発行
令和3年1月29日　第2刷発行

編　者　一般社団法人 日本地下鉄協会
発　行　株式会社ぎょうせい
〒136-8575　東京都江東区新木場 1-18-11
URL　https://gyosei.jp

フリーコール　0120-953-431
ぎょうせい　お問い合わせ　検索　https://gyosei.jp/inquiry/

<検印省略>
印刷　ぎょうせいデジタル株式会社
※乱丁・落丁本はお取り替えいたします。
© 2020 Printed in Japan

ISBN978-4-324-10876-5　(5108637-00-000)　〔略号：完全世界の地下鉄〕

Metros
of the World